本书的再版得到教育部人文社科基金青年项目资助

张春泉　著

叙事对话
与
语用逻辑

中国社会科学出版社

图书在版编目(CIP)数据

叙事对话与语用逻辑/张春泉著. —北京：中国社会科学出版社，
2011.5(2016.6 重印)

ISBN 978 - 7 - 5004 - 9787 - 5

Ⅰ.①叙… Ⅱ.①张… Ⅲ.①修辞学 Ⅳ.①H05

中国版本图书馆 CIP 数据核字(2011)第 078478 号

出 版 人	赵剑英	
责任编辑	郭晓鸿	
责任校对	董晓月	
责任印制	戴 宽	

出 版	中国社会科学出版社	
社 址	北京鼓楼西大街甲 158 号	
邮 编	100720	
网 址	http://www.csspw.cn	
发 行 部	010 - 84083685	
门 市 部	010 - 84029450	
经 销	新华书店及其他书店	

印刷装订	北京君升印刷有限公司	
版 次	2011 年 5 月第 1 版	
印 次	2016 年 6 月第 2 次印刷	

开 本	710×1000 1/16	
印 张	18	
插 页	2	
字 数	283 千字	
定 价	68.00 元	

凡购买中国社会科学出版社图书，如有质量问题请与本社营销中心联系调换
电话：010 - 84083683

目　　录

序

张春泉以其第一站博士后出站报告为基础，修改扩展而成的专著《叙事对话与语用逻辑》将由中国社会科学出版社出版，我备感欣慰。作为春泉的合作导师，我愿将该书的写作缘起和某些特点介绍给学术界。

春泉的博士后选题是"法典理解与语用逻辑"，他以该选题于进站后的第一学期即顺利申请到了"中国博士后科学基金"项目。春泉之所以选这个题目，在一定意义上说，是顺理成章的：他在湖北大学做硕士研究生时的硕士学位论文是《〈孟子〉中的条件复句》，对语言和逻辑的关系问题就给予了一定的关注；春泉在复旦大学做博士研究生时的博士学位论文是《论接受心理与修辞表达》，攻读博士学位期间，他对受话（话语接受）心理等修辞理据做了深入探讨，并且在探讨修辞理据时广泛涉及语用学、逻辑学领域。来浙江大学后，春泉继续关注修辞理据问题，并把语用逻辑纳入其所界定的修辞理据范畴，同时选取规范的现代汉语书面语——法典——作为具体语料，借助语用逻辑探讨法典理解，通过探究法典，理解发展语用逻辑理论。

现在，春泉由"法典理解"拓展到"叙事对话"，无疑视野更开阔了，论域更宽广了，当然，难度也更大了。我觉得，"叙事对话与语用逻辑"是一个富于挑战性和创新性的论题。其一，关于"叙事对话"的研究，目前学界关注得还不够，叙事问题，人们往往是从文艺学、叙事学的视角去考察，视野还不甚开阔。从语用学等视角对这一问题的研究亟待加强。其二，在语用逻辑领域，目前人们更多的是研究语言逻辑的形式化问题，对自然语言运用与逻辑的结合，研究得还不是很充分、很深入，尤其是关于汉语语用与逻辑结合起来的研究成果还不多见。其三，《叙事对话与语用逻辑》注重结合汉语的实际，考察语用逻辑，特别是注意到了古代汉语中的语用逻辑，比如《论语》和《孟子》中的语用逻辑问题，就很有创获。此外，关于古代汉语中的叙事对话的讨论，也颇有见地。作者结合语境语体问题，考察叙事对话与语用逻辑，视角也颇为独特新颖。

全书看起来较散，但实际上可以说是"形散神聚"，全书以语体为基本框架，以语义和语境为枢纽，关联叙事对话和语用逻辑。作者选取典型语料，不求面面俱到，这是实事求是的态度。作者在选取语料时，可以说是颇费踌躇的：《论语》《孟子》《白马论》《红楼梦》《西游记》《三国演义》《水浒传》《围城》《伤逝》《因为女人》、宪法法典等既力求贯通古今，又试图兼顾谈话体、艺术体、事务体等以叙事为主的语体。

最后需要说明的是，由于"叙事对话与语用逻辑"这一选题的综合性和学科交叉性非常突出，该书还有一些需要进一步提升的地方，比如有些描写和解释的结合还不甚紧密等。希望春泉在以后的研究中加以完善。

春泉 2003 年 7 月来浙江大学，2003 年 7 月至 2005 年 7 月在中国语言文学博士后流动站跟我做博士后研究，是我招收的第一位博士后，也是浙江大学语言学及应用语言学专业的第一位博士后。春泉在从事博士后研究的两年间，我们经常在一起交流，除非出差，当时几乎天天见面：或者我给春泉谈谈学界动态，讲讲研究方法；或者春泉跟我说说他的研究计划和读书心得，十分融洽。

现今，春泉又在武汉大学做第二站博士后研究，看到他不断奋进，我很高兴，希望春泉在学术上"百尺竿头，更进一步"。

是为序。

黄华新

2010 年 10 月 12 日

于浙江大学

绪　　论

对话是不同语用主体以语言为媒介的交流活动，对话在一定意义上是话语表达与话语接受的交互作用。语用逻辑是叙事对话的重要理据（motivation）。叙事对话是语用逻辑的重要外在话语表现形式。

这里，先以语用逻辑的方法，简单地界定描述本书的基本术语。

一　基本术语的简单界定

叙事具有一定的对话性，对话自身亦具一定的叙事性。利奥塔（Jean - Francois Lyotard）提出，人类知识可以分成"科学知识"与"叙述知识"两大类。[①] 利奥塔所说的"叙述"与我们所说的"叙事"大体相当。无疑，叙事知识是相对于科学知识而言的，是除了科学知识之外的其他知识。为交流（含表征、传递、获取）叙事知识信息而进行的对话，即我们所说的叙事对话。

叙事是人们用语言（含记录语言的文字）将各种经验组织成有现实意义的事件的基本方式。叙事包括对事理（此处"事理"区别于"物理"，是与"物理"相对而存在的一个概念）的叙述和对事情、事务、事件的记叙。叙事主要是一种交流模式。其表达方式主要是描述，其典型形式是对话。"叙事对话"是"叙事"的一种基本单元，或者说，叙事对话是叙事运作的典型的基本的模式。就像术语是科学表征的基本单

---

① 赵毅衡：《"叙述转向"之后：广义叙述学的可能性与必要性》，《江西社会科学》2008年第 9 期。

元一样。叙事对话有直接与间接之分，后者如《伤逝》《因为女人》的篇章交往理性解读；叙事对话亦可有典型与非典型之分，后者如法典的建构与理解等。叙事对话常常受语用逻辑的支配。

语用逻辑，是建立在交往理性基础之上的逻辑，是指一定语境中，概念、命题、推理等思维形式和语词、句子、语篇等话语形式之间的有效关联以及语用主体之间的以话语为媒介的和谐合作。句子，包括单句和复句；语篇，包括句组（句群）和篇章。语用主体，包括话语表达者和话语接受者。一言以蔽之，语用逻辑是对话的逻辑，是修辞的重要理据。

"语用逻辑"是相对于"数理逻辑"而言的。同为"逻辑"这一属概念的两个种概念，"语用逻辑"和"数理逻辑"主要是表达手段（载体）的不同。一般而言，逻辑的表达手段主要是：语言文字，数学符号。前者为自然语言，后者为形式语言。语用逻辑主要关注自然语言，数理逻辑则主要关注形式语言。

语用逻辑在形式上可以分为词项逻辑和命题逻辑，词项可以组成命题，命题系列构成推理，语用推理包括有标记推理和无标记推理，后者与语境的关系尤为密切。在运作方式上，语用逻辑表现为对话逻辑，对话逻辑可以分为直接对话逻辑和间接对话逻辑，直接对话逻辑包括问答逻辑、类比逻辑等，问答逻辑含言语行为、预设、蕴涵等。间接对话逻辑在运作方式上相对单一。"运作方式"在此是指言语与思维的关联方式。直接对话逻辑主要是对象话语内部不同话语结构体之间的关联。"对象话语"是相对于"元话语"而言的，"元话语"是用以解释和说明"对象话语"的话语。间接对话逻辑主要是对象话语和元话语两种不同层次话语之间的关联。本书主要讨论的是直接对话逻辑。（有关语用逻辑的界说及其研究概况，第一章第二节将会详细介绍）

二　学界关于"对话"的研究概况

当今学界（尤指语言学界）关于"对话"的研究，主要有如下代表性的成果：

首推谭学纯《人与人的对话》（安徽教育出版社 2000 年版），该著所讨论的"对话"，在很多场合是在广义上使用的。"离开广义的用法，有关人与人对话的研究将收缩到言语交际的单一场景中，而无法提升为人类走向理性生存的境界。"① 该著尤为关注的是"说法"中体现的"活法"，是人与人的对话所体现的人类生存哲学，而不是对话主体"说什么"或"怎么说"。该著指出："人在语言的世界里对话，也在超语言的世界里对话。"② "人与人的对话，是与存在讲和。"③

张春泉《修辞：人与人的一种广义对话》（《福建师范大学学报》2006 年第 5 期）主要关注的是人在语言的世界里直接对话，该文在前修和时贤的研究基础上，提出了一种新的对话修辞观。

金立《合作与会话：合作原则及其应用研究》（中国社会科学出版社 2005 年版）"把语用学的两大话题'合作原则'理论与'言语行为'理论结合，从'合作原则'理论出发，探讨了'合作原则'在语谓、语旨和语效中的运用和表现"（王维贤《合作与会话：合作原则及其应用研究·序》），该书重在探讨合作原则，主要关注的是日常语言，尤其是日常口语，未探讨书面文学语言中的对话。

刘虹《会话结构分析》（北京大学出版社 2004 年版）从语言学角度，批判吸收美国会话分析学派的理论和方法，研究汉语日常会话的结构和交际规则。

孙爱玲《〈红楼梦〉对话研究》（北京大学出版社 1997 年版）从《红楼梦》对话与语用学、《红楼梦》对话与意图、《红楼梦》的对话作用等方面较为系统地考察了《红楼梦》的对话艺术。

约翰·甘柏兹（John Gumperz）《会话策略》（徐大明等译，社会科学文献出版社 2001 年版）的"一个主要目的就是介绍一些研究会话理解过程的实验性方法，希望这些方法的应用可以帮助我们进一步探索语言交际的奥秘"。④

---

① 谭学纯：《人与人的对话·前言》，安徽教育出版社 2000 年版，第 2 页。
② 同上书，第 1 页。
③ 同上。
④ ［美］约翰·甘柏兹：《会话策略·中文版自序》，徐大明等译，社会科学文献出版社 2001 年版，第 1 页。

　　总体来说，目前学界的大体研究态势是：第一，对于叙事问题，人们往往是从文艺学、叙事学的视角去考察，关于"叙事对话"的研究，人们关注得还不够细致，视角尚显单一，未及纳入语用逻辑视阈。第二，在语用逻辑领域，目前人们更多的是研究语言逻辑的形式化问题，对自然语言运用与逻辑的结合，研究得还不是很深入，尤其是将汉语语用与逻辑有效结合起来研究的成果还不多见。

　　我们注重结合汉语的实际，考察各大类叙事语体中的语用逻辑，尤其关注古代汉语和近代汉语叙事对话中的语用逻辑，比如《论语》《孟子》《红楼梦》叙事对话中的语用逻辑问题。

三　本书的研究视角

　　本书的主体以专书（语篇）为主要观照视阈，以期符合"叙事"的内涵，专书分专题讨论，以符合"语用逻辑"的某些特质。我们首先以语体为"观测站"，其次以不同的言语现象为"观测点"，在不同的"观测点"上管窥语用逻辑和叙事对话的关系。在专题讨论中，我们力图在宏观视野上贯通古今，在微观视角上顾及狭义对话的话轮，乃至话轮内部的词语。

　　叙事对话分布于各类语体。相应的，语用逻辑贯通不同语体，只是语用逻辑存在的方式、语用逻辑支配的范围有所不同。语用逻辑在谈话语体和艺术语体中主要表现为一种直接对话逻辑，就谈话语体和艺术语体而言，谈话语体与语用逻辑之间的关联更为密切，因为谈话体中的直接对话更为常见。在科学语体中主要是间接对话逻辑。语体可以看作一种语境。与之相对应，"对话"可以存在于不同的语体。"对话"受语用逻辑支配，有效理解对话中的话语有可能、有必要借助于语用逻辑。

　　关于语体，本书采用郑远汉先生的三分法，即把语体分为科学体、艺术体、谈话体。① 需要特别说明的是，郑远汉先生关于语体的分类可

4

---

　　① 郑远汉：《语体研究中的几个问题》，《修辞风格研究》，商务印书馆 2004 年版，第287页。

以涵括古今汉语，毕竟，语体在一定意义上是话语功能的变体，而古今汉语在功能上大同小异，都是人们最主要的交际工具，因此该分类适宜于古今汉语。另外，需要说明的是，就科学体而言，其承载典型的科学知识和非典型的科学知识，其中非典型的科学知识在一定意义上与非典型的叙事知识无泾渭分明之界限，且叠合甚多。本书取非典型科学体作品，我们把这类非典型的科学体称为事务体。或者我们可以首先把作为语言的功能变体的语体分为科学语体与叙事语体两大类，然后将叙事语体分为谈话语体、艺术语体和事务语体。

本书无意建构"叙事对话与语用逻辑"的严密体系，而是着意于言语事实的描写；对言语事实的收集，亦不求面面俱到，而是着眼于在我们看来较有代表性的语料，并把它们放到语言的功能变体——语体——中考察。

此外，需要特别说明的是，在我们看来，"叙事对话"与语篇有着近乎"天然"的联系：一般的对话可以不形成语篇，但以叙事为旨归的对话则常常需形成语篇，否则，语焉不详，"叙"而不成"事"，或曰离散于语篇之外的对话只是简单的"一般对话"，而未必是"叙事对话"。有鉴于此，我们在讨论叙事对话与语用逻辑时，一般是以专书（此种情形下的"专书"是具体的言语作品，是语篇，例如《孟子》《红楼梦》《雷雨》等）专题的形式，探讨其中的某些对话现象，探索其语用逻辑理据。

语用逻辑是叙事对话的重要理据。叙事对话是语用逻辑的重要外在话语表现形式。在我们看来，无论"有理而妙"，还是"无理而妙"，"语用逻辑"和"修辞心理"等概念同属于"修辞理据"范畴，其中，"修辞心理"较显个性，而"语用逻辑"更具共性。我们以语体为基本框架，以语义和语境为枢纽，关联叙事对话和语用逻辑。

四　本书语料来源

我们以《论语》《孟子》《白马论》《三国演义》《水浒传》《西游记》《红楼梦》《雷雨》《伤逝》《因为女人》、宪法法典等叙事作品为主要语

5

料来源，描写其叙事对话，考察其语用行为，解释其语用逻辑理据。

就具体的语料而言，《论语》《孟子》《白马论》等可看作古代汉语言语作品的代表，《三国演义》《水浒传》《西游记》《红楼梦》等可视为近代汉语白话文著作的代表，《伤逝》《雷雨》等是现代白话文著作的代表，《因为女人》和宪法法典则可作为当代汉语言语作品的代表。从另一个角度看，《三国演义》《水浒传》《西游记》《红楼梦》是典型的叙事文本，法典是非典型叙事文本。

本书在语料的选取上力图做到古今贯通，点面结合，典型与非典型兼顾，由词、短语、句子兼及篇章。在研究视阈上，试图综观谈话体、艺术体、事务体等以叙事为主的语体。

需要指出的是，就研究范围和具体材料而言，虽然我们力图收集各类有代表性的叙事对话用例，兼涉各种形式的叙事对话，着眼于不同的语体，但是终究难免挂一漏万、以偏概全。

最后，本书在语料搜集的方法上，似乎能且只能用传统的人工查找这种"笨"方法，而不宜用机器检索。因为复现式组合、紧缩结构、条件复句、问句话轮、谐音、"活语"及篇章理解等方面的材料机器尚不能识别、理解、判定，人机"对话"尚有困难，故需要笔者在语篇文本中逐字逐句地细读，方能完成。

第一章

语义："叙事对话"和"语用逻辑"的共同枢纽

　　语音、语义（含词汇语义）、语法诸语言要素，叙事对话和语用逻辑均在不同程度上有所涉及。其中，关顾叙事对话双方的是语义信息，语义是叙事对话和语用逻辑的共同的核心要素，即所谓枢纽，应该说，语义是叙事对话和语用逻辑的共同枢纽。

第一节　话语与对话：基于语义认知的叙事对话

　　话语和对话都与"语义"密切相关，都受制于特定的语境。话语是语言具体运用的结果。诚如周礼全先生所言："语言是一个符号系统，言语则是人们应用语言传递信息的活动。一个和言语密切相关的重要概念是话语。话语是在一个语境中说话者用来传递信息所说出的一串语音或写出的一串笔画。话语可以具有一个语词、一个词组或一个语句的形式。"①

---

　　① 周礼全：《逻辑——正确思维和成功交际的理论》，人民出版社1994年版，第7页。

简单地说，话语是言语作品，而对话则是主体之间以话语为媒介的交互作用过程。话语可以分为对象话语和元话语。对象话语，以直接的对话为主。元话语，是用来解释和说明对象话语的，可以用于间接对话。在不同的语体中都可以有对话。

话语是有内容的语言，"内容"是有心理现实性的"意义"。[①] 意义在叙事对话双方之间起着重要的枢纽作用。表达者表达的主要是意义，接受者接受的也主要是意义，尽管这两种语义未必是等值的。例如：

> 操令张辽来探关公意。关公正闷坐，张辽入贺曰："闻兄在阵上知玄德音信，特来贺喜。"关公曰："故主虽在，未得一见，何喜之有？"辽曰："兄与玄德交，比弟与兄交何如？"公曰："我与兄，朋友之交也；我与玄德，是朋友而兄弟、兄弟而主臣者也：岂可共论乎？"辽曰："今玄德在河北，兄往从否？"关公曰："昔日之言，安肯背之！文远须为我致意丞相。"（《三国演义》第二十六回）

以上对话以问句为答句。"我与兄，朋友之交也；我与玄德，是朋友而兄弟、兄弟而主臣者也：岂可共论乎？""我与兄"跟"我与玄德"形成鲜明对比；如果我们把"我与兄，朋友之交也"看作一个命题，则该命题是联言命题"我与玄德，是朋友而兄弟、兄弟而主臣者也"的一个支命题。尤其重要的是，在语义上，"朋友"、"朋友而兄弟"、"兄弟而主臣"的亲疏关系逐渐递增，形成语义层递。此外，上例充分体现了"修辞立其诚"，且符合语用原则，兼顾了礼貌原则、得体原则，同时又颇具交往理性所要求的真诚、平等、有效、对话等要件，具有较强的逻辑力量。尤其值得关注的是，在语义上，"岂可共论乎？""安肯背之！"等反诘问所表达出的非理性意义，既掷地有声，又合情合理，直接关联着对话双方。又如：

> 说着，二人研墨蘸笔，湘云便写，宝钗便念，一时凑了十个。

---

① 张春泉：《论接受心理与修辞表达》，中国社会科学出版社 2007 年版，第 290 页。

湘云看了一遍,又笑道:"十个还不成幅,越性凑成十二个便全了,也如人家的字画册页一样。"宝钗听说,又想了两个,一共凑成十二。又说道:"既这样,越性编出他个次序先后来。"湘云道:"如此更妙,竟弄成个菊谱了。"宝钗道:"起首是《忆菊》,忆之不得,故访;第二是《访菊》,访之既得,便种;第三是《种菊》,种既盛开,故相对而赏;第四是《对菊》,相对而兴有余,故折来供瓶为玩;第五是《供菊》,既供而不吟,亦觉菊无彩色;第六便是《咏菊》,既入词章,不可不供笔墨;第七便是《画菊》,既为菊如是碌碌,究竟不知菊有何妙处,不禁有所问;第八便是《问菊》,菊如解语,使人狂喜不禁;第九便是《簪菊》,如此人事虽尽,犹有菊之可咏者,《菊影》《菊梦》二首续在第十第十一;末卷便以《残菊》总收前题之盛。这便是三秋的妙景妙事都有了。"(《红楼梦》第三十七回)

上例"越性编出他个次序先后来"中的"次序先后"受特定的语义逻辑支配,"菊谱"秩序井然,顺理成章!

可以看出,话语和对话也与语用(语言运用)密切相关:话语是语言运用的结果;对话则是主体之间的语言运用过程。事实上,语用和语义不可截然分开,二者无泾渭分明的界限。维特根斯坦(Wittgenstein)指出,语词是在运用过程中体现出意义,不无道理。

作为叙事对话的枢纽的语义是广义的语义,包括反映义和语法语义。贾彦德《汉语语义学》指出:"我们用广义的语义这个名称来指语言和言语的所有的内容部分或意义方面。广义的语义又可进一步分成反映语义和语法语义两种。"[①] 这两种语义需通过主体的语义认知获取。这里所说的语义认知包括感知觉、联想、想象、理解、记忆等。从这个意义上说,叙事对话是基于语义认知的一种现象。

语义,不仅是叙事对话的枢纽,还是语用逻辑的枢纽。是叙事对话和语用逻辑的共同枢纽。这有两层意思:其一,叙事对话和语用逻辑内

9

---

① 贾彦德:《汉语语义学》,北京大学出版社1999年版,第37页。

部主体之间均以语义为枢纽；其二，叙事对话和语用逻辑这两个术语之间也以语义为关联的枢纽。这从我们对于语用逻辑的界定上可以看出。

第二节　语用与逻辑:根于语义关联的语用逻辑

语用逻辑是叙事对话的深层理据，是语言运用过程中的逻辑，是在逻辑的内在机制支配下的语言语用。逻辑的内在机制是"必然地得出"，[①] 语用逻辑"必然地得出"的是合适的有效话语。"语用"与"逻辑"在一定意义上契合于有效性问题。语言的运用实乃相应的言语活动过程。既然如此，我们以为，语用逻辑主要关注的是言语与逻辑的关系问题。这里，我们拟在已有相关研究成果的基础上粗略地探讨什么是"语用逻辑"。

在我们看来，语用逻辑，其实际表述应该是"语用—逻辑"，其含义是一定语境中的语言运用的逻辑，主要关注：语用主体如何有效交际与认知；语境是如何影响语言的表达和接受（理解）的；语言的表达和接受（理解）是如何逻辑地关联起来的。

一　语用逻辑的研究现状

当下的有关研究，未能透彻地将"语言逻辑"与"语用逻辑"区分开来。有关语用逻辑的研究似乎总是与有关语言逻辑的探讨联系在一起。相应的，有关语用逻辑的研究成果主要集中于语言逻辑领域。

现有的语用逻辑主要是"言语行为语用学"背景下的语用逻辑，"20 世纪后半叶兴起的语用逻辑，产生于人们分析人类言语行为的语用学以及现代形式逻辑的综合与互动，尤其是语用学、行为科学、人工智能、计算机科学的发展也刺激和促进了以人工语言为研究手段的语用逻

①　黄华新、胡龙彪:《逻辑的内在机制与研究对象》,《哲学动态》2001 年增刊。

10

辑的兴起"①。不难看出，"20世纪后半叶兴起的语用逻辑"与我们所说的"语用逻辑"并不相悖，只是我们所说的"语用逻辑"的范围更宽一些，范围宽就宽在"言语"比"言语行为"的范围更宽。因为言语行为语用学背景下的语用逻辑强调的是"言语行为"与"逻辑"的关系，而我们这里则主要关注"言语"（某种意义上的"言语行为"的属概念）与"逻辑"的关系。

有关语用逻辑的研究目前仍然处于未成熟阶段。主要表现为人们对"什么是语用逻辑"等基本问题的看法仍然见仁见智、莫衷一是。这里，我们撮其大要，对有关看法列举如下。

在国外，Fred Sommers的《自然语言的逻辑》一书最大的特点是充分地使用了现代逻辑的工具，独创性地构造了一套作者认为更能刻画自然语言逻辑特性的符号。② 这里实际上是把逻辑作为一种工具，强调以逻辑的方式来研究自然语言。突出的是逻辑的形式之于语符的关联。我们知道，作为一种具有一定普适性的工具的逻辑方式可以适用于几乎所有学科，但语言研究（含语言刻画）对逻辑方法的适用却是直接与语言和逻辑自身的特点紧密相关的：二者均具有一定的符号性、体系性，都与思维密切相关。在我们看来，语言与逻辑的关联更为常见的是一种动态的关联。

与Fred Sommers注重语形的研究在某种意义上相对应，乔姆斯基的学生波斯托尔（P. Postal）等更强调对语义的研究，特别是强调在语言研究中运用逻辑的方法。在这一点上乔姆斯基的学生所做的研究实乃后出转精，堪称"青出于蓝而胜于蓝"。比如，波斯托尔认为，不能把句法和意义分开，意义是句法的一部分。此外，雷考夫（G. Lakoff）认为命题逻辑可以表示为转换语法中的树形结构，从一定意义上说，乔姆斯基所说的深层结构就是逻辑形式。通过转换来逐步映射词项和表层结构。③ 这样，由深层向表层的转换就势必涉及言语和逻辑的关系问题。

11

---

① 张斌峰：《国内语用逻辑研究回顾与展望》（上），《哲学动态》2001年第11期。

② 王维贤、李先焜、陈宗明：《语言逻辑引论》，湖北教育出版社1989年版，第49页。

③ 同上书，第51—52页。

　　以上所列举的是语言逻辑研究论者对有关语形、语义的格外关注，除此之外，语用维度也颇为引人注目。在语用层面上，有论者将"语用行为"与"逻辑"直接关联起来。比如蔡曙山先生曾指出，"语用逻辑是关于语用行为的逻辑理论，它的主要对象是从形式上说明语用力量的逻辑性质。语用力量是在实际的自然语言的语法结构中实现的，实现的方式多种多样。例如，语气、标点、词序、语调、重音，等等。经验语言学的任务正是要研究这些成分在自然语言中的作用。另外，语用逻辑的任务就是要研究所有可能的语用力量，只要这些语用力量可能在特殊的自然语言中实现。从原则上说，语用逻辑研究在一切可能语言中的话语的所有可能的语用力量，而不是仅仅研究它们在某种具体语言的具体言语行为中的具体实现"①。不难看出，这里主要关注的是语用维度中言语行为与逻辑的关系。

　　如果说以上有关论者主要着眼于分析的话，那么将语形、语义和语用统摄于语言逻辑之下则不妨说是一种综合。邹崇理先生曾指出："所谓语言逻辑，就是自然语言的逻辑符号学。更具体说，自然语言逻辑就是关于自然语言的逻辑语形学、逻辑语义学和逻辑语用学。"② 这是一种较为宽泛的语言逻辑观。在这里"逻辑语用"是"语言逻辑"的一个种概念。

　　最后，王维贤等《语言逻辑引论》通过对国外有关文献的翔实分析考察后提出，国外语言逻辑研究具有以下几种趋势：（1）从对语言表面语形的分析逐渐深入到对语义的分析；（2）不仅注意语句本身的分析，而且注意对语言环境的分析，也就是涉及对语用的分析；（3）吸收了形式语言分析的成果，用形式化的方法揭示了自然语言中一些不易觉察的逻辑问题；（4）从外延逻辑逐渐发展成内涵逻辑。《语言逻辑引论》对这一趋势的认识不乏前瞻性，虽然是对国外语言逻辑发展趋势的科学预测，亦同样适用于国内的研究大势，值得我们注意。

　　以上概述了有关研究现状，现状表明，目前的相关研究尚未成熟，亟待加强。之所以出现这种研究态势，一个重要的原因恐怕是未能将

12

---

① 蔡曙山：《言语行为和语用逻辑》，中国社会科学出版社 1998 年版，第 55—56 页。
② 邹崇理：《自然语言逻辑研究》，北京大学出版社 2000 年版，第Ⅶ页。

"语言逻辑"与"语用逻辑"科学区分开来。换句话说,语用逻辑从来就不是、也不应该是语言逻辑的附庸,因为,语用逻辑有其独特的理论前提、研究对象、学科归属、研究意义等。

二　语用逻辑的理论前提

在我们看来,语用逻辑的理论前提是:语言与言语的区分;言语与思维的联系;交往理性的存在。只有区分"语言"和"言语",我们才可能关注到语言逻辑与语用逻辑的区别,即区分语言和言语是正确区别语言逻辑和语用逻辑的必要前提,同时也使这种区分成为可能、有其必要。只有认识到言语与思维的关联,才能将"语用"与"逻辑"有机联系起来,才能认识到语用与逻辑二者的交叉关系。

1. 语言与言语的区分

现代语言学的奠基人和结构主义的创立者索绪尔正确地区分了"语言"和"言语"这一对范畴。"语言和言语活动不能混为一谈;它(指'语言'——引者注)只是言语活动的一个确定的部分,而且当然是一个主要的部分。它既是言语机能的社会产物,又是社会集团为了使个人有可能行使这机能所采用的一整套必不可少的规约。"① 对于语言和言语的区分,在学术界已得到了广泛的认同。一般说来,语言是抽象的,言语是具体的;语言是第二性的,言语是第一性的;语言是种群的,言语是个体的;语言是静态的,言语是动态的。语言是有限的、封闭的,而言语是无限的、开放的。

正确区分"语言"与"言语"为区分"语言逻辑"和"语用逻辑"提供了可能和必要。我们知道,作为特定语言的具体运用的"言语"是与特定语境密切相关的。语境可以有广义和狭义之分,我们取其广义。广义的语境不仅包括狭义的上下文语境(context),还包括社会情景语境(situation)。即我们所说的语境还包括语言使用者的身份、地位、

13

---

① 〔瑞士〕费尔迪南·德·索绪尔:《普通语言学教程》,高名凯译,商务印书馆1980年版,第30页。

职业、性别、年龄、心理以及使用语言的场合、背景等。而较为抽象、相对封闭的静态的语言逻辑则主要关注符形，与语境的联系不甚紧密。我们正是在此前提下讨论区分语言逻辑与语用逻辑的可能性和必要性。

2. 言语与思维的联系

"言语"，一方面如上所述与"语言"不可混为一谈；另一方面，"言语"又是与"思维"密切相关的一个概念。

首先，从生理机制上看，言语和思维都是人脑的机能，其活动都受大脑的控制。"人在智力活动时都存在着言语动觉"，"进入大脑两半球的动觉冲动保证着思维活动的进行"[①]。言语还可以分为"内部言语"和"外部言语"。"言语有说出来的言语和只有发音动作而不说出声来的言语的区别，前一种言语叫做外部言语，后一种言语叫做内部言语。"[②]显然，内部言语一般是不具备表情达意的交际功能的。内部言语十分接近思维，我们不认同柏拉图的内部言语就是思维的观点，但可以认为在更多的时候内部言语与思维是可以等量齐观的。

其次，我们认为"言语与思维"比"语言与思维"更具可比性。[③]按照现在人们的较为普遍的认识，言语可以有动态的形式，也可以有其静态的形式（言语作品）。"整个来看，言语活动是多方面的、性质复杂的，同时跨着物理、生理和心理几个领域，它还属于个人的领域和社会的领域。"[④] 思维的复杂性与开放性恰好与言语的"多方面"性、"复杂"性相似。钱学森先生在《关于思维科学》一书中着眼于抽象思维、形象思维、灵感思维等思维形态，对思维的复杂性、开放性做了精辟的论述，可供我们参考。[⑤]

事实上，"思维的时候需要用语言"，"一个人在思维的时候总得运用一种语言"[⑥]。这里"运用一种语言"势必形成特定"言语"。进而言

14

---

① 叶奕乾、祝蓓里：《心理学》，华东师范大学出版社1988年版，第181页。

② 高名凯、石安石：《语言学概论》，中华书局1963年版，第35页。

③ 张春泉：《略论言语与思维》，《湖北师范学院学报》（研究生专辑）1999年，第76页。

④ [瑞士] 费尔迪南·德·索绪尔：《普通语言学教程》，高名凯译，商务印书馆1980年版，第30页。

⑤ 钱学森：《关于思维科学》，上海人民出版社1986年版，第13—27页。

⑥ 叶蜚声、徐通锵：《语言学纲要》，北京大学出版社1997年版，第14页。

之，"人的思维表现为提出问题、解决问题和陈述所思考的问题的过程，思维活动中的分析、比较、判断和推理，都离不开语言这个工具"①。而"工具"的价值实现就在于"被使用"，这样，作为"工具"的语言是以"言语"在这里体现其价值的。由此可见言语与思维的密切联系。

3. 交往理性的存在

哈贝马斯（Jürgen Habermas）普遍语用学提出了"交往理性"概念。交往理性是与工具理性相对而言的，其基本要义包括：在合理的社会交往中互相理解，达到和谐一致；主张没有控制的交往。普遍语用学的基本原则要求对话双方的合作，要求对话的真诚性、平等性、真实性、正确性、可领会性等。"一个交往性的、成功的言语行为除了语言学表达的可领会性以外，还要求交往过程的参与者准备达到理解，要求他们高扬真实性、真诚性和正确性等有效性要求，并且相互地予以满足。"② 交往理性是存在的，交往理性存在于对话中，存在于主体间。交往理性的存在是语用逻辑的另一重要理论前提。

最后，逻辑是正确思维和成功交际的理论，③ 成功交际最为基本的体现形式是如何使特定语言的使用更为有效，也就是如何使特定"话语"（言语作品）有效。类似的，"有效"也是逻辑的一个核心术语，亦带有一定的目标性质。"有几个逻辑术语对所有的逻辑系统都是通用的，其中之一是有效性（validity）。如果可以根据逻辑学家建立的规则由前面的语句必然得出某个判断的结论，那么这个逻辑判断就是有效的。"④ 在这里，言语与思维及逻辑有机统一了起来。

三　语用逻辑的研究对象

15

语用逻辑不仅有其独特的理论前提，它还有着特定的研究对象。我们

---

① 孟昭兰：《普通心理学》，北京大学出版社 1994 年版，第 270 页。

② ［德］尤尔根·哈贝马斯：《交往与社会进化》，张博树译，重庆出版社 1989 年版，第 32 页。

③ 周礼全：《逻辑——正确思维和成功交际的理论》，人民出版社 1994 年版，第 27 页。

④ ［美］John B. Best：《认知心理学》，黄希庭主译，中国轻工业出版社 2000 年版，第 302 页。

认为语用逻辑的基本对象是"言语与逻辑的关系"。而在这一点上，语言逻辑不同于语用逻辑，语言逻辑的基本研究对象是"语言与逻辑的关系"。

人们对语用逻辑的研究对象的讨论总是与有关逻辑的研究对象的讨论紧密联系在一起的。有关"逻辑"的研究对象，当下学界的看法也是不尽相同的，大致可以分为狭义与广义两类。狭义逻辑观可以以王路先生为代表。王路先生认为，从亚里士多德到现代逻辑，始终贯穿着一条基本的精神，这就是"必然地得出"。①

王路先生在《逻辑的观念》（商务印书馆 2000 年版）一书中还指出，语言逻辑不是逻辑，这一观点有其合理性。但同时我们还注意到：

1. 语用逻辑与辩证逻辑、归纳逻辑等不是同一个层面上的术语概念。在我们看来，"语用"是与"逻辑"并置的，都是指的某一研究对象；而"辩证"、"归纳"一般主要指"方法"，属于方法论的范畴，不属于研究的本体对象。说语言逻辑、辩证逻辑、归纳逻辑不是逻辑，至少预设了可以将语言逻辑、辩证逻辑、归纳逻辑等放在同一个层面上。另外，语用逻辑固然不是逻辑，但是可以将其视为"语用"（语言的运用，即言语）与"逻辑"的一种交叉领域。

2. 王路先生指出了与语用逻辑密切相关的"语言逻辑"它"不是什么"，但并没有指出语言逻辑"是什么"，这里我们则主要着眼于"是什么"的问题。我们说语言逻辑不是逻辑，语言逻辑是语言与逻辑的交叉，与之在某种意义上相对应，语用逻辑则是言语与逻辑的交叉。如果我们将"言语"看作一个集合 A，将"逻辑"视为一个集合 B，则"语用逻辑"主要考量的是 A 与 B 的交集。

除了狭义的逻辑观，在较宽泛意义上，有论者指出，逻辑关心的是真值（truth）和推理（inference）；也就是说，关心的是决定在什么条件下一个命题是真的，以及在什么条件下一个命题可以从另一个命题推导出来。② 这可以视为一种广义的逻辑观。这种广义逻辑观认为，逻辑

16

---

① 王路：《逻辑的观念》，商务印书馆 2000 年版，第 19 页。原文中的这段话底下均有着重号。

② ［美］J. D. 麦考莱：《语言逻辑分析》，王维贤、徐颂列等译，王维贤校，杭州大学出版社 1998 年版，第 14 页。

必然涉及语义分析（semantic analysis），也就是说，涉及判定自然语言［如英语或日语或乌洛夫语（Wolof）］的句子中表达了或者包含了什么命题；由于日常语言构成的推理形成了逻辑学家必须加以说明的"素材"的主要部分，因此语义分析是逻辑学家从事实践活动的主要部分，并且语义分析也必然是为了了解逻辑而必须学习的主要部分。不管人们把语义分析看作逻辑的一部分还是看作逻辑以外的某种东西，语义分析是逻辑应用的必要条件。[①] 或者可以说，语义是核心要素。广义语言逻辑观还认为，语言逻辑要解决的问题是如何用自然语言准确地表达思想、排除含混与歧义，以达到交流思想的最佳效果。[②]

我们持广义的逻辑观，因而也对应地持广义的语用逻辑观。我们认为，语用逻辑主要考察言语与逻辑的关系问题。在我们看来，"言语"与"逻辑"是一种动态的相应相生相称关系。言语离不开逻辑的内在机制，逻辑需要借助于言语承载、物化（含"外化"，外在化，以示于人）、"固化"（固着化，以传于人）。

经典语用逻辑包括词项逻辑、命题逻辑、问答逻辑（含预设、蕴涵等）、语用类比、语用推理。经典语用逻辑根于语义理解，通过语符语义关联，集中地表现于话语衔接等。现代语用逻辑还包括摹状词逻辑、道义逻辑、狭谓词逻辑、模态逻辑等。其中，经典语用逻辑与人们的交际和认知的关联更为直接，与语义语境的关系更为密切。如不做特别说明，我们提到的语用逻辑主要是指经典语用逻辑。

四　语用逻辑的学科归属

讨论了语用逻辑的理论前提、研究对象，我们可以接着进一步讨论作为一门学科的语用逻辑的学科归属问题，兼及其学科性质。我们以为，语用逻辑与语言逻辑是两门不同的学科。因而二者在学科归属上理

17

---

① ［美］J. D. 麦考莱：《语言逻辑分析》，王维贤、徐颂列等译，王维贤校，杭州大学出版社 1998 年版，第 14 页。

② 尚正中：《语言逻辑研究的对象及方法》，中国逻辑与语言研究会编《逻辑与语言研究》，语文出版社 1989 年版，第 33 页。

应有所区别。二者不具有包含关系。即我们不认为语用逻辑包含于语言逻辑。在我们看来，语用逻辑与语言逻辑二者是平行的。

有论者提出，语言逻辑具有逻辑学与语言学的边缘学科的性质，然而它终究是一门逻辑学，而逻辑必然要研究推理，即如何确定推理的正确性。[①] 另有论者指出，语言逻辑是一门独立科学，还是一门边缘科学，是一门理论科学，还是一门应用科学，是首先需要明确的。并认为它应该是一门独立的理论科学。它虽然和自然语言有密切的联系，但它以研究自然语言表达的逻辑规律为主要任务，目的是提高表达的精确程度和实际效果，它应该是一门独立的思维理论科学而不是一门边缘科学，[②] 还有论者指出，我们可以把语用逻辑看作关于逻辑学、语言学、语言哲学的总体规划的一部分。[③] 显然，这里的"逻辑学"、"语言学"、"语言哲学"是指的各有关学科，不难看出，这种观点主要强调的是综合。

与综合的语用逻辑的学科性质观较为接近，我们认为语用逻辑是"语用"与"逻辑"的交叉，是一门综合交叉学科。这里，就"语用逻辑"这个术语在语词表述上的构成而言，"语用"与"逻辑"是并列关系，而不是"定语＋中心语"式的偏正关系。

五　研究语用逻辑的意义

在我们看来，"语用"与"逻辑"契合于有效性，表现于语符之间的有效关联。对"有效"的孜孜以求势必是有意义的。具体体现为理论和实际两个方面。

18　　我们以为，系统研究语用逻辑，有助于我们进一步弄清诸如"逻辑是什么"、"语言逻辑是什么"、"语用逻辑是什么"这些尤为基本的理论问题。系统研究语用逻辑，可以更深入地探讨语用和逻辑之间的动态共

---

① 王维贤、李先焜、陈宗明：《语言逻辑引论》，湖北教育出版社 1989 年版，第 32 页。

② 尚正中：《语言逻辑研究的对象及方法》，中国逻辑与语言研究会编《逻辑与语言研究》，语文出版社 1989 年版，第 32 页。

③ 周礼全：《自然语言逻辑研究·序言》，邹崇理《自然语言逻辑研究》，北京大学出版社 2000 年版，第 i 页。

生共变关系,可以更实证地探究"互文性"理论。

除了具有一定的理论意义,有关语用逻辑的研究成果可以适用于与言语和逻辑均密切相关的叙事分析、对话理据探索、法律解释等领域。例如就法律领域而言,现代社会主要有成文法和判例法两大法系,在成文法系中,法律条文实际上是对特定语言的具体运用,而且法律语言"先天性"地要求缜密,要求尽量做到无懈可击,这就为逻辑的使用提供了必要性。在判例法中,"判例法"的实施实际上是对于相同或相似语境(尤指社会情景语境)如何作出逻辑上的比照、类比等的问题。显然,这里必然牵涉"语境"和"逻辑",而"语境"是"言语"的环境。可以说,弄清有关"语用逻辑"的一些基本问题,有助于"语用"与"逻辑"更好地"联袂"为法律解释、法律适用等应用领域"服务"。

概而言之,"语用"与"逻辑"契合于有效性,系统研究语用逻辑,有助于我们进一步弄清语用和逻辑的关系,有利于语用学和逻辑学更深入地、科学地发展,有助于发展话语认知理论。有助于鉴赏文学作品,有利于个人和民族语言修养的提高,有利于促进人际关系的和谐。有助于言语主体"成功交际"、"有效沟通"。据周礼全《逻辑——正确思维和成功交际的理论》,美国的衣阿华大学的克顿格·拜尔德(C. Biard)教授曾写过一本《修辞学——一种哲学的探究》(1965年英文版),作者提出,20世纪50年代以来,人类进入空间的时代,而空间的时代也可以称为交际(communication,指言语交际,也可译为传播)的时代,在这个时代中,言语(speech)是一种重要的文化媒介,掌握生动的和有效的言语对每个人都很重要,言语的重要性也决定了修辞的重要性。从一般意义上说,"公众的说话"(public speaking)、"修辞"和"交际"三个词经常可以交换使用。①

语用逻辑作为叙事对话的重要理据,作用于谈话体、艺术体、事务体等语体(语言的功能变体)。

19

---

① 周礼全:《逻辑——正确思维和成功交际的理论》,人民出版社1994年版,第487页。

第二章

谈话体作品中的叙事对话与语用逻辑

《论语》《孟子》和《白马论》可作为谈话体的代表作。这里所说的谈话体，包括语录体和狭义的谈话体。一般认为，《论语》是语录体，《孟子》是狭义的谈话体。

《论语》《孟子》和《白马论》中的语用逻辑，有一定的共性：重视对话，形成较为典型的问答逻辑；关注语义，强调语境。一般而言，问答逻辑的主体性较强，可以充分体现主体之间的交互性。这些对后世汉语语用逻辑的发展有一定的影响，起到了一定的奠基作用。

本章主要取材于谈话体作品中的叙事对话，专题探讨复现式组合、紧缩结构、问句话轮、条件复句、修辞式推论等。

或者可以说，谈话体作品中的叙事对话与语用逻辑之间的关联可集中体现于话语衔接。话语衔接可以有显性、中性、隐性之分。

第一节　显性话语衔接：以《论语》为例

显性话语衔接，是指有较为明显的、表层的、直接的话语形式作为衔接体的较为典型的衔接。《论语》中不乏显性话语衔接用例。

一　《论语》中复现式组合的句法形式及使用动因

《论语》历来被儒家奉为圭臬，影响甚为深广，之所以如此，除了其博大精深的义理外，还与其跟义理相适切的表达形式密切相关。但学界对于《论语》的研究往往重其义理而轻其表达形式，或偶有关注表达形式者，也常常不太注重描写与解释的结合。本节拟对《论语》复现式组合这一较为典型的表达形式作出分析，在对《论语》复现式组合句法结构形式进行相对充分描写的基础上，探讨解释其使用的动因。

（一）"复现式组合"的界定

复现式组合，是指在语言线性序列中，紧邻环节上相同能指形式的重复出现。复现式组合大量存在于诗歌等韵文中，比如《诗经》即大量使用叠字（即本节所说的"复现式组合"，此时尤指词语的复现式组合），例如："河水洋洋，北流活活，施罛濊濊，鳣鲔发发。葭菼揭揭，庶姜孽孽。"（《诗·卫风·硕人》）先秦以降，后世韵文也不乏这种复现式组合形式的精彩用例，例如李清照《声声慢》："寻寻觅觅，冷冷清清，凄凄惨惨戚戚。"由于复现式组合这一表达形式"既增强诗歌的音乐性，也有利于唤起形象感"，[①] 而"音乐性"和"形象感"往往与诗歌等韵文的关系更为直接，所以已有的研究更加关注诗歌等韵文中的复现式组合。

然而复现式组合并不是诗歌等韵文的"专利"，它也广泛存在于日常语言之中，且古已有之，本节即以先秦的《论语》为语料，探讨当时日常语言中的复现式组合。《论语》版本主要参照中华书局出版的杨伯峻《论语译注》。[②]

《论语》作为较为典型的语录谈话体，里面也出现了大量的复现式组合。但与诗歌等韵文所不同的是，这些复现式组合往往与语气词共

21

---

① 陈光磊：《修辞论稿》，北京语言文化大学出版社 2001 年版，第 105 页。
② 杨伯峻：《论语译注》，中华书局 1980 年版。

现，是协调能指与所指的一种言语策略，体现了结构形式与意义内容的相似。按照《论语》复现式组合中相对独立的语气和句调，我们可以将其分为词语的复现式组合和句子的复现式组合两类。词语的复现式组合往往只有一个相对完整的语气，复现单位之间无明显的停顿。句子的复现式组合则往往有两个相对完整的语气和句调，复现单位之间有相对较大的停顿。

需要指出的是，我们这里所说的复现式组合不是指句法结构形式上的重复出现，而是具体能指形式上的重复出现。句法结构上的复现比我们所说的复现式组合的外延要宽泛一些。例如：

> 颜渊曰："请问其目？"子曰："非礼勿视，非礼勿听，非礼勿言，非礼勿动。"（《论语·颜渊篇第十二》）

以上实际重复出现的部分可以是句法结构中的"常项"（"非……勿……"），而"视"、"听"、"言"、"动"等则为"变项"。再如：

> 居，吾语女。好仁不好学，其蔽也愚；好知不好学，其蔽也荡；好信不好学，其蔽也贼；好直不好学，其蔽也绞；好勇不好学，其蔽也乱；好刚不好学，其蔽也狂。（《论语·阳货篇第十七》）

上例实际复现的也是句法结构框架，即常项"好……不好……，其……也……"。本节主要讨论的是具体变项复现的情形。

（二）《论语》复现式组合的句法结构形式

《论语》中词语复现式组合和句子复现式组合各有其句法结构形式。分别描写如下。

1. 词语复现式组合的句法结构形式

这里所说的"词语复现式组合"是词的复现，复现单位为词的能指形式，复现之后的双音节形式仍然可视为词，实际包括两种情形：其一，复现式组合与相应的单音节形式相比语法意义有所不同，前者常常蕴涵着更为丰富的语法意义和非理性意义，可以表示强调，可以凸显一定的语气；其二，复现式组合与其相应的单音节形式在词汇意义上没有太大变化。由于本书只考察"句法结构形式"，故属于"能指"以外的"所指"暂不考虑。《论语》中词语的复现式组合常常伴有一定的虚词，该类虚词主要为"乎"、"如"、"然"、"者"、"也"等，形成"AA＋乎"、"AA＋如"、"AA＋然"、"AA＋者（……也）"等结构形式。

1.1 AA＋乎

这种复现式组合是单音节形式"A"先复现形成"AA"结构，然后"AA"直接与"乎"形成一个相对更大的组合。如：

（1）子曰："巍巍乎，舜禹之有天下也而不与焉！"子曰："大哉尧之为君也！巍巍乎！唯天为大，唯尧则之，荡荡乎，民无能名焉。巍巍乎其有成功也，焕乎其有文章！"（《泰伯》）

（2）既而曰："鄙哉，硁硁乎，莫己知也，斯己而已矣。深则厉，浅则揭。"（《宪问》）

（3）子曰："师挚之始。《关雎》之乱，洋洋乎盈耳哉！"（《泰伯》）

（4）子曰："周监于二代，郁郁乎文哉！吾从周。"（《八佾》）

（5）曾子曰："堂堂乎张也，难与并为仁矣。"（《子张》）

以上"巍巍乎"、"荡荡乎"、"硁硁乎"、"洋洋乎"、"郁郁乎"、"堂堂乎"，即属于"AA＋乎"型的复现式组合，其后均有表示语气的话语标记词与之"呼应"或"匹配"。如例（1）的"焉"，例（2）的"也"、"而已矣"，例（3）、例（4）的"哉"，例（5）的"也"、"矣"。

1.2 AA＋如

"AA＋如"组合式，作为一个整体，其后还往往有表示判断语气的"也"。例如：

（6）子曰："吾有知乎哉？无知也。有鄙夫问于我，空空如也。我叩其两端而竭焉。"（《子罕》）

（7）孔子于乡党，恂恂如也，似不能言者。（《乡党》）

（8）执圭，鞠躬如也，如不胜。上如揖，下如授。勃如战色，足蹜蹜<u>如有循</u>。享礼，有容色。私觌，<u>愉愉如</u>也。（《乡党》）

（9）子之燕居，<u>申申如</u>也，<u>夭夭如</u>也。（《述而》）

（10）朝，与下大夫言，<u>侃侃如</u>也；与上大夫言，<u>訚訚如</u>也。君在，踧踖如也，<u>与与如</u>也。（《乡党》）

（11）闵子侍侧，<u>訚訚如</u>也；子路，<u>行行如</u>也；冉有、子贡，<u>侃侃如</u>也。（《先进》）

以上"空空如"、"恂恂如"、"蹜蹜如"、"愉愉如"、"申申如"、"夭夭如"、"訚訚如"、"与与如"、"行行如"、"侃侃如"等 10 例"AA＋如"结构中，仅"蹜蹜如"其后无语气词"也"，余则均有"也"表示肯定的判断。

1.3 AA＋然

（12）夫子<u>循循然</u>善诱人，博我以文，约我以礼，欲罢不能。（《子罕》）

（13）曰："言必信，行必果，<u>硁硁然</u>小人哉！——抑亦可以为次矣。"（《子路》）

以上"循循然"、"硁硁然"即属于"AA＋然"类型的复现式组合。例（12）虽无明显的语气词，但是，其后"博我以文，约我以礼，欲罢不能"形成一个排比式的结构，亦很有气势，而例（13）则直接用语气词"哉"标明语气。

1.4 AA＋者（……也）

（14）曰："<u>滔滔者</u>天下皆是也，而谁以易之？且而与其从辟人之士也，岂若从辟世之士哉！"（《微子》）

（15）微生亩谓孔子曰："丘何为是<u>栖栖者</u>与？无乃为佞乎？"孔子曰："非敢为佞也，疾固也。"（《宪问》）

例（14）"滔滔"直接与"者……也"组合，例（15）"栖栖"直接与
"者与"组合，均带有较为强烈的语气。

2. 句子复现式组合的句法结构形式

《论语》中句子的复现式组合，在书面上常常以感叹号或问号标示，
表示一种较强的语气。

2.1 非主谓句＋非主谓句

（16）问子西。曰："彼哉！彼哉！"（《宪问》）

（17）使者出。子曰："使乎！使乎！"（《宪问》）

（18）已而，已而！今之从政者殆而！（《微子》）

（19）子曰："觚不觚，觚哉！觚哉！"（《雍也》）

（20）子贡曰："有美玉于斯，韫椟而藏诸？求善贾而沽诸？"
子曰："沽之哉！沽之哉！我待贾者也。"（《子罕》）

其中，例（16）至例（19）中的复现式组合的具体构成格式为：（光杆
词＋语气词）＋（光杆词＋语气词），例（16）由代词"彼"和语气词
"哉"先行组合，例（17）由光杆动词"使"与语气词"乎"直接组合，
例（18）由光杆动词"已"与语气词"而"直接组合，例（19）由名词
"觚"与语气词"哉"直接组合而成。例（20）由述宾结构"沽之"与
语气词"哉"组合，形成"（述宾结构＋语气词）＋（述宾结构＋语气
词）"的格式。以上五例均表示较为强烈的语气，均为非主谓句的复现
组合。

2.2 主谓句＋主谓句

（21）子见南子，子路不说。夫子矢之曰："予所否者，天厌
之！天厌之！"（《雍也》）

（22）颜渊死。子曰："噫！天丧予！天丧予！"（《先进》）

（23）皆坐，子告之曰："某在斯，某在斯。"（《卫灵公》）

（24）子曰："视其所以，观其所由，察其所安，人焉廋哉？人
焉廋哉？"（《为政》）

以上诸例中,例(21)至例(23)中的复现句子为"主语+谓语+宾语"型结构,是相对完备的"SVO"句型。整个复现式组合形成"(主语+谓语+宾语)+(主语+谓语+宾语)"格式。在句类上,例(21)和例(22)均可理解为感叹句,例(23)为陈述句。例(24)中的复现式组合"人焉廋哉?人焉廋哉?"在句型上仍然为相对完整的主谓句,在句类上为疑问句,"人焉廋哉"可以理解为:疑问句中代词"焉"做宾语,宾语前置,这一情形与《阳货》中的"天何言哉"类似,其中,语气词"哉"表示疑问。

(三)《论语》复现式组合的语用动因

通过以上所举例子可以看出,我们所说的词语的复现式组合类似于人们常说的"叠字"和"反复"。之所以在此名之为"词语的复现式组合"而不径称其为"叠字"和"反复",主要有以下几方面的原因:其一,"字"是一种书写单位,不能直接地体现《论语》的口语特征;其二,一般认为,"词语"是最小的能独立运用的语言单位,而"复现式组合"说到底是在语言运用过程中形成的,以"词语的复现式组合"取代"叠字"更能凸显其语用(语言运用)特征;其三,"词语的复现式组合"较"叠字"更有利于凸显其动态性和整体性;其四,"词语复现式组合"这一概念可以体现出该组合的开放性特征;其五,句子的"反复"虽然和句子的复现式组合类似,但是,人们往往习惯于把"反复"视为一种修辞格,且"间隔的反复"跟我们这里所谈论的"句子的复现组合"不同,"间隔的反复"不是相邻环节上的句子的重复出现,"间隔的反复"与文章学的关系更为密切,故不在我们的讨论之列,事实上,如果直接将句子的复现式组合称为"反复",不利于描写其句法结构形式,况且在概念表述上"复现式组合"可以完整地涵括"叠字"和"接连的反复"两种情形。

通过对《论语》复现式组合的句法结构形式的分析不难看出,无论是词语的复现式组合,还是句子的复现式组合均和一定的语气密切相关,并且往往有标明特定语气的语气词作为话语标记。这一方面跟《论语》作为谈话体作品的语体特征密切相关;另一方面表明了复现式组合适合表达语气,语气往往体现着语用主体的主观心理状态。诚如陈望道先生所言，"人们对于事物有热烈深切的感触时，往往不免一而再、再而三地反复申说；而所有一而再、再而三显现的形式，如街上的列树，庆节的提灯……"① 以上句法结构形式的描写表明，《论语》中句子的复现式组合，即如陈望道先生所谓的"接连的反复"，"能够给与观者以一种简纯的快感，修辞上的反复就是基于人类这种心理作用而成"。② 所谓"快感"无疑是一种较为强烈的心理感受。

强烈的心理感受，在语言上，往往可以通过语气词来表达。比如，"巍巍乎"、"荡荡乎"之"乎"，在文中显然表示一定的语气。王力等《古汉语常用字字典》（第 4 版）对"乎"的解释："语气词。用在句末表示感叹，相当于现代汉语的'啊'、'呀'。"③ 再如，含有复现式结构"空空如"、"恂恂如"、"愉愉如"、"申申如"、"夭夭如"、"侃侃如"、"訚訚如"、"与与如"、"行行如"的句子句尾均有语气词"也"。

通过对《论语》复现式组合的分析，我们还可以看出，复现单位在线性能指形式上均不长。包括句末语气词在内最长的也仅为四个音节。根据人类的经验体系，言谈中的言语主体在情绪较为激动亢奋之时较难有书面语中常见的长句子，但强烈的情绪情感、意愿等不吐不快，于是便采用了同一相对简单的言语形式（含词语和句子）的重复，即"借声音的繁复增进语感的繁复"或"借声音的和谐张大语调的和谐"。④

临境对话与书面表达的不同，在情绪较为激动的时候，受制于各方面条件，如前所述，很难有长篇大论，但又不得不表达自己的这种情绪情感，所以，表达者往往采用时间上的延续来强化自己的表达意图。而语气词恰无具体词汇意义，或许可以说它们的语法意义体现为语音在语符线性序列上的时间延续。这不妨说是能指与所指相协调的一种言语策略，并以此构成语用主体和语言符号的一种互动。《论语》复现式组合

27

---

① 陈望道：《修辞学发凡》，上海教育出版社 1997 年版，第 199 页。
② 同上。
③ 王力等：《古汉语常用字字典》，商务印书馆 2005 年第 4 版，第 149 页。
④ 陈望道：《修辞学发凡》，上海教育出版社 1997 年版，第 175 页。

便在一定程度上蕴涵了语用主体的情绪情感状态。《论语》中缀于复现式组合之后的"乎"、"也"、"哉"等语气词体现了声音的和谐，有助于语调的和谐。换言之，语用主体的情绪情感等主观心理因素是《论语》复现式组合的主要动因之一。

正如有论者所指出的，"语言是一种讯递工具，是语言结构与功能互相调适的结果"。[①] 我们知道，"语言结构"属于语言的形式方面，而"功能"则与"语义内容"密切相关，既然语言是"语言结构与功能相调适的结构"，则语言形式与语义内容之间的关系并不表现为纯粹的"任意性"，二者之间应有一定的动因（或曰"理据"）可循。《论语》中的复现式组合及其所缀的语气词均有其功能，均裹挟了一定的语气，而语气相对于句法结构本身更具主观性和主体性。因此不妨说，是语用动因将句法形式与话语功能关联起来了。

二 《论语》中的复现式话语衔接及语义关联

话语能指形式的重叠复现，如上节所讨论的，有其特定的内部静态结构和语用动因，也有外部话语衔接功能。话语衔接问题是当下话语分析、话语语言学研究的一个热点，但是现有的研究往往更为关注人们当前日常口语中的话语衔接，就日常口语而言，国内则多以英语等外语为语料，或有结合汉语实际的，却主要集中于现代汉语。事实上，话语衔接古已有之，《论语》中的复现式话语衔接即为显例。

虽然从篇章体制上看，《论语》"是若干断片的篇章集合体。这些篇章的排列不一定有什么道理；就是前后两章间，也不一定有什么关联"[②]。但从总体上看，《论语》仍然是连贯性话语，连贯性话语，"指能切分成长短不等、意义完整的独立部分的话语连续体"[③]。即《论语》在总体上是离散的"语录体"，在一个相对独立的言谈内，它又是较为

---

① 沈家煊：《不对称和标记论》，江西教育出版社1999年版，第52页。
② 杨伯峻：《论语译注》，中华书局1980年版，第26页。
③ 戚雨村等：《语言学百科词典》，上海辞书出版社1993年版，第241页。

注重其连贯性的。在《论语》中，每一个话轮内部以及话轮与话轮之间是较为讲究衔接的。

《论语》中在语言形式上较为典型的话语衔接手段是其中能指形式在邻近位置的复现。"话语衔接就是通过种种语言手段（通常称之为衔接手段），对一些看似孤立的句子穿针引线，把它们衔接成一个有结构的整体，而在受话者理解话语时的心理感受中，就出现了一种连贯性。"① 这里所说的"话语衔接"虽然是就现代汉语而言的，但是它同样适用于古代汉语。尤其是古代汉语中的语录体，更是可以从话语分析的角度考察之。《论语》是古代汉语中较为典型的语录体话语。

《论语》中的复现式话语衔接在能指上凸显了"形合"特征，这种能指形式上的"形合"特征有助于人们对《论语》义理的认知与认同，有助于增强《论语》话语的认知说服功能。《论语》中的复现式话语衔接主要有顶真型、回环型、隔离反复型等三种基本类型。

（一）顶真型复现式话语衔接

《论语》中已经有较为完备的顶真型复现式话语衔接。即复现的言语单位分别置于前后相邻的前一句的句尾和后一句的句首，复现单位在句法结构上有主谓结构和非主谓结构两种基本形式。分述如下。

1. 主谓结构复现，作为衔接点

此种情形下，整个主谓结构形成一个拷贝式结构。尽管重复，却不显冗余。例如：

（1）子曰："野哉，由也！君子于其所不知，盖阙如也。名不正，则言不顺；言不顺，则事不成；事不成，则礼乐不兴；礼乐不兴，则刑罚不中；刑罚不中，则民无所措手足。故君子名之必可言也，言之必可行也。君子于其言，无所苟而已矣。"（《论语·子路篇第十三》）

例（1）"名不正"至"民无所措手足"形成较为典型的假言连锁推理。

29

---

① 邵敬敏：《现代汉语通论》，上海教育出版社 2001 年版，第 279 页。

若我们将"名不正"记为"p","言不顺"记为"q","事不成"记为"r","礼乐不兴"记为"s","刑罚不中"记为"m","民无所措手足"记为"n",则以上顶真可表示为：

$$p{\to}q, \ q{\to}r, \ r{\to}s, \ s{\to}m, \ m{\to}n, \ 最后得出：p{\to}n$$

显然，上例是一较为典型的假言连锁推理。

假言连锁推理属于复合命题推理，复合命题推理属于命题逻辑，命题逻辑由斯多噶学派（Stoics）所创立，斯多噶学派是古代希腊和罗马时期的一个哲学学派，这一学派活动的起讫时间约为公元前 300 年至公元 3 世纪。有趣的是，有学者论定《论语》的"著笔当开始于春秋末期，而编辑成书则在战国初期"。[①] 或曰《论语》大约成书于公元前 479 年（孔子卒年）至公元前 400 年（子思卒年）之间。我们知道，战国起于公元前 475 年，止于公元前 221 年。可见，斯多噶学派创立命题逻辑的时间和《论语》的成书时间是较为接近的。《论语》及该著中的假言连锁推理略早于斯多噶学派创立命题逻辑，我们知道，《论语》中的假言连锁推理是逻辑实践，而斯多噶学派的命题逻辑则主要是逻辑理论。这种时间上的"吻合"恰好体现和印证了先有事实再有理论的科学发展的一般规律。这表明：其一，人类的思维形式及其历时发展状态是有共性的；其二，如果说斯多噶学派的活动时间可信的话，以之参照辅证《论语》的成书年代，可在一定意义上增加《论语》成书年代的可信度。此外，尤其重要的是，命题逻辑是十分重视前提与结论之间的关联的，而复合命题逻辑一般是由复合句来表征的，因此，复合命题逻辑前提与结论之间的关联就体现为具体话语之间的衔接，可见，这种衔接是有其逻辑理据的。

以上主谓结构复现，作为衔接点，可以使话语在整体上的联系更为紧密，更具逻辑力量，如上例，环环相扣，滴水不漏。复现的言语成分分属前后两个不同的句子，在前一个句子中是话语的新信息，在后一个

30

① 杨伯峻：《论语译注》，中华书局 1980 年版，第 29—30 页。

句子中则成为旧信息，这样同一个成分以旧带新、以新代旧，能达到凸显句子的表达重点、强化焦点的语用效果。

2. 非主谓结构复现，作为衔接点

非主谓结构复现，作为衔接点在《论语》中属于较为多见的情形。具体体现为以下几种情形。

2.1 名词性成分复现

名词性成分在句子中通常可以做宾语和主语，名词性成分复现则表明前后两个紧邻的句子中前一个句子定有述宾结构，而后一个句子必有主谓结构，即从话语分析的角度看，前一个句子必定有述题，而后一个句子的主题也是完整的。例如：

（2）有子曰："其为人也孝弟，而好犯上者，鲜矣；不好犯上，而好作乱者，未之有也。君子务本，本立而道生。孝弟也者，其为仁之本与！"（《论语·学而篇第一》）

例（2）"本"这一单音节名词复现，作为衔接点，"本"在前一句中为新信息，在后一句中则变为旧信息。

（3）子曰："民之于仁也，甚于水火。水火，吾见蹈而死者矣，未见蹈仁而死者也！"（《论语·卫灵公篇第十五》）

例（3）"水火"复现，"水火"在前一个句子中是旧信息，作为述题的一部分，在后一句中则为话题。类似的再如：

（4）阳货欲见孔子，孔子不见，归孔子豚。（《论语·阳货篇第十七》）

（5）子张问仁于孔子。孔子曰："能行五者于天下为仁矣。"（《论语·阳货篇第十七》）

（6）邦君之妻，君称之曰夫人，夫人自称曰小童；邦人称之曰君夫人，称诸异邦曰寡小君；异邦人称之亦曰君夫人。（《论语·季

31

氏篇第十六》)

　　(7) 曰:"予小子履敢用玄牡,敢昭告于皇皇后帝:有罪不敢赦。帝臣不蔽,简在帝心。朕躬有罪,无以万方;万方有罪,罪在朕躬。"(《论语·尧曰篇第二十》)

以上例(4)至例(7)底下加点部分均为双音节名词复现,作为话语衔接点。

　　(8) 子曰:"知之者,不如好之者;好之者,不如乐之者。"(《论语·雍也篇第六》)

例(8)"好之者"为三音节名词性成分,作为话语衔接点。

　　2.2 动词性成分复现

　　动词性成分复现作为衔接点,往往表现为前后紧邻的后一个句子形成一个紧缩结构或复句。例如:

　　(9) 子曰:"父母在,不远游,游必有方。"(《论语·里仁篇第四》)

例(9)动词"游"复现,作为衔接点。而前后紧邻的后一个句子"游必有方"则可看作一个紧缩结构,乃"游(如果游)"和"必有方"的紧缩,二者的关系为假设关系。紧缩起来意即"如果要出远门,必须有一定的去处"①。

　　(10) 子曰:"夫人不言,言必有中。"(《论语·先进篇第十一》)

例(10)动词"言"复现,作为衔接点。紧相邻的后一个句子亦为一紧缩结构。即"言"与"必有中"的紧缩。"言必有中"意即"一开口一

---

　　①　杨伯峻:《论语译注》,中华书局 1980 年版,第 40 页。

定中肯"。①

（11）宰我问："三年之丧，期已久矣。君子三年不为礼，礼必坏；三年不为乐，乐必崩。旧谷既没，新谷既升，钻燧改火，期可已矣。"（《论语·阳货篇第十七》）

例（11）前后衔接的后一个句子"礼必坏"和"乐必崩"结构相似，均较为紧凑。

（12）子曰："有德者必有言，有言者不必有德。仁者必有勇，勇者不必有仁。"（《论语·宪问篇第十四》）

例（12）"有言"和"勇"分别作为衔接点，整个句子可看作"回环"与"顶真"的复合形式。衔接点所关涉的前后两个句子在结构上亦可看作一个紧缩结构，与例（9）至例（12）相类。

（13）子曰："可与共学，未可与适道；可与适道，未可与立；可与立，未可与权。"（《论语·子罕篇第九》）

例（13）"可与适道"和"可与立"两个动词性成分分别作为衔接点。在前后衔接的两个句子中后一个句子为复句。即"可与适道，未可与立；可与立，未可与权"形成并列关系的复句。

33

（14）孔子曰："天下有道，则礼乐征伐自天子出；天下无道，则礼乐征伐自诸侯出。自诸侯出，盖十世希不失矣；自大夫出，五世希不失矣；陪臣执国命，三世希不失矣。天下有道，则政不在大夫；天下有道，则庶人不议。"（《论语·季氏篇第十六》）

---

① 杨伯峻：《论语译注》，中华书局1980年版，第114页。

例（14）动词性成分"自诸侯出"顶真，而"天下有道"则三次间隔反复出现，形成排比和层递，具有较强的语势和逻辑力量。前后衔接紧邻的后一个句子"自诸侯出，盖十世希不失矣"可看作一个假设复句。

（二）回环型复现式话语衔接

《论语》中作为话语衔接手段的回环是一种内嵌式回环，是相邻句子间形成的话语衔接，其常见的情形是：后一个句子的能指形式的一部分是前一个句子的相对应部分经重复后的异位组合，偶见后一个句子的能指形式的全部是前一个句子经重复后的异位组合。值得注意的是，回环式话语衔接中，前后两个句子的复现成分在其所在句子中均分布于相同的位置。这种内嵌式回环常常使得该回环结构及其所附着的整体形成对比，这种复现式衔接具有认知凸显的语用功能。

具体说来，回环型话语衔接在能指形式上，前后相衔接的两个句子在结构上往往呈对称分布，但又因为并不完全雷同而不显单调，因而具有一定的审美性。在所指内容上，因为前后两个句子的直接鲜明对照，又因为后一个句子之于前一个句子给接受者的"似曾相识"，则便于话语接受者识读、理解、记忆，便于人们认知。应该说，能指形式上的审美性实际上有助于接受者"乐于"认知、"乐于"听读下去。而继续听读下去并达到对语义内容的有效认知即是"衔接"的一项重要旨归。

此种情形下，紧密衔接的两个话语单位可形成鲜明对照。

《论语》中回环型复现式话语衔接更为经常的结构形式是前后两个句子在谓语上的回环。例如：

（15）子曰："君子泰而不骄，小人骄而不泰。"（《论语·子路第十三》）

上例"泰而不骄"和"骄而不泰"形成回环。实际上是以回环的方式使前后两个句子紧密衔接起来。类似的例子如：

（16）子曰："君子和而不同，小人同而不和。"（《论语·子路篇第十三》）

（17）子曰："君子周而不比，小人比而不周。"（《论语·为政篇第二》）

（18）子曰："学而不思，则罔；思而不学，则殆。"（《论语·为政篇第二》）

饶有意味的是，例（17）、例（18）两句是连在一起使用的。此后紧接着相隔一句的还有"子曰：'由，诲女知之乎？知之为知之，不知为不知，是知也！'"这样的"类回环"复叠结构。与其紧接相隔一句的一个句子是："哀公问曰：'何为则民服？'孔子对曰：'举直错诸枉，则民服；举枉错诸直，则民不服。'"不妨说以上这些紧密衔接的句子形成了一个回环群。

以上前后衔接的回环结构在句法形式上形成"A 而不 B"的模式。其前后紧邻的句子的主语分别是"君子"和"小人"，概而言之，《论语》中的这种回环型话语衔接在语义内涵上主要是"君子"和"小人"的对照。"君子"和"小人"在概念的外延上为普通逻辑所谓"全异"关系，具体属于全异关系中的反对关系。以上是表示普遍概念的语词之间的对照。用以对照的前后两个在逻辑上具有全异关系的语词之间用"而"连接，表达这两个具有全异逻辑关系的语词通常后一个语词为否定形式，以否定标记"不"表征。

《论语》中有时也用表示单独概念的语词形成对照，进而前后两个话语单位（句子）形成话语衔接。例如：

（19）子曰："晋文公谲而不正，齐桓公正而不谲。"（《论语·宪问篇第十四》）

一个句子中相对较重要的部分是相应线性组合的后部，即表达重点，此所谓"后重"。表达重点的回环有助于话语接受者对话语信息的"并行"加工处理，这在一定程度上"克服"了因句子线性序列自身"串行"给受话者理解话语所形成的阻碍。

以上以"而"这一连词"并行"回环的前后两个结构成分，通常后

35

一个为否定成分，并且有相应的否定副词，如例（15）至例（19），这可以看作其一般形式。《论语》中亦偶有否定回环结构中前一个成分的。例如：

（20）子曰："君子不可小知而可大受也；小人不可大受而可小知也。"（《论语·卫灵公篇第十五》）

上例"不可"与"可"形成矛盾关系。以上是句子内部构成成分（谓语）的回环，《论语》中亦有前后两个句子后一个句子是对前一个句子的整体回环的情形。例如：

（21）曰："二，吾犹不足，如之何其彻也？"对曰："百姓足，君孰与不足？百姓不足，君孰与足？"（《论语·颜渊篇第十二》）

上面两个句子在总体上直接形成回环。而不像例（15）至例（20）是句子内部的句子成分（谓语）的回环。并且，两个句子均伴随有反诘的语气。二者形成一个连贯性话语。

《论语》中亦有以回环的方式衔接起来的前后两个句子中的回环结构体内部成分不是互相否定的。例如：

（22）子夏曰："仕而优则学，学而优则仕。"（《论语·子张篇第十九》）

上例回环结构体内部仍然用"而"连接，之所以回环结构体内部成分不是互相否定的，主要是因为二者在逻辑上不是"合取关系"，而是"蕴涵关系"，即包含该回环结构体的句子所表达的命题不是联言命题，而是假言命题。此外，该例同时兼有回环和顶真的特征。这种情形有助于克服受话者在接受话语时的心理定式，同样有助于新信息的有效获取。再如：

（23）叶公语孔子曰："吾党有直躬者，其父攘羊，而子证之。"孔子曰："吾党之直者异于是，父为子隐，子为父隐。直在其中矣。"（《论语·子路篇第十三》）

上例"父为子隐"和"子为父隐"形成回环型话语衔接，且前后是两个句子的整体回环。例（21）至例（23）三例均是句子的整体直接回环，而不是句子内部结构成分的回环，因此，其前后互相"咬合"的程度更为致密。

（三）间隔反复型复现式话语衔接

这里所谓间隔反复，是指在一个相对完整的话语序列所形成的句群中，单句或单句内的分句近距离隔离后的反复出现。从认知的角度看，隔离的反复主要是为了推理的需要，即隔离的反复在一定意义上可以看作思维形式的"同一性"的标记。

间隔反复型复现式话语衔接所在的句子往往形成句群，复现的成分通常为句子，这些复现的句子即作为组句的一类特殊"标记"，在这个意义上似可以说，基于间隔反复型复现式话语衔接的句群是一种"形合"的句组。《论语》中的这类句群依据内部语义关系，主要有以下几种次类，略列于后。

1. 并列式。例如：

（24）子曰："人而不仁，如礼何？人而不仁，如乐何？"（《论语·八佾篇第三》）

（25）子曰："巧言，令色，足恭，左丘明耻之，丘亦耻之。匿怨而友其人，左丘明耻之，丘亦耻之。"（《论语·公冶长篇第五》）

（26）子曰："知及之，仁不能守之，虽得之，必失之。知及之，仁能守之，不庄以莅之，则民不敬。知及之，仁能守之，庄以莅之，动之不以礼，未善也。"（《论语·卫灵公篇第十五》）

（27）子夏曰："富哉言乎！舜有天下，选于众，举皋陶，不仁者远矣。汤有天下，选于众，举伊尹，不仁者远矣。"（《论语·颜渊篇第十二》）

以上诸例中，例（24）"人而不仁"复现，在更大一级语言单位上，"人而不仁，如礼何？"与"人而不仁，如乐何？"形成并列关系句群。例（25）"左丘明耻之，丘亦耻之"复现。例（26）"知及之"复现。例（27）"择于众……不仁者远矣"成套间隔反复。

2. 递进式。例如：

（28）子路问君子。子曰："修己以敬。"曰："如斯而已乎？"曰："修己以安人。"曰："如斯而已乎？"曰："修己以安百姓。修己以安百姓，尧、舜其犹病诸？"（《论语·宪问篇第十四》）

（29）子张学干禄。子曰："多闻阙疑，慎言其余，则寡尤；多见阙殆，慎行其余，则寡悔。言寡尤，行寡悔，禄在其中矣。"（《论语·为政篇第二》）

（30）子曰："天何言哉？四时行焉，百物生焉，天何言哉？"（《论语·阳货篇第十七》）

以上诸例中，例（28）的"修己以安百姓"实乃"博施于民"，而前面句子"修己以安人"的"人"显然是狭义的"人"。"如斯而已乎？"实际相当于一个"索引句"，引导和标明前后单句之间为递进关系。例（29）最后一个单句"言寡尤，行寡悔"综合了前面几个单句中的"言"、"寡尤"、"行"、"寡悔"，前者是后者的复现式组合，并在总体上以该组合形成话语衔接。例（30），"天何言哉？"间隔反复复现，形成修辞上较为典型的"反复"。"用同一的语句，一再表现强烈的情思的，名叫反复辞。人们对于事物有热烈深切的感触时，往往不免一而再、再而三地反复申说；而所有一而再、再而三显现的形式，如街上的列树，庆节的提灯，也往往能够给予观者一种简纯的快感，修辞上的反复就是基于人类这种心理作用而成。"[①] 显然，该例中的后一个"天何言哉？"在"感触"上更为"热烈深切"，在语义内容上形成递进。

---

① 陈望道：《修辞学发凡》，上海教育出版社1997年版，第199页。

3. 解说式。例如:

（31）定公问:"君使臣,臣事君,如之何?"孔子对曰:"君使臣以礼,臣事君以忠。"(《论语·八佾第三》)

（32）子曰:"无欲速,无见小利。欲速,则不达;见小利,则大事不成。"(《论语·子路篇第十三》)

（33）子曰:"我未见好仁者,恶不仁者。好仁者,无以尚之;恶不仁者,其为仁矣,不使不仁者加乎其身。有能一日用其力于仁矣乎?我未见力不足者。盖有之矣,我未之见也。"(《论语·里仁篇第四》)

以上诸例中,例（31）一问一答形成一个句群,后一个单句是对前一个单句的解说。"君使臣以礼"和"臣事君以忠"分别是前一个单句中"君使臣"和"臣事君"复现后的补充说明。例（32）、例（32）与之相类。

以上我们从相邻句子间首尾词语的复现衔接、相邻句子间分布于相同句法位置的能指形式经复现后易位组合所形成的衔接、基于句子反复的衔接等方面趋于穷尽地描写了《论语》中的复现式话语衔接。

《论语》中的复现式话语衔接适应了语体的需要,且言语风格使然。从时代语体风格看,在先秦时代,在总体上,人们的口头语与书面语相去不远,诚如吕叔湘先生所言,"秦以前书面语和口语的距离估计不至于太大"。① 记录言语行事的《论语》在此大背景下,其口头交际特征就更为显著了。

从个体风格来看,《论语》的体式使然。复现式话语衔接是《论语》作为"语录体"的一种必要的和有效的衔接手段。换一个角度反观之:在总体上不甚连贯的《论语》,如果又兼以在每一个言谈过程中（每一章内部）、每一个话轮亦不衔接,则《论语》的逻辑性、体系性乃至其经典地位就会削弱许多。而事实上,千百年来,《论语》一直脍炙人口,一直堪称"文质彬彬"的典范,即为事实上的明证。

39

---

① 吕叔湘:《近代汉语指代词·序》,学林出版社 1985 年版,第 1 页。

《论语》复现式话语衔接还是话语经济原则的体现。复现式话语衔接是一种诉诸"形合"的衔接手段,比较直观,且便于话语接受者理解,话语接受者在接受过程中会有"似曾相识"之感。应该说是最为"省力"的简捷的衔接手段之一。

以上分析还表明,《论语》中的复现式话语衔接手段具有突出的语用效果,它有利于加强话语的逻辑力量,有利于新旧信息的关联和表达重点的凸显,有助于增强《论语》话语的认知说服功能,有助于话语接受者对话语的理解。

第二节　中性话语衔接:以《孟子》为例

这里所说的"中性话语衔接",是指无明显的、整体性的话语形式作为直接的衔接体,而主要通过特定的句法结构、句型、句式、句类等显示话语的衔接与连贯。中性话语衔接不像显性话语衔接那样常以衔接体直接地、整体地复现,而只是有局部的衔接标记。中性话语衔接是谈话体作品中尤为频见、较为自然、颇显常态的衔接样式。如紧缩结构、条件复句、问句等。

一　从语用角度看《孟子》中的紧缩结构

40

"紧缩结构包含两个谓语成分,有的属于同一主语,有的不属于同一主语。两个谓语成分之间有种种不同的关系,大都有不同的虚词连接,中间没有语音停顿。"① 紧缩结构大致相当于"复合句的紧缩式"。"一切复合句都有紧缩的可能。"② "凡复合句紧缩起来,两个部分之间

---

① 向熹:《简明汉语史》(下),高等教育出版社 1993 年版,第 511 页。
② 王力:《中国现代语法》(上),中华书局 1954 年版,第 201 页。

没有语音的停顿者，叫做紧缩式。"① 例如，"得之则生，弗得则死"
（《孟子·告子上》），"民无信不立"（《论语·颜渊》）。在某种意义上可
以认为，紧缩结构为复句的紧缩。"复句的紧缩这一句式，历史悠久，
类型也很多。先秦时代就有不少典籍使用了这一种句式。"② 作为先秦
典籍的《孟子》约三万五千三百七十余言，成书于战国中期③，基本上
以对话语录体成篇，为儒家最有影响的经典著作之一。《孟子》版本主
要参杨伯峻《孟子译注》（中华书局 1960 年版）。这里，我们以《孟子》
中的紧缩结构（据初步统计，其中约有 500 例）为例，首先考察其句法
功能。

（一）《孟子》紧缩结构的句法功能

《孟子》紧缩结构有其较为灵便的句法功能，可做一般单句的主语、
谓语及述宾结构的宾语，还可做判断句的直接成分，亦可做一般复句
（含条件、因果、并列关系）的分句。

1. 做句法成分

紧缩结构以单句形式体现复句的语义内容（此即复句的紧缩式），
因此以其做句法成分，语约义丰，且在语义上更为连贯，在形式上更为
灵便。具体分述如下。

1.1 做主语。即紧缩结构在一般单句中做主语这一句法成分。
例如：

（1）知而使之，是不仁也。（《公孙丑下》）

（2）不仁而在高位，是播其恶于众人也。（《离娄上》）

（3）莫之御而不仁，是不智也。（《公孙丑上》）

（4）无处而馈之，是货之也。（《公孙丑下》）

（5）治亦进，乱亦进，伊尹也。（《公孙丑上》）

41

---

① 王力：《中国现代语法》（上），中华书局 1954 年版，第 214 页。

② 丁勉哉：《谈复句的紧缩》，载鲁允中《现代汉语资料选编》，甘肃人民出版社 1981 年
版，第 567 页。

③ 翦伯赞：《中国史纲要》第一册，人民出版社 1979 年版，第 87 页。

例（1）中的"知而使之"为一紧缩结构，"知"与"使"在语义上形成转折关系，由"知"与"使之"紧缩而成的紧缩结构在整个句子中做主语。同理，例（2）中的"不仁而在高位"、例（3）中的"莫之御而不仁"、例（4）中的"无处而馈之"等紧缩结构均做主语。例（5）中"治亦进"、"乱亦进"两个紧缩结构并列在一起做整个句子的主语。

1.2 做谓语。即《孟子》中的紧缩结构做一般单句的谓语。例如：

（6）讴歌者，不讴歌尧之子而讴歌舜。（《万章上》）

（7）天下诸侯朝觐者，不之尧之子而之舜。（《万章上》）

（8）禹八年于外，三过其门而不入。（《滕文公上》）

（9）且古之君子，过则改之。（《公孙丑下》）

（10）往之女家，必敬必戒。（《滕文公下》）

（11）若夫豪杰之士，虽无文王犹兴。（《尽心上》）

以上数例均以紧缩结构做谓语。例（6）中做"讴歌者"的谓语，例（7）"不之尧之子而之舜"、例（8）"三过其门而不入"与之类似。例（9）"过则改之"这一表条件关系的紧缩结构在句中做谓语。例（10）"必敬必戒"并列紧缩结构做谓语。例（11）"虽无文王犹兴"这一让步紧缩结构做谓语。

1.3 做宾语。即紧缩结构在句子中做述宾结构或介宾结构的宾语。例如：

（12）人病舍其田而芸人之田。（《尽心下》）

（13）吾闻出于幽谷迁于乔木者，未闻下乔木而入于幽谷者。（《滕文公上》）

（14）孔子奚取焉？取非其招不往也。（《滕文公下》）

（15）以为无益而舍之者，不耘苗者也。（《公孙丑下》）

以上四例中的紧缩结构均做宾语。例（12）"舍其田而芸人之田"由

"舍其田"与"芸人之田"紧缩而成,在句中做"病"的宾语。同理,例(13)中"出于幽谷迁于乔木"、"下乔木而入于幽谷"两个紧缩结构分别做"闻"、"未闻"的宾语。例(14)中"非其招不往"这一条件紧缩结构做"取"的宾语。例(15)中"为无益而舍之"这一因果紧缩结构做"以上(认为)"的宾语。

1.4 做判断句的某直接成分。例如:

（16）言近而指远者,善言也;守约而施博者,善道也。（《尽心下》）

（17）不得而非其上者,非也。（《梁惠王下》）

（18）遵先王之道而过者,未之有也。（《离娄上》）

以上三例均为判断句,紧缩结构做其一直接成分。如果把"者"之前的直接成分作为句子的主语,"者"之后、"也"之前的成分做谓语,则紧缩结构均做主语,这一情形可看作紧缩结构在一般单句中做主语的补充。以紧缩结构做判断句的直接成分,可以看作言语使用者用此格式来表示最明确的肯定,以加强判断。

2. 做一般复句的分句

《孟子》中的紧缩结构不仅可做单句(含一般单句、判断句)或短语的句法成分,而且还可做一般复句的分句,常常言简意赅、紧凑凝练。略条于后。

2.1 做条件复句的某分句。例如:

（19）不甚,则身危国削。（《离娄上》）

（20）礼人不答,反其敬。（《离娄上》）

（21）苟为后义而先利,不夺不厌。（《梁惠王上》）

（22）仁且智,夫子既圣矣。（《公孙丑上》）

（23）取之而燕民不悦,则勿取。（《梁惠王下》）

（24）爱人不亲,反其仁。（《离娄上》）

以上六例中的紧缩结构为条件复句（含有些语法著作所称的假设复句，这里从王力有关条件复句的判定①）。其中，例（19）、例（21）以紧缩结构表结果，"身危国削"为并列紧缩结构，"不夺不厌"为条件紧缩结构。余则均以紧缩结构表条件。以紧缩结构做条件复句的分句无疑有助于加强逻辑力量，加大说服力度，且在某种意义上便于言语接受者（听者、读者）理解。

2.2 做并列复句的分句。例如：

（25）仁则荣，不仁则辱。（《公孙丑上》）

（26）故推恩足以保四海，不推恩无以保妻子。（《梁惠王上》）

（27）得之则生，弗得则死。（《告子上》）

（28）仁则慕君，不得于君则热中。（《万章上》）

（29）非其君不事，非其民不使。（《公孙丑上》）

（30）非仁无为也，非礼无行也。（《离娄下》）

（31）入云则入，坐云则坐。（《万章下》）

以上数例均为并列复句，其分句均由紧缩结构构成。这表明紧缩结构可成对出现，形成对比或对偶这些修辞格，紧缩结构为并列复句形成对比或对偶修辞格提供了可能性，同时，并列复句也在某种意义上使紧缩结构的出现成为必然。

2.3 做因果复句的某分句。例如：

（32）舜不告而娶，为无后也。（《离娄上》）

（33）二者不可得兼，舍鱼而取熊掌者也。（《告子上》）

（34）其有功于子，可食而食之矣。（《滕文公下》）

（35）学焉而后臣之，故不劳而王。（《公孙丑下》）

（36）世衰道微，邪说暴行有作。（《滕文公下》）

（37）以佚道使民，虽劳不怨。（《尽心上》）

44

---

① 王力：《古代汉语》第二册，中华书局1981年版，第448页。

以上数例，均为紧缩结构做因果复句的某分句。其中例（32）、例（35）、例（36）均以紧缩结构表原因，余则以紧缩结构表结果。

以上分析表明，《孟子》中的紧缩结构有着较为灵便的句法功能，显示出其"得天独厚"的语用价值。

（二）《孟子》紧缩结构的言语风格

紧缩结构可形成一定的言语风格。《孟子》中的紧缩结构形成的言语风格，包括个人风格、民族风格等。

就个人风格而言，紧缩结构能在一定程度上体现《孟子》作者的善辩。由于紧缩结构形式紧凑，句法简短，这就在总体不大的篇幅内为对比、尤其是排比等辞格的构成提供了可能。排比等辞格的大量使用无疑能增强文章的气势，加大其感染力。诚所谓"我知言，我善养吾浩然之气"（《孟子·公孙丑上》）。例如：

（38）人役而耻为役，弓人而耻为弓，矢人而耻为矢也。（《公孙丑上》）

不难看出，"人役而耻为役"由"人役"与"耻为役"两个谓语部分紧缩而成，中间以虚词"而"连接起来。同理，"弓人而耻为弓"、"矢人而耻为矢"均为我们所说的紧缩结构，这三个紧缩结构形成排比。类似的，"行之而不著焉，习矣而不察焉，终身由之而不知其道者"也是由三个紧缩结构形成的排比。《孟子》紧缩结构构成的排比，增强了语势，比一般复句的排比更简洁有力，句法上更整齐，音律上可能更谐和，比一般单句排比语义更丰赡、更连贯。再如：

45

（39）舍其路而弗由，放其心而不知求。（《告子上》）

上例是由"舍其路而弗由"、"放其心而不知求"两个紧缩结构构成的对比，该例巧妙地将"心"与"路"进行对比，强调说明人必须"知求"其所放之"心"。

最后，紧缩结构形成的顶真辞格似能格外增加《孟子》在辩论上的逻辑力量，进一步凸显其善辩的言语风格。例如：

（40）王者之迹熄而诗亡，诗亡然后春秋作。（《离娄下》）

（41）责善则离，离则不详莫大焉。（《离娄上》）

（42）舜尽事亲之道而瞽瞍底豫，瞽瞍底豫而天下化。（《离娄上》）

以上三例均以紧缩结构形成顶真格："诗亡"分别与"王者之迹熄"、"春秋作"紧缩在一起；"离"分别与"责善"、"不详莫大焉"紧缩起来；"瞽瞍底豫"分别与"舜尽事亲之道"、"天下化"紧缩在一起。显然，紧缩结构形成的顶真格使上下文更为连贯、浑然一体，在逻辑上似较其他句式更缜密。

以上分析表明，《孟子》中的紧缩结构在一定意义上使得《孟子》作者的个人言语风格有棱有角、有血有肉。此外，《孟子》中的紧缩结构亦能体现汉民族的某些传统的民族风格，这从它所体现或蕴涵的汉民族的传统认知方式、思维方式、审美情趣等似可看出。紧缩结构是将几个谓语部分紧缩在一起使之成为一个整体的结构，很难想象，没有整体观照的认知方式能理解《孟子》中的紧缩结构。紧缩结构还便于形成警策、对比等辞格，例如：

（43）无恒产而有恒心者，惟士为能。（《梁惠王上》）

（44）今恶死而乐不仁，是犹恶醉而强酒。（《离娄上》）

这些都在某种意义上体现了汉民族朴素的辩证思维方式。紧缩结构对语境（含上下文语境与社会情景语境）的依赖程度较高，若脱离特定语境而单纯从语法规则上理性地分析，常常是不太容易透彻理解的。这种情形，似可视为汉民族重直觉感悟而不太重理性分析的反映。

最后，紧缩结构易形成对偶，例如：

（45）言近而指远者，善言也；守约而施博者，善道也。（《尽心下》）

"言近而指远"、"守约而施博"分别由"言近"与"指远"、"守约"与"施博"紧缩而成，首先是紧缩结构内部的两个部分构成对偶，然后是两个相邻的紧缩结构又形成对偶。对偶似可体现汉民族"好事成双"、注重整齐一律的价值取向与审美方式。

概言之，《孟子》中的紧缩结构对语境（含上下文语境和社会情景语境）的依赖程度较高，无论是其句法分布，还是辞格的运用、风格的形成都未脱离语境。紧缩结构就是这样在语境中凸显语用意义、体现语用价值的。

二　《孟子》中的条件复句

与紧缩结构在语义逻辑上比较接近，均为两个或两个以上的逻辑上的单句的复合，复句是指由两个或两个以上互不为句子成分的分句组成的意义相对完整的句子。例如：

> 公闭门而泣之，目尽肿。（《左传·定公十年》）
> 我非生而知之者，好古敏以求之者也。（《论语·述而》）

为节省篇幅，我们主要探究《孟子》复句中较为常见且在话语衔接上较具代表性的条件复句。

如果我们把"复句"看作一个属概念，则"条件复句"是其种概念。条件复句指的是分句与分句之间为条件与结果的关系的复句。例如：

> 人而无恒，不可以做巫医。（《论语·子路》）

47

条件复句中，通常前一分句表条件，后一分句表结果，如上例。就条件与结果的关系而言，条件可以是必要条件、充分条件、充要条件，也可以是无条件的条件。

着意于中性话语衔接，我们主要考察《孟子》中有标记的条件复句。

（一）《孟子》条件复句的句法结构

条件复句的直接构成成分是分句，我们这里所说的分句，从结构形式上看，主谓句与非主谓句均可充当。讨论分句的结构形式有助于我们理解分句与分句之间的组合形式、复合方式。

1. 分句的结构形式

由于《孟子》基本上以对话成篇，就文本而言，经常出现"孟子曰"、"曰"等言语形式，这样，"曰"后面的话语在结构形式上均为"曰"的宾语，考虑到"曰"后话语的相对自足性以及"曰"与其后话语关系的单一性，为了讨论的方便，我们一般以"曰"后的言语作为语言材料。

1.1 主谓句做分句。例如：

（1）七八月之间旱，则苗槁矣。（《梁惠王上》，若不加特别说明，本节的例句均取自《孟子》，故一般只注明章次）

（2）（孟子曰:）① "王之好乐甚，则齐国其庶几乎!"（《梁惠王下》）

（3）（且以文王之德，百年而后崩，犹未洽于天下;）武王、周公继之，然后大行。（《公孙丑上》）

（4）圣人复起，必从吾言矣。（《公孙丑上》）

（5）不待父母之命、媒妁之言，钻穴隙相窥，逾墙相从，则父母国人皆贱之。（《滕文公下》）

（6）君仁，莫不仁；君义，莫不义；君正，莫不正。（《离娄上》）

例（1）"苗槁矣"这一主谓句充当分句，表结果。例（2）"王之好乐甚"与"齐国其庶几乎"均为主谓句，分别表示条件与结果。例（3）"武王、周公继之"这一主谓句充当分句，表条件。例（4）"圣人复起"这一主谓句充当分句，表条件。例（5）"父母国人皆贱之"这一主谓句充当分句，表结果。例（6）"君仁"、"莫不仁"、"君义"、"莫不义"、"君正"、"莫不正"均为主谓句，相应地表示条件与结果。显然，主谓

48

---

① 例句中与讨论无关部分均外加"（）"。

句充当分句既可表原因，又可表结果；一个条件复句的两个分句可都由主谓句来充当，也可以只有一个分句由主谓句充当。其中，例（1）、例（6）为形容词性谓语句，其余四例均为动词性谓语句。

1.2 非主谓句做分句

这里所说的"非主谓句"包括无主句、省略句、紧缩句等。在某种意义上相当于《古汉语语法及其发展》中所提到的"谓语读"，"即指谓语带有停顿，在句中做谓语，在复句中做分句，而不是其他句子成分。由于复句的分句大多无主语，似乎叫谓语读更符合实际。不过叫分句也未尝不可，因'复句'顾名思义就是由两个以上的分句组合而成的"①。为了表述的方便，我们这里称之为"非主谓句"，非主谓句于《孟子》中充当分句的情形比较常见，可分为以下几类。

1.2.1 无主语的动词谓语句做分句。例如：

（7）（孟子曰：古者不为臣不见。段干木踰垣而辟之，泄柳闭门而不纳，是皆已甚；）迫，斯可以见矣。（《滕文公下》）

（8）权，然后知轻重；度，然后知长短。（《梁惠王上》）

（9）朝，将视朝，不识可使寡人得见乎？（《公孙丑下》）

其中，例（7）、例（9）中的"迫"、"朝"的主语由于特定语境而省略了。例（8）中的"权"与"度"的主语是什么似无关紧要，"权"、"度"并不陈述具体的人或事物，如果硬要加上主语，似只能是"人们、我们"之类，我们也就是在这个意义上说它们是本无主语的无主句。显然，无主语的动词谓语句用于条件复句中简洁明了、精警有力。

1.2.2 紧缩句做分句。例如：

（10）苟为后义而先利，不夺不厌。（《梁惠王上》）

（11）暴其民甚，则身弑国亡；不甚，则身危国削，名之曰

49

---

① 杨伯峻：《古汉语语法及其发展》，语文出版社 1992 年版，第 914 页。

"幽"、"厉",虽孝子慈孙,百世不能改也。(《离娄上》)

(12)礼人不答,反其敬——行有不得者皆反求诸己,其身正而天下归之。(《离娄上》)

例(10)"不夺不厌"这一紧缩句做分句,表结果。例(11)"身弑国亡"、"身危国削"分别做分句,亦表结果。例(12)"其身正而天下归之"这一紧缩句做分句,表结果。紧缩句做条件复句的分句使得条件与结果衔接得更为连贯。

1.2.3 述宾结构做分句。例如:

(13)王如施仁政于民,省刑罚,薄税敛,深耕易耨;壮者以暇日修其孝悌忠信,入以事其父兄,出以事其长上,可使制梃以挞秦楚之坚甲利兵矣。(《梁惠王上》)

(14)(孟子对曰:有。)人不得,则非其上矣。(《梁惠王下》)

(15)(孟子曰:否,不然也;)天与贤,则与贤;天与子,则与子。(《万章上》)

(16)(曰:君有大过则谏;)反覆之而不听,则易位。(王勃然变乎色。)(《万章下》)

(17)知其性,则知天矣。(《尽心上》)

例(13)"省刑罚"、"薄税敛"这两个述宾结构及"王如施政与民"这一主谓句与"深耕易耨"这一并列偏正(状中)结构共同做条件复句的条件分句,实承前省略了主语"王"。例(14)"非其上"这一述宾结构做分句,表结果。例(15)与例(14)略同,均是主谓句与之匹配,只是例(14)句尾缀以一语气词"矣",例(15)分号前后两个条件复句中,充当结果分句的述宾结构与相应条件分句的谓语雷同。例(16)表结果的述宾结构"易位"与表条件的述补结构"反覆之而不听"匹配。例(17)两个分句均由述宾结构充当,句尾缀以语气词"矣",其主语并不确定,形式上前后对称,略似修辞上的警策格,具有一定的思辨色彩。

1.2.4 述补结构做分句。例如：

（18）有诸内，必形诸外。（《告子下》）

（19）抑王兴甲兵，危士臣，构怨于诸侯，然后快于心与？（《梁惠王上》）

（20）其为气也，至大至刚，以直养而无害，则塞于天地之间。（《公孙丑上》）

例（18）前后两个复句均由述补结构充当，"有诸内"是"形诸外"的充分条件。例（19）"快于心"做分句表结果。例（20）"塞于天地之间"这一述补结构做分句，表结果。

1.2.5 偏正结构做分句。例如：

（21）无以，则王乎？（《梁惠王上》）

（22）曰："以礼食，则饥而死；不以礼食，则得食，必以礼乎？"（《告子下》）

（23）天油然作云，沛然下雨，则苗浡然兴。（《梁惠王上》）

（24）（井上有李，螬食实者过半矣，匍匐往，将食之，）三咽，然后耳有闻，目有见。（《滕文公下》）

例（21）中的"无以"这一偏正结构做分句，表充分条件。例（22）"以礼食"这一偏正结构与"饥而死"这一述补结构构成充分不必要关系，二者均充当分句。例（33）"沛然下雨"这一偏正结构与"天油然作云"这一主谓句一起做整个条件复句的分句，表条件。例（24）"三咽"这一偏正结构做分句，表充分条件。以上数例中的偏正结构均为"状中"型的。

1.2.6 联合结构做分句。例如：

（25）尊德乐义，则可以嚣嚣矣。（《尽心上》）

（26）不仁、不智，无礼、无义，人役也。（《公孙丑上》）

51

例（25）"尊德乐义"这一联合结构做分句，表条件。例（26）"不仁、不智"、"无礼、无义"两个联合结构共同做分句，表条件。

1.2.7 连谓结构做分句。例如：

(27)（往应之曰：）"绤兄之臂而夺之食，则得食；不绤，则不得食，则绤之乎？踰东家墙而搂其处子，则得妻；不搂，则不得妻，则将搂之乎？"（《告子下》）

上例中"绤兄之臂而夺之食"这一连谓结构做分句，表充分条件，"踰东家墙而搂其处子"与之类似。与二者匹配的结果分句均为述宾结构。

2. 分句与分句的组合形式

2.1 主谓句＋主谓句。例如：

(28) 布帛长短同，则价相若。（《滕文公上》）

(29) 王无罪岁，斯天下之民至焉。（《梁惠王上》）

2.2 非主谓句＋主谓句。例如：

(30) 信能行此五者，则邻国之民仰之若父母矣。（《公孙丑上》）

(31)（孟子曰：吾今而后知杀人亲之重也：）杀人之父，人亦杀其父；杀人之兄，人亦杀其兄。（《尽心下》）

52

2.3 非主谓句＋非主谓句。例如：

(32)（孟子曰：伯夷，非其君，不事；）非其友，不友。（《公孙丑上》）

(33) 一不朝，则贬其爵；再不朝，则削其地；三不朝，则六师移之。（《告子下》）

2.4 主谓句＋非主谓句。例如：

（34）（孟子之平陆，谓其大夫曰：）子之持戟之士，一日而三失伍，则去之否乎？（《公孙丑下》）

（35）左右皆曰不可，勿听；诸大夫皆曰不可，勿听。（《梁惠王下》）

（36）诸侯危社稷，则变置。（《尽心下》）

例（35）分号前后均为条件复句，均由主谓句与非主谓句组合而成。余则直接由主谓句与非主谓句组合而成。

分句与分句之间使用相应的关联词语连接复合起来是形成复句的一种方法。使用关联词语可形成一定的复句格式，"复句格式，指凭借特定关系词语构成的'有标复句'句式"①，"作为复句格式反映的对象，复句语义关系具有多可性"②。"然而，不管怎样，复句格式一旦形成，它就明确地限定了它所标明的关系。"③ 复句格式与语义关系之间的关系于《孟子》中的条件复句亦不例外。这样，对《孟子》条件复句中关联词的讨论就显得格外重要了。

（二）《孟子》条件复句的关联词语及其语义功用

关联词语，是在复句中用以系联分句与分句的词语，是根据标明复句关系、形成复句句式的共同点组合拢来的一些词语，它们在词性上可此可彼，单位上可大可小，职能上可专可兼。④ 《孟子》条件复句中使用了不少关联词语，并以此形成某些特定的复句格式。这里，我们以对分句的讨论为基础，考察关联词与分句的系联情况，主要着眼于关联词在复句中的位置、关联词的语法意义及其与特定结构形式的分句的匹配等。

53

---

① 邢福义：《汉语复句格式对复句语义关系的反制约》，载《语法问题发掘集》，湖北教育出版社 1992 年版，第 1 页。

② 同上书，第 15 页。

③ 同上。

④ 邢福义：《复句问题论说》，载《语法问题探讨集》，湖北教育出版社 1986 年版，第 280 页。

1. 则

《说文》："则，等画物也。从刀、从贝。贝，古之物货也。"段注："引申之为法则，假借之为语词。"一般用在第一个分句后、第二个分句前。在由两个以上的分句构成的条件复句里，则用于第一个表结果的分句前，最后一个表条件的分句后。例如：

（37）（曰：）"邹人与楚人战，则王以为孰胜？"（《梁惠王上》）

（38）王速出令，反其旄倪，止其重器，谋于燕众，置君而后去之，则犹可及止也。（《梁惠王下》）

例（37）"则"用于两个分句之间，引出结果，例（38）"则"用于表结果的分句之前，最后一个表条件的分句"置君而后去之"之后。

据《经传释词》：则者，承上启下之词。[①]《广雅》曰："则，即也。"字或通作"即"。杨树达《词诠》释之为：不完全内动词，乃也。[②] "则"于《孟子》条件复句中引出结果，相当于"就"、"才"等，做连词。

作为"承上启下之词"的"则"可连接多类结构形式的分句，形成"……则……"的复句格式，表示条件与结果的语义关系。例如：

（39）是故文武兴，则民好善；幽厉兴，则民好暴。（《告子上》）

上例分号前后两个句子均为条件复句。"则"连接两个做分句的主谓句，即"主谓句＋则＋主谓句"。此时"则"有"那么"、"便"之义。若释为"那么"则在释文里宜置于表结果的分句的主语之前；释为"就"可置于表结果的分句的主谓之间。

（40）（孟子曰：）"人告之以有过，则喜。禹闻善言，则拜。"（《公孙丑上》）

---

① 王引之：《经传释词》，李维琦点校，岳麓书社 1985 年版，第 183 页。
② 杨树达：《词诠》，中华书局 1954 年版，第 274 页。

54

上例"则"连接主谓句与无主动谓句，即"主谓句＋则＋无主动谓句"。此时，"则"可释为"就"，条件与结果之间的关系更为紧密。类似的，"（公明仪曰：）'古之人三月无君，则吊。'"（《滕文公下》）亦属此列。

　　（41）盖上世尝有不葬其亲者，其亲死，则举而委之于壑。（《滕文公上》）

上例"则"连接主谓句与连谓结构，这时，强调的是结果，"则"往往可不译。

　　（42）天下之言不归杨，则归墨。（《滕文公下》）

上例"则"连接主谓句与述宾结构。此时，"则"联系的条件是排除其他条件的条件，"则"意为"便"。

　　（43）以其时考之，则可矣。（《公孙丑下》）

上例"则"连接偏正（状中）结构与无主动谓句。此时，"则"的意义比较灵活，有时可不译。

2. 苟（为）

"苟"作为关联词于条件复句中，据《经传释词》其意：犹"若"也。①在《孟子》条件复句中"苟"可单用，亦可与其他词配套使用。例如：

　　（44）苟为不畜，终身不得。苟不志于仁，终身忧辱，以陷于死亡。（《离娄上》）
　　（45）苟为无本，七八月之间雨集，沟浍皆盈。（《离娄下》）
　　（46）故苟得其养，无物不长；苟失其养，无物不消。（《告子上》）
　　（47）（孟子曰：）"拱把之桐梓，人苟欲生之，皆知所以养之

55

---

①　王引之：《经传释词》，李维琦点校，岳麓书社1985年版，第120页。

者。"(《告子上》)

(48)（孟子曰：五谷者，种之美者也；）尚为不熟，不如荑稗。
（《告子上》）

以上几例中，例（44）、例（45）、例（48）均由"苟为"关联整个复
句，"苟为"位于复句的句首。例（46）、例（47）由"苟"关联整个复
句，其中例（46）中"苟"位于句子的开头，例（47）中的"苟"则位
于表条件的分句的主语之后。在以上诸例中，除了例（47）中的条件分
句，例（45）中的结果分句以外，"苟"关联的分句均为非主谓句（含
省略句与紧缩句，后者如例（46）表结果的分句）。"苟"与"为"连用，
"为"可训为"如"，《经传释词》："为，犹使也，亦假设之辞也。"杨树达曾
有一按语："为有如义。"① "苟"还可与"则"配套使用，形成"苟……
则……"的复句格式。例如：

(49) 夫苟好善，则四海之内皆将轻千里而来告之以善；夫苟
不好善，则人将曰："訑訑，訑訑，予既已知之矣。"（訑訑之声音
颜色拒人于千里之外。士止于千里之外，则谗谄面谀之人至矣。）
（《告子下》）

上例"苟"与"则"连接述宾成分与主谓句，形成充分条件与结果的语
义关系。"苟……则……"可译为"如果……，那么……"。

3. 如

据《经传释词》：《广雅》曰："如，若也。"常语。② 作为"常语"
的"如"可单用，亦可与"则"等关联词配套使用表示条件与结果的关
系。例如：

(50) 如欲平治天下，当今之世，舍我其谁也？（《公孙丑下》）

---

① 易孟醇：《先秦语法》，湖南教育出版社1989年版，第527页。
② 王引之：《经传释词》，李维琦点校，岳麓书社1985年版，第144页。

上例中"如"为"如果"之意。

（51）王如善之，则何为不行？（《梁惠王下》）

（52）王如知此，则无望民之多于邻国也。（《梁惠王上》）

（53）王如用予，则岂徒齐民安，天下之民举安。（《公孙丑下》）

以上三例"如"与"则"配套使用。"如"位于表条件的分句的主语与谓语之间，条件分句均为主谓句。"……如……，则……"意为"……如果……，那么……"。

（54）如有不嗜杀人者，则天下之民皆引领而望之矣。（《梁惠王上》）

（55）如智者亦行其所无事，则智亦大矣。（《离娄下》）

（56）（孟子曰：告则不得娶。男女居室，人之大伦也。）如告，则废人之大伦也，以怼父母，是以不告也。（《万章上》）

以上三例仍然是"则"与"如"配套使用，"如"位于句首。例（54）"如"后紧接述宾结构做分句，表示条件，"则"后紧接主谓句做分句，表结果。例（55）"如"与"则"均紧接主谓句做分句，分别表示条件与结果。例（56）"如"后紧接无主动谓句，"则"后紧接述宾结构。"如……则……"可译为"如果……，那么……"。

"如"还可与"莫如"配套使用。例如：

（57）如耻之，莫如为仁。（《公孙丑上》）

（58）如恶之，莫如贵德而尊士，贤者在位，能者在职。（《公孙丑上》）

以上两例"如"位于句首，紧接一个述宾结构做分句，表条件，"莫如"位于结果分句句首，亦紧接述宾结构。"如……莫如……"这一复句格式表示的结果是在条件中选择的结果。

57

4. 必

《词诠》诠之为：表态副词，决也。今言"必定"。[①] "必"用于《孟子》条件复句中，常使条件与结果之间的语义关系尤为密切。例如：

(59) 文王发政施仁，必先斯四者。(《梁惠王下》)

(60) 不取，必有天殃。(《梁惠王下》)

(61) 夫环而攻之，必有得天时者矣。(《公孙丑下》)

(62) 圣人复起，必从吾言矣。(《公孙丑上》)

以上四例中"必"位于表结果的分句句首，均由述宾结构充当结果分句。例(59)、例(62)为"主谓句＋必＋述宾结构"，例(60)、例(61)为"偏正(状中)结构＋必＋述宾结构"。"必"于此意为"一定"、"必定"。

(63) 上有好者，下必有甚焉者矣。(《滕文公上》)

(64) 师文王，大国五年，小国七年，必为政于天下矣。(《离娄上》)

以上两例"必"联系的结果分句均为主谓句，"必"此时位于主谓之间，其副词特征较为明显，尽管如此，它仍然有着关联词的作用。如果我们在这里去掉"必"，则分句与分句之间的关系完全有可能另解为并列关系。由此可见"必"对整个复句语义关系的反制约作用，由此显示出其关联词的语法功能。

"必"有时与"则"紧邻着一起出现。例如：

(65) 为巨室，则必使工师求大木。(《梁惠王下》)

(66) (鲁平公将出，嬖人臧仓者请曰：)"他日君出，则必命有司所之。"(《梁惠王下》)

---

① 杨树达：《词诠》，中华书局1954年版，第8页。

"则必"亦位于结果分句的句首，以上两例的结果分句均为非主谓句。
"……则必……"这一复句格式强调条件与结果之间的必然性。

《孟子》条件复句中还有"如……则必……"格式。例如：

（67）王如改诸，则必反予。（《公孙丑下》）

上例"如"表条件，条件分句由主谓句充当，"如"用于主谓句之间，
"则必"之后接述宾结构，充当结果分句。

5. 斯

据《经传释词》：斯，犹"则"也。亦常语。斯，犹"乃也"。[①]《助
字辨略》："乃辞，辞之缓也。""斯"于《孟子》条件复句中可单独出
现，亦可与其他词成对出现。例如：

（68）王无罪岁，斯天下之民至焉。（《梁惠王上》）

（69）（孟子曰：人皆有不忍之心。）先王有不忍之心，斯有不
忍之政矣。（《公孙丑上》）

（70）得天下有道："得其民，斯得天下矣"；得其民有道："得
其心，斯得民矣。"（《离娄上》）

（71）（孟子曰：逃墨必归于杨，逃杨必归于儒。）归，斯受之
而已矣。（《尽心下》）

以上四例，例（68）"斯"后紧接主谓句做结果分句，其余三例"斯"
后均接述宾结构充当结果分句。

"苟"、"如"亦可与"斯"匹配使用，表充分条件，使语气稍强。例如：

（72）苟以是心至，斯受之而已矣。（《尽心下》）

（73）（曰：请损之，月攘一鸡，）以待来年，然后已。——如
知其非义，斯速已矣，（何待来年？）（《滕文公下》）

59

---

① 王引之：《经传释词》，李维琦点校，岳麓书社 1985 年版，第 169 页。

6. 然后

"然后",《助字辨略》云："乃也，继事之辞也。"意为"这样以后"。①"然后"于《孟子》条件复句中常形成"……然后……"的复句格式。"然后"之前的条件分句常为其后结果分句的必要条件，分句间蕴涵有"只有……（这）才……"的语义逻辑关系。

这里，按照"然后"其后所接的结果分句的结构类型来分类讨论之。

6.1……然后＋非主谓句。即"然后"后接非主谓句充当分句，表结果。这时的非主谓句包括由述宾结构充当的分句和无主动谓句等。

6.1.1……然后＋述宾结构。例如：

（74）国人皆曰贤，然后察之；见贤焉，然后用之。（《梁惠王下》）

（75）今也不幸至于大故，吾欲使子问于孟子，然后行事。（《滕文公上》）

（76）去三年不反，然后收其田里。（《离娄下》）

（77）以善养人，然后能服天下。（《离娄下》）

值得注意的是这里用"然后"连接的复句并不同于一般所说的承接复句：承接复句（或曰连贯复句）分句与分句之间是并列平行的关系，一般无所侧重；条件复句往往有所侧重，即有"偏"、有"正"。不难理解，我们所指的用"然后"连接的条件复句中各分句之间的偏正关系。

6.1.2……然后＋无主动谓句。例如：

（78）昔者孔子没，三年之外，门人治任将归，入揖于子贡，相向而哭，皆失声，然后归。（《滕文公上》）

（79）（戴盈之曰：什一，去关市之征，今兹未能，请轻之，）以待来年，然后已，何如？（《滕文公下》）

_____

① 易孟醇：《先秦语法》，湖南教育出版社 1989 年版，第 516—517 页。

6.2……然后＋主谓句。例如：

（80）禹疏九河，瀹济漯而注诸海，决汝汉，排淮泗而注之江，然后中国可得而食也。（《滕文公上》）

（81）险阻既远，鸟兽之害人者消，然后人得平土而居之。（《滕文公下》）

（82）（井上有李，螬食实者过半矣，匍匐往，将食之，）三咽，然后耳有闻，目有见。（《滕文公下》）

以上三例中"然后"后接的结果分句均为主谓句。这时"然后"意为"（主语）才……"，即我们在理解这类复句时，"然后"退居结果分句主语之后、谓语之前，这即在某种意义上强调了结果分句谓语，"然后"的语法功能于此得以体现。

"然后"有时也与"必"配套使用，形成"……必……然后……"的复句格式。例如：

（83）夫人必自侮，然后人侮之；家必自毁，而后人毁之；国必自伐，而后人伐之。（《离娄上》）

上例连用了"必"与"然后"及"而后"，"而后"是连词"而"与时间词"后"的习惯组合。"必……然（而）后"这一格式进一步强调条件的必要性。

7. 不……勿（不）……

据《经传释词》：不，弗也。常语。《玉篇》曰："不，词也。"经传所用，或作"丕"或作"否"，其实一也。[1] 非，《玉篇》曰："非，不是也。"常语。服虔《汉书·萧望之传注》曰："非，不也。"[2] 勿，无

---

① 王引之：《经传释词》，李维琦点校，岳麓书社 1985 年版，第 219 页。
② 同上书，第 229 页。

也；莫也。常语。《广雅》曰："勿，非也。"①

不难看出，在《经传释词》里面，"不"、"非"、"勿"基本上是互训的，既如此，我们把作为"常语"的"不"、"非"、"勿"等不加严格区别。"不……勿（不）……"于《孟子》中常形成条件复句格式，条件分句在语义逻辑上是结果分句的必要条件，有时还是充要条件。

这里，我们根据"不……不……"在复句中的功能，分两类讨论。

7.1 "非……非……"

既标明复句关系又充当句子成分，意义较"实"。例如：

（84）由是观之，无恻隐之心，非人也；无羞恶之心，非人也；无辞让之心，非人也；无是非之心，非人也。（《公孙丑上》）

（85）非其义也，非其道也，禄之以天下，弗顾也；（系马千驷，弗视也。）（《万章上》）

（86）（孟子曰：伯夷，目不视恶色，耳不听恶声。）非其君，不事；非其民，不使。（《万章下》）

（87）非其义也，非其道也，一介不以与人，一介不以取诸人。（《万章上》）

以上四例中的"非"或"不"（"无"）的意义比较"实"，既标明其所系联的复句为条件复句，又在分句中做句法成分。比如例（84）中的"无"、"非"均做述宾结构中的述语。而且，去掉之将大大影响原意。

62

7.2 "不……不……"

标明复句关系，意义相对较"虚"。例如：

（88）（告子曰：）不得于言，勿求于心；不得于心，勿求于气。（《公孙丑上》）

（89）不得，不可以为悦；无财，不可以为悦。（《公孙丑下》）

---

① 王引之：《经传释词》，李维琦点校，岳麓书社 1985 年版，第 238—239 页。

（90）无君子，莫治野人；无野人，莫养君子。（《滕文公上》）

（91）不以舜之所以事尧事君，不敬其君也；（不以尧之所以治民治民，贼其民也。）（《离娄上》）

（92）（至诚而不动者，未之有也；）不诚，未有能动者也。（《离娄上》）

（93）不得乎亲，不可以为人；不顺乎亲，不可以为子。（《离娄上》）

以上数例中的"不……不……"除标明复句关系为条件关系以外，意义相对较虚，即去掉"不……不……"这一对关联词以后句子的原意不至于有太大的损害，若不去掉该关联词即可起强调作用。

有时，还可见到这种情形：在"不（无）……不……"之间嵌以一"则"，形成"不（无）……则不……"的复句格式。例如：

（94）昔日鲁缪公无人乎子思之侧，则不能安子思；泄柳、申详无人乎缪公之侧，则不能安其身。（《公孙丑下》）

（95）（今夫弈之为数，小数也；）不专心致志，则不得也。（《告子上》）

以上两例中的"无（不）……则不……"意为"如果不……就不……"。这种情形下，复句中的条件往往是假言虚拟的。此外，这一复句格式和"不……不……"格式一样用关联词而起强调作用。

8. 今……则……

据《词诠》："今，假设连词，王念孙曰：今犹若也。树达按此乃说一事竟，改说他端时用之。"① "今"与"则"配套成对使用，有"如果……，那么……"之意，为假言条件与结果之间的关系。"今"于此似含有某种希望、夙愿或临时取譬。例如：

（96）今王与百姓同乐，则王矣。（《梁惠王下》）

---

① 杨树达：《词诠》，中华书局 1954 年版，第 147 页。

(97)（曰:）今有受人之牛羊而为之牧之者，则必为之求牧与刍矣。（《公孙丑下》）

(98) 今一见之，大则以王，小则以霸。（《滕文公下》）

(99)（万章问曰：宋，小国也；）今将行王政，齐楚恶而伐之，则如之何？（《滕文公下》）

(100) 今有同室之人斗者，救之，虽被发缨冠而救之，可也；乡邻有斗者，被发缨冠而往救之，则惑也。（《离娄下》）

(101) 今恶死亡而乐不仁，是犹恶醉而强酒。（《离娄上》）

以上诸例中，例（97）为"今……则必……"格式，例（100）、例（101）用的是"今……"，余则均以"今……则……"做关联词，因"今"均表条件，故放在一起讨论。例（97）、例（100）、例（101）均以"今"取譬，例（96）、例（98）、例（99）表示某种愿望。

类似的，《孟子》中还有一些词与"则"配套成对使用，起关联作用，表示条件与结果的语义关系。例如：

(102)（牺牲不成，粢米不洁，衣服不备，不敢以祭。）惟士无田，则亦不祭。（《滕文公下》）

上例关联词"惟"、"则"形成"惟……则……"格式。据《词诠》：惟，语首助词。作为"语首助词"的"惟"无实义，似起发语词的作用，与"则"匹配，形成充分条件复句格式。

64

(103) 有人于此，其待我以横逆，则君子必自反也：我必不仁也，必无礼也，此物奚宜至哉？（《离娄下》）

上例"有"与"则、必"嵌套使用，"有"引出条件，"则……必……"表结果。

(104) 王若隐其无罪而就死地，则牛羊何择焉？（《梁惠王上》）

（105）若是，则弟子之惑滋甚。（《公孙丑上》）

以上两例"若"与"则"匹配，形成"若……则……"格式，"若"有"如果"之意。

总之，就语义而言，一般表条件的有：有、而、苟、苟为、如、今、凡、不、其、如使、使等。其中，常表充分条件的有：凡、苟等。常表必要条件的有：不。常表虚拟条件的有：若、苟、其、如。常表实际条件的有：无、而。半"实"半"虚"的有：今、有。"今"往往为"如果现在……，那么……"之意，含有某种希望或临时取譬。"有"往往为"如果存在……，那么……"之意，蕴涵有"如果存在"的事物并没有或不会发生。

常表结果的有：则、然则、然后、而后、必、不、斯、则必。其中"则"的使用范围较广，表一般的结果。"必"表必然结果，条件与结果之间有一定的因果关系。"斯"常可译为"就"，它引出的结果常与表必要的条件搭配。"然后"常可译为"这才"，"这之后"，它引出的结果与条件常在时间上有一定的间隔。"则必"比"必"少见，较为正式。"然则"多伴随有疑问的语气。

（三）从认知角度看《孟子》多重复句中的条件关系

《孟子》中的条件复句，多重复句中第一重出现条件关系的情形，表条件与表结果的分句在结构形式上的差异较大，这在某种意义上与认知有关。第二重出现条件关系的情形，其条件与条件、条件与结果在语义上或者互相矛盾、补充，或者层递，抑或后一条件复句的条件为前一条件复句的结果。所有这些，使《孟子》更雄辩、更具语用价值。

《孟子》多重复句中的条件关系，它们或是充分条件，或是必要条件，或是充要条件，这里把它们统一归为条件关系。

1. 第一重为条件关系

"前一分句提出一种条件，后一分句说明在满足这种条件的情况下所产生的结果，这样的前后分句之间的关系称为条件关系。"[①]《孟子》

65

---

① 王维贤、李先焜、陈宗明：《语言逻辑引论》，湖北教育出版社1989年版，第300页。

中第一重为条件关系的多重复句,据我们的初步考察约50例。其中表条件的言语单位或者是单句,或者是复句。

1.1单句形式表条件。例如:

(106) A. 河内凶, B. 则移其民于河东, C. 移其粟于河内。(《梁惠王上》)

(107) A. 如使人之所欲莫甚于生, B. 则凡可以得生者, C. 何不用也?(《告子上》)

以上两例均以单句形式表条件,复句形式表结果。例(106)中,A这一单句形式表条件,B、C这一并列复句形式表整个多重复句的结果。例(107)中A这一单句形式表条件。

1.2复句形式表条件。例如:

(108) A. 故居者有积仓, B. 行者有裹囊也, C. 然后可以爰方启行。(《梁惠王上》)

A、B与C构成整个多重复句的第一重。其中A、B并列复句形式,表条件。

(109) A. 死徙无出乡, B. 乡田同井, C. 出入相友, D. 守望相助, E. 养病相扶持, F. 则百姓亲睦。(《滕文公上》)

66

A、B、C、D、E与F构成多重复句的第一重,A、B、C、D、E为一并列复句形式,表整个多重复句的条件。

(110) A. 上无礼, B. 下无学, C. 贼民兴, D. 丧无日矣。(《离娄上》)

A、B、C与D构成第一重,A、B、C这一并列复句形式表条件。

（111）A. 礼貌未衰，B. 言弗行也，C. 则去之。（《告子下》）

A、B 这一转折复句形式表整个多重复句的条件。

1.3 复句形式表条件，复句形式表结果。例如：

（112）A. 一人虽听之，B. 一心以为鸿鹄将至，C. 思援引缴以射之，D. 虽与之俱学，E. 弗若之矣。（《告子上》）

A、B、C 表条件，D、E 表结果。

以上多重复句中例（106）、例（107）、例（108）、例（109）、例（111）在第一重上使用了关联词语，分别为"则"、"如……则"、"然后"等关联词语，例（110）则没有使用关联词语。例（106）、例（107）用单句形式表条件，例（108）、例（109）、例（110）、例（111）用复句形式表条件。例（112）在第一重（条件关系）上未使用关联词语，但分别表条件、结果的做分句的复句形式却各自使用了关联词语"虽"。同表条件关系，在形式上却显得如此不同。

原来，《孟子》一书的作者生活的先秦时代战国中期，社会生产力有了一定的发展，也正值中国文化史上蔚为壮观的"百家争鸣"时期，因而从理论上讲，人类的理性思维有了很大程度的发展。《孟子》多重复句中第一重的条件关系即从语法结构上印证了这一点。从另一个侧面来看，以上条件复句的结构语义关系在某种意义上体现语法结构的"象似原则"或"临摹原则"。①　即人的经验结构与语法结构的某种对应。就人类的经验结构而言，一般是先有条件才有结果，汉语的因果类复句（主要是条件复句）是这一经验结构的典型反映。跨语言的研究表明，先因后果的表达也是一种常态表达。就儿童语言习得看，儿童最先习得的条件从句是先因后果式，而不是相反。诚如袁毓林先生所言，"事实上，语法结构中的确存在着临摹现象。比如，复句的两个分句的排列顺

67

---

① 沈家煊：《不对称和标记论》，江西教育出版社 1999 年版，第 10 页。

序往往映照它们所表达的两个事件实际发生的先后顺序"①。这也印证了语言的"经济原则","即说话人总想在取得精确传递信息的效益时尽量减少自己说话的付出"②。"常用的成分不加标志或采用短小的组合形式，显然是出于经济或省力的考虑。"③ 另外，一般说来，条件复句中的条件或结果分别与人们的关系密切程度存在着差异，人们或者对其中的条件（这里尤指语义内容）更熟悉些。

再者，例（106）、例（107）用单句形式表条件，复句形式表结果，表结果的 B、C 两分句的关系更密切，就例（106）而言，"民"与"粟"直接相关，孟子时代"民"即奉其主要的食物来源"粟"为"天"，所谓"民以食为天"。条件或结果对于单句形式或复句形式的选用似不是偶然的，结构越复杂，意义也就势必愈丰赡。

2. 第二重为条件关系

按照第二重里面是否只有一个条件复句，先分两类讨论。

2.1 第二重只有一个条件复句。例如：

（113）A. 我非尧舜之道，B. 不敢以陈于王前，C. 故齐人莫如我敬王也。（《公孙丑下》）

A、B 构成第二重，为条件关系复句形式。

（114）A. 虽有天下易生之物也，B. 一日暴之，C. 十日寒之，D. 未有能生者也。（《告子上》）

B、C 与 D 构成第二重，形成条件关系。

例（113）第二重里的条件复句以"非……不"关联起来，例（114）第二重的条件复句无特定关联词连接，可视为零关联词形式，但

---

① 袁毓林：《语言的认知研究和计算分析》，北京大学出版社 1998 年版，第 61 页。

② 沈家煊：《不对称和标记论》，江西教育出版社 1999 年版，第 35 页。

③ 同上。

整个多重复句有一个关联词"虽"管辖制约着。这样，整个复句既具逻辑连贯性、严谨性，又不失行文之凝练。

2.2 第二重有两个或两个以上的条件复句。根据第二重里面条件复句间条件与条件及结果的关系分为如下四类讨论。

第一类，条件矛盾或相反。例如：

（115）A. 得志，B. 与民由之；C. 不得志，D. 独行其道。（《滕文公下》）

A 与 B、C 与 D 分别构成第二重，均为条件关系。

（116）A. 子不通功易事，B. 以羡补不足，C. 则农人有余粟，D. 女有余币，E. 子如通之，F. 则梓匠轮舆皆得食于子。（《滕文公下》）

A、B 与 C、D，E 与 F，分别构成第二重，均为条件关系。

（117）A. 有伊尹之志，B. 则可；C. 无伊尹之志，D. 则篡也。（《尽心上》）

A 与 B、C 与 D 分别构成第二重，均为条件关系。

（118）A. 其为人也寡欲，B. 虽有不存焉者，C. 寡矣；D. 其为人也多欲，虽有存焉者，E. 寡矣。（《尽心下》）

A 与 B，C、D 与 E 分别构成第二重，且均为条件关系。

（119）A. 故苟得其养，B. 无物不长，C. 苟失其养，D. 无物不消。（《告子上》）

A 与 B、C 与 D 分别构成第二重，且均为条件关系。

69

以上诸例中的条件相反相成，例（115）条件"得志"与"不得志"语义上为矛盾关系。例（116）两个条件"子不通功易事"与"子如通之"在语义上为矛盾关系。例（117）两个条件"有伊尹之志"与"无伊尹之志"在语义上相反。例（118）两个条件"其为人也寡欲"、"其为人也多欲"在语义上为矛盾关系。例（119）两个条件"苟得其养"与"苟失其养"在语义上为矛盾关系，表结果的分句"无物不长"、"无物不消"亦为矛盾关系。它们合在一起即穷尽了条件范围内的所有情形，十分严密，使人无懈可击。这即在某种意义上是《孟子》善辩的一种表现。

第二类，条件互相补充。例如：

（120）A. 君仁，B. 莫不仁，C. 君义，D. 莫不义，E. 君正，F. 莫不正。（《离娄上》）

（121）A. 不信仁贤，B. 则国空虚，C. 无礼义，D. 则上下乱，E. 无政事，F. 则财用不足。（《尽心下》）

（122）A. 人能充无欲害人之心，B. 而仁不可胜用也，C. 人能充无穿之心，D. 而义不可胜用也，E. 人能充无受尔汝之实，F. 无所往而不为义也。（《尽心下》）

以上三例在结构上类似，A与B、C与D、E与F分别构成第二重，且均为条件关系。例（120）第二重的条件"君仁"、"君义"、"君正"在语义上相互补充，臻于完足。例（121）第二重的条件"不信仁贤"、"无礼义"、"无政事"亦在语义上互相补充。但是关联词语（标记）不同：例（120）为零关联词形式，例（121）、例（122）分别为在某种意义上被我们视为标记的"则"、"而"。

第三类，条件层递。例如：

（123）A. 君之视臣如手足，B. 则臣视君如腹心，C. 君之视臣如犬马，D. 则臣视君如国人，E. 君之视臣如土芥，F. 则臣视君如寇仇。（《离娄下》）

A 与 B、C 与 D、E 与 F 分别构成第二重，均为条件关系。条件"君之视臣如手足"、"君之视臣如犬马"、"君之视臣如土芥"的区别性词语在语义上由"贵"到"贱"，形成层递。

（124）A. 无罪而杀士，B. 则大夫可以去，C. 无罪而戮民，D. 则士可以徙。（《离娄下》）

A 与 B、C 与 D 分别构成第二重，亦为条件关系。条件"无罪而杀士"、"无罪而戮民"在语义上的区别性词语"士"与"民"的地位由高到低形成层递。

（125）A. 天子不仁，B. 不保四海，C. 诸侯不仁，D. 不保社稷，E. 卿大夫不仁，F. 不保宗庙，G. 士庶人不仁，H. 不保四体。（《离娄上》）

A 与 B、C 与 D、E 与 F、G 与 H 分别构成第二重，均形成条件关系。条件亦在语义上构成层递。

例（123）至例（125）在一定程度上体现出句法临摹性。例（123）"君"、"臣"、"国人"、"寇仇"几乎穷尽了当时的各个阶层，有助于、便于后人认知当时的社会结构。相应的，"手足"、"腹心"、"犬马"、"土芥"由"贵"到"贱"更是直接体现了当时人们对客观事物的价值评判。例（124）的"士"、"大夫"、"民"亦体现了当时的社会结构，例（125）"天子"、"诸侯"、"卿大夫"、"士庶人"则更为全面地体现了当时的社会结构、统治秩序（含"官秩"），并且与"四海"、"社稷"、"宗庙"、"四体"等客观事物直接对应起来。以上条件复句以多重的形式出现，全面而不芜杂，体现了汉民族先民重辩证综合、求全尚简的认知方式。

第四类，前一复句的结果为后一复句的条件。例如：

（126）A. 自得之，B. 则居之安；C. 居之安，D. 则资之深；E. 资之深，F. 则取之左右逢其源，G. 故君子欲自得之也。（《离娄下》）

71

A 与 B、C 与 D、E 与 F、G 分别构成第二重，均在第二重形成条件关系。

　　（127）A. 梏之反复，B. 则其夜气不足以存，C. 夜气不足以存，D. 则其违禽兽不远矣。（《告子上》）

A 与 B、C 与 D 分别构成第二重，且均为条件关系。

以上两例中的第二重，后一条件复句以前一条件复句的结果为条件，环环相扣，显示出巨大的逻辑力量。不难发现以上分析的多重复句的第一重多为并列关系，这在某种意义上亦与该多重复句中的条件关系不无关系。并列关系的存在为言语使用者摆出种种可能的条件提供了认知语用环境，唯其如此，才有可能使言语者的言谈更周全、缜密。这样，整个多重复句既有内在的逻辑联系，又有雄辩的说服力，使以十分接近当时日常口语的谈话体成篇的《孟子》独具语用价值，因而使《孟子》中的一些观点、说法更易为人所接受。

三　《孟子》中的问句话轮

如果说条件复句主要是着眼于结构的一种句型，同样是较为特殊的句子，问句则主要是以语气为划分依据分出的一种句类。问句常常受问答逻辑支配。问答逻辑，是问与答之间的有效关联。问答逻辑在一定意义上是言语行为，其中的问句常常不表达命题，但问和答之间常常形成各种语义逻辑关系。问答逻辑可包括类比、预设、蕴涵等。周礼全《逻辑——正确思维和成功交际的理论》[1] 中《疑问话语的预设》专题讨论了问答逻辑预设问题。问句受问答逻辑的支配，对话中的问句常常是以话轮的形式出现的。

我们之所以考察孟子中的问句，主要是基于如下考虑：第一，问句是和陈述句、祈使句、感叹句并列的句类，这种分类在现代汉语和上古

---

① 　周礼全：《逻辑——正确思维和成功交际的理论》，人民出版社 1994 年版，第 468 页。

汉语中皆然，无太大变化。而句类是从语用语气的角度划分出来的句子的类型，这就比单纯的句型更具语用价值，更符合当时（先秦）口语与书面语"相去不远"的语言事实。第二，虽然在上古时代，汉语的口语与书面语相去不远，但是在今天，《孟子》却是书面语，而古汉语书面语缺乏现代标明各种语气和停顿的标点符号系统，因而陈述句的点读不免有着一定的不确定性，即不同的点读者可能由于自己的认知结构的不同有不同的点读，比如，有人认为某一个言语片段是短时停顿（点），可有人认为该片段是长时停顿（读），而疑问句则不同，它往往有话语标志，比如疑问词等，这就相对客观一些，在一定程度上减少了因为没有标点符号这些标记而导致的理解上的分歧，从而增强了语言材料的信度。《孟子》中的问句句群往往形成两个以上的话轮。问句与排比的复合而形成的排比问受类比逻辑的支配。

（一）《孟子》中的疑问句及其语用价值

如前所述，洋洋洒洒三万五千三百七十余言的《孟子》是以谈话体成篇的，是为谈话体，较其他语体更便于我们考察其疑问句，对其疑问句进行考察似乎也格外有意义。

1. 结构类型

这里将《孟子》中的疑问句（下称"问句"）分为单一问句与复合问句两大类，单一问句里面又可以分为然否问、特指问、选择问。

1.1 单一问句

这类问句结构上比较单一，往往只涉及问题的某一个方面，不求"具体而微"。上文已提及，单一问句包含三类。

1.1.1 然否问。即：谈话的一方希望另一方对自己的问题作出肯定（"然"）或否定（"否"）的判断，或言谈者已经在自己的言语中蕴涵有肯定或否定的判断。其基本格式如下：

1.1.1.1……乎？例如：

（1）王曰："叟！不远千里而来，亦将有以利吾国乎？"（《孟子·梁惠王上》）（本节举例例句均取自《孟子》，故以下取例只注明卷别）

（2）孟子曰："世子疑吾言乎?"（《滕文公上》）

这类然否问疑问语气比较平缓，上对下、卑对尊均可使用。

1.1.1.2 ……有诸? 例如：

（3）齐宣王问曰："文王之囿方七十里，有诸?"（《梁惠王下》）

（4）万章问曰："人有言，'至于禹而德衰，不传于贤，而传于子'，有诸?"（《万章上》）

这类然否问有引出下文的作用。

1.1.1.3 ……与? 例如：

（5）其交也以道，其馈也以礼，斯可受御与?（《万章上》）

（6）孟子曰："生之谓性也，犹白之谓白与?"（《告子上》）

这一类然否问，回答问题者往往做否定回答。疑问语气比"……乎"强。

1.1.1.4 ……哉? 例如：

（7）则怒，悻悻然见于其面，去则穷日之力而后宿哉?（《公孙丑下》）

（8）与一舆之羽之谓哉?（《告子下》）

74

还可以嵌以"岂"这一语气副词，形成"岂……哉?"以加强语气。如：

（9）孟子曰："矢人岂不仁于函人哉?"（《公孙丑上》）

（10）有若曰："岂惟民哉?"（《公孙丑上》）

此外，也有"焉……哉?""恶得……哉?"这些格式，如：

(11) 虽袒裼裸裎于我侧，尔焉能浼我哉？（《公孙丑上》）

(12) 恶得有其一以慢其二哉？（《公孙丑下》）

"……哉？"这一类然否问在疑问语气上较前两类更为强烈。

1.1.2 特指问。即：提问者希望对方就某一方面的问题作出解释或作出决定、决策或提供具体信息以满足提问者的某种愿望。其基本格式如下。

1.1.2.1 何……？例如：

(13) 寇雠，何服之有？（《离娄下》）

(14) 如知其非义，斯速已矣，何待来年？（《滕文公下》）

这一类问句有几种变体：

A. ……何也？如：

(15) 如枉道而从彼，何也？（《滕文公下》）

(16) 公都子问曰："钧是人也，或为大人，或为小人，何也？"（《告子上》）

B. ……何如？如：

(17) 曰："伯夷、伊尹何如？"（《公孙丑上》）

(18) 曰："好乐何如？"（《梁惠王下》）

C. 如……何哉？如：

(19) 君如彼何哉？强为善而已矣。（《梁惠王下》）

(20) 吾退而寒之者至矣，吾如有萌焉何哉？（《告子上》）

D. 何谓……？如：

75

(21) 曰："何谓尚志?"(《尽心上》)

(22) 何谓知言?(《公孙丑上》)

E. 如之何……? 如:

(23) 曰："昔者疾,今日愈,如之何不吊?"(《公孙丑下》)

(24) 吾甚恐,如之何则可?(《梁惠王下》)

F. 何为……? 如:

(25) 万章问曰："舜往于田,号泣于旻,何为其号泣也?"(《万章上》)

(26) 曰："先生何为出此言也?"(《离娄上》)

G. 何以……? 如:

(27) 孟子曰："何以言之?"(《告子下》)

(28) 以一服八,何以异于邹敌楚哉?(《梁惠王上》)

"何……"这一类型是《孟子》特指问的一种经常形式,其中 A 种格式往往希望对方就某一方面问题作出解释,D 种格式往往希望对方阐明某一概念,B、C 两种格式往往希望对方作出决定或决策。B、E 实际上是疑问句中代词"何"做宾语,宾语前置与否的问题,后者前置,前者没有前置。F、G 亦为宾语前置。

76

1.1.2.2 ……奚……? 例如:

(29) 曰："奚冠?"(《滕文公上》)

(30) 事道奚猎较也?(《万章下》)

这一类型的"奚"往往做宾语,宾语前置。再如"然则奚为喜而不寐?

（《告子下》）"中的"奚为"实为"为奚（为什么）"。

　　1.1.2.3 孰……？如：

　　　　（31）孰能一之？（《梁惠王上》）
　　　　（32）孰能与之？（《梁惠王上》）

这里的"孰"即同于"谁"，往往希望对方回答"某某人"，"孰"有时也偶尔用以做不定代词，如："'不素餐兮'，孰大于是？"（《尽心上》）

　　1.1.2.4……恶乎……？如：

　　　　（33）敢问夫子恶乎长？（《公孙丑上》）
　　　　（34）孟子曰："君子不亮，恶乎执？"（《告子下》）

　　这一类型在《孟子》特指问中不常见，它往往对上下文语境的依赖程度较高，尤其是对上文。如例（33）的前文提及"言"、"气"、"志"之间的关系，紧接着公孙丑就提出疑问（例（33）即是）。

　　1.1.3 选择问。即：提问者希望对方对自己所提供的几个备选项作出取舍。答问者只能以提问者所提供的对等的几个备选项作答。其基本格式如下：

　　1.1.3.1 ……？……？即几个并列然否句的复合。但这决不是几个然否句的简单相加，换言之，它不能用简单的肯定或否定作答，它的答案往往比较明确、具体。例如：

　　　　（35）齐宣王问曰："人皆谓我毁明堂，毁诸？已乎？"（《梁惠王下》）

　　　　（36）且子食志乎？食功乎？（《滕文公下》）

　　1.1.3.2 ……与？抑……与？如：

　　　　（37）轻暖不足于体与？抑为采色不足视于目与？（《梁惠王上》）

77

(38) 求牧与刍而不得，则反诸其人乎？抑亦立而视其死与？
（《公孙丑下》）

这类选择问用"抑"加以提示，"抑"表意义轻转。

1.1.3.3 ……孰……？如：

(39) 曰："独乐乐，与人乐乐，孰乐？"（《梁惠王下》）
(40) 公孙丑问曰："脍炙与羊枣孰美？"（《尽心下》）

这类选择问前后两个主谓结构的谓语相同。

1.2 复合问句

《孟子》中的疑问句不仅有如上所述的三种单一形式，而且有较为复杂的多重问句的复合。这种"复合"不是几个问句的简单叠加，又不同于我们上文所述的选择问（选择问往往是几个疑问形式共一个逻辑主语），它有着自身的特点，现将其复合形式归纳如下。

1.2.1 特指问＋特指问。例如：

(41) 岂为厉农夫哉？且许子何不为陶冶，舍皆取诸其宫中而用之？何为纷纷然与百工交易？何许子之不惮烦？（《滕文公上》）
(42) 岂不曰："以位，则子，君也；我臣也；何敢与君友也？以德，则子事我者也，奚可以与我友？千乘之君求与之友而不可得也，而况可召与？"（《万章下》）

78

例（41）为二重，例（42）为三重复合，环环相扣，结构上浑然一体。

1.2.2 然否问＋然否问。例如：

(43) 孟子曰："子能顺杞柳之性而以为杯棬乎？将伐贼杞柳而后以为杯棬也？如将戕贼杞柳而以为杯棬，则亦将戕贼人以为仁义与？"（《告子上》）
(44) 曾不知以食牛于秦穆公之为讦也，可谓智乎乎？不可谏

而不谏，可谓不智乎？（《万章上》）

例（43）、例（44）均为二重复合。

1.2.3 然否问＋特指问。例如：

（45）今有杀人者，或问之曰："人可杀与？"则将应之曰："可"。彼如曰："孰可杀"？（《公孙丑下》）

（46）曰："何哉，君所谓踰者？前以士，后以大夫；前以三鼎，而后以五鼎与？"（《梁惠王下》）

这类复合问常常在疑问中陈述，在陈述中诘问。

1.2.4 选择问＋特指问。例如：

（47）孟子曰："敬叔父乎？敬弟乎？彼将曰'敬叔父'。曰：'弟为尸，则谁敬？'"（《告子上》）

这一类复合问句在《孟子》中相对来说较少。

2. 语用价值

《孟子》之所以脍炙人口，一直被奉为圭臬，在很大程度上得益于其言语形式。疑问句是其言语形式（话语）中尤具特色的一种。事实上，《孟子》中疑问句具有十分突出的语用价值。分述如下。

2.1 促成对方与自己会话合作，有理、有利、有礼、有节

从某种意义上说，《孟子》中的疑问句集中体现了作者的善辩。《孟子》作者通过然否问引导或促成谈话的双方就某一问题和自己达成共识，通过问答，可导致双方在某一方面有一致的倾向，使谈话有利于自己的见解的发表。如："我欲行礼，子敖以我为简，不亦异乎？"（《离娄下》）显然，先发制人，先声夺人，于己有利。《孟子》还常通过然否问发人深省，并由此引经据典，引出历史掌故以支持自己的某一个说法。

例如：

79

(48) 曰: "使管叔监殷, 管叔以殷畔也, 有诸?" (《公孙丑下》)

(49) 见于王曰: "王尝语庄子以好乐, 有诸?" (《梁惠王下》)

(50) 汤放桀, 武王伐纣, 有诸? (《梁惠王下》)

(51) 万章曰: "尧以天下与舜, 有诸?" (《梁惠王下》)

发问者通过这些然否问使回答问题者心悦诚服, 但似乎又不是强加于人, 而是以理服人。

《孟子》中的选择问还可以使谈话 "有节", 谈话有所节制就可能不会出现 "一言堂" 的尴尬局面, 也可在一定程度上防止 "冷场"。例如:

(52) 曰: "为肥甘不足于口与? 轻暖不足于体与?" (《梁惠王上》)

(53) 子绝长者乎? 长者绝子乎? (《公孙丑下》)

(54) 事齐乎? 事楚乎? (《梁惠王上》)

(55) 曰: "子以为有王者作, 将比今之诸侯而诛之乎? 其教之不改而后诛之乎?" (《万章下》)

2.2 便于理顺会话思路, 有根有据、有进有退

《孟子》中的复合问句常可使谈话者不凡的气度、缜密的思维、严谨的推理跃然纸上, 充分显示言谈者的睿智与辩论技巧, 在某种程度上使《孟子》博大精深成为可能。使用复合问句, 有时在疑问中陈述, 在陈述中置疑, 有进有退。例如:

(56) 曰: "何哉, 君所谓踰者? 前以士, 后以大夫; 前以三鼎, 而后以五鼎与?" (《梁惠王下》)

(57) 孟子曰: "敬叔父乎? 敬弟乎? 彼将曰 '敬叔父。' 曰: '弟为尸, 则谁敬?'" (《告子上》)

(58) "王曰: '何以利吾国?' 大夫曰: '何以利吾家?' 士庶人曰: '何以利吾身?'" (《梁惠王上》)

(59) 孔子奚取焉? 取非其招不往也。如不待其招而往, 何哉? (《滕文公上》)

以上四例均有进有退。例（56）"士"与"大夫"、"三鼎"与"五鼎"进退判然；例（57）"叔父"与"弟"在伦理秩序上有尊卑之分，亦为抽象意义上的"进"与"退"；例（58）则是罗列"王"、"大夫"、"士庶人"，以退为进。所有这些均有助于理顺言谈者的思路。

《孟子》中的复合问句一方面可以理顺言谈者的思路、加强语势，显示强大的逻辑力量；另一方面还可以使问话者把某个问题问得更清楚，同时也就更便于应答者作答，使应答者在答话时有根有据、有条不紊。问话者的"打破沙锅璺（问）到底"式的提问在某种意义上给应答者的答问提供了逻辑线索、答问思路。例如：

（60）孟子曰："生之谓性也，犹白之谓白与？"

曰："然。"

"白羽之白也，犹白雪之白；白雪之白犹白玉之白与？"

曰："然。"

"然则犬之性犹牛之性，牛之性犹人之性与？"（《告子上》）

（61）浩生不害问曰："乐下子何人也？"

孟子曰："善人也，信人也。"

"何谓善？何谓信？"

曰："可欲之谓之善，有诸己之谓信，充实之谓美，充实而有光辉之谓大，大而化之之谓圣……"（《尽心下》）

例（60）通过一组然否问，使谈话向有利于自己见解发表的方向发展。回答者的回答几乎是问话者预设好了的，质言之，这组问句的发出取得了良好的交际效果，语用价值发挥得淋漓尽致。例（61）中提问者的问话实际上对答问者有一种提示作用，促成谈话圆满完成。《孟子》的思想与主旨即寓于谈话中。

（二）《孟子》排比问的修辞效用

排比问指的是以问句的形式而形成的排比，据陈望道先生《修辞学发凡》：排比是指"同范围同性质的事象用了组织相似的句法逐一表出的"一种辞格。①

　　排比问"排比"的是问句，一般问句是排比问的基础，排比问相对于一般问句而言，更有助于叙事，排比问于《孟子》中不乏其例。本书所有《孟子》语料均取自《孟子译注》②，《孟子》中的排比问有其修辞功能，它们可以形成语境，便于认知，排比问便于表达者和接受者互动，从而有助于促成双方的认同，排比问有助于加强语气，形成言语风格。似乎可以说，《孟子》中的排比问较为集中地体现了孟子擅长论辩的言语风格，《孟子》中的排比问蕴涵了《孟子》的言辩智慧。

　　1. 排比问：问句的排比

　　吕叔湘先生有言，"秦以前书面语和口语的距离估计不至于太大"③。因此，不妨说，《论语》和《孟子》均与当时口语的距离不至于太大，且问句是从语用的角度以语气为依据而划分出来的句类，排比又是语言运用的一种跟语气密切相关的辞格，据陈望道先生《修辞学发凡》：排比是"同范围同性质的事象用了组织相似的句法逐一表出的"④。宋代陈骙指出，排比可以用来"壮文势，广文义"⑤。

　　其中的"文势"和"文义"均是在语言文字的具体运用过程中产生的，均有其语用价值。

　　排比问，即是把问句"逐一表出"，是问句的排比，由此可见排比问可能具备的表现力。例如：

　　（62）曰："为肥甘不足于口与？轻暖不足于体与？抑为采色不足视于目与？声音不足听于耳与？便嬖不足使令于前与？王之诸臣皆足以供之。而王岂为是哉？"（《梁惠王上》）

　　（63）樊迟从游于舞雩之下，曰："敢问崇德，修慝，辨惑。"

---

①　陈望道：《修辞学发凡》，上海教育出版社 1997 年版，第 203 页。
②　杨伯峻：《孟子译注》，中华书局 1960 年版。
③　吕叔湘：《近代汉语指代词·序》，学林出版社 1985 年版。
④　陈望道：《修辞学发凡》，上海教育出版社 1997 年版，第 203 页。
⑤　陈骙：《文则》，人民文学出版社 1960 年版，第 30 页。

子曰："善哉问！先事后得，非崇德与？攻其恶，勿攻人之恶，非修慝与？一朝之忿，忘其身，以及其亲，非惑与？"（《论语·颜渊》）

以上两例几乎穷尽了所有可能的情形，其中有对照、有列举、有反问、有设问，因此，不妨说排比问是《论语》和《孟子》中尤具语用价值的表达方式之一。

2. 形成语境，便于认知

《孟子》中的排比问形成语境（这里尤指上下文语境）有"得天独厚"的条件：第一，排比往往是三个或三个以上的句子所组成的句子序列，这种句子序列必然不是孤立的"光杆"句子，其自身即可形成一定的语境；第二，排比问既然是问句的排列，则势必存在或蕴涵了一定的答句，这样，排比问就一定会引出或自身蕴涵其他的句子，从而形成句子系列，形成特定的上下文语境。

可以形成语境的《孟子》排比问便于修辞主体认知：便于听者理解说话者的意图，也便于表达者充分表达自己的看法，同时也便于读者（文本的接受者）认知相应的道理，获取相应的资讯。例如：

（64）孟子对曰，"王！何必曰利？亦有仁义而已矣。王曰：'何以利吾国？'大夫曰：'何以利吾家？'士庶人曰：'何以利吾身？'上下交征利而国危矣。"（《梁惠王上》）

例（64）以问开始，以问结束。有助于激发或引发接受者的思考，且多主体的问句，在结构形式上形成并列，又在语义上形成一定的层递。这些都使得排比问在形成语境时更便于人们认知。

（65）曰："为肥甘不足于口与？轻暖不足于体与？抑为采色不足视于目与？声音不足听于耳与？便嬖不足使令于前与？王之诸臣皆足以供之。而王岂为是哉？"（《梁惠王上》）

83

以上问句并列铺排，不是孤立的问句，在总体上可穷尽可供选择的可能
情形，给接受者提供选择项，这对于接受者其实有着一定的提示作用，
便于接受者认知，便于接受者作出选择。

> (66) 曰："异于白马之白也，无以异于白人之白也；不识长马
> 之长也，无以异于长人之长与？且谓长者义乎？长之者义乎？"
> (《告子上》)

其意为："孟子说：'白马的白和白人的白或者无所不同，但是不知道对
老马的怜悯心和对老者的恭敬心，是不是也没有什么不同呢？而且，您
说，所谓义，在于老者呢？还是在于恭敬老者的人呢？'"[①] 在问题中引
入"白马之马"和"白人之人"，循循善诱，同样在自身形成语言环境
的同时便于认知。

以上排比问的适用无疑是一个修辞行为，凯罗·阿诺德（Carroll
Arnold）给修辞的定义是："通过对符号手段的运用来达到争取自己或
别人对某物的信奉的目的的这一过程，而这对于认知过程本身是必不可
少的。"[②] 以上排比问不妨说是凯罗·阿诺德所说的"符号手段"。应该
说，认知过程即是了解某人某事的过程。"人是如何越来越肯定地了解
某事？对这一修辞思想的新流派来说，肯定是从对修辞交流中的执着的
追求而派生出来的——修辞交流是人们在辩论（'思想的市场'）中把大
家的思想集中到一起的过程。这种交流本身就有一个仔细反思的过程，
通过这一过程那些思想在参与对话的人的脑子里得到平衡。"[③]

《孟子》中的排比问有助于"反思"得更为"仔细"和"对话"得
更为充分。

3. 便于互动，促成认同

《孟子》中的修辞主体常常"知言"善辩，其目的是说服谈话的对

---

① 杨伯峻：《孟子译注》，中华书局1960年版，第256页。

② ［美］肯尼斯·博克等：《当代西方修辞学：演讲与话语批评》，常昌富等译，中国社
会科学出版社1998年版，第172页。

③ 同上书，第173页。

方，使对方认同自己的观点，这种情形是以表达和接受（"问"和"答"的双方）互动的形式实现的。

当代西方修辞学家指出，"人除了其他特点以外还是一个说服别人并被别人说服的动物"①。"所有关于人的其他定义都以这一前提为先决条件。"②

这一关于"说服"的认识似乎在一定程度上是《孟子》排比问所表现出来的修辞功能的一个注解。

一般说来，有"问"就可能有"答"，或者在问的过程中预设了"答"，这些都可以促进修辞主体之间的交流（互动），促成认同。例如：

（67）公孙丑曰："乐正子强乎？"曰："否。""有知虑乎？"曰："否。""多闻识乎？"曰："否。""然则奚为喜而不寐？"曰："其为人也好善。""好善足乎？"曰："好善优于天下，而况鲁国乎？夫苟好善，则四海之内皆将轻千里而来告之以善；夫苟不好善，则人将曰：'訑訑，予既已知之矣。'訑訑之声音颜色拒人于千里之外。士止于千里之外，则谗谄面谀之人至矣。与谗谄面谀之人居，国欲治，可得乎？"（《告子下》）

意即：鲁国打算叫乐正子治理国政。孟子说："我听到这一消息，高兴得睡不着。"公孙丑说："乐正子很坚强吗？"答道："不。""聪明有主意吗？"答道："不。""见多识广吗？"答道："不。""那你为什么高兴得睡不着呢？"答道："他的为人喜欢听取善言。""喜欢听取善言就够了吗？"答道："喜欢听取善言，用这个来治理天下都是能够应付裕余的，何况仅仅治理鲁国呢？假如喜欢听取善言，那四处的人都会从千里之外赶来把善言告诉他；假如不喜欢听取善言，那别人会［模仿他的话］说：'呵呵！我早已都晓得了！'呵呵的声音面色就会把别人拒绝于千里之外

① ［美］大卫·宁等：《当代西方修辞学：批评模式与方法》，常昌富等译，中国社会科学出版社 1998 年版，第 236 页。
② 同上书，第 241 页。

85

了。士人在千里之外停止不来，那进谗言而当面奉承的人就会来了。同进谗言而当面奉承的人住在一起，要把国家搞好，做得到吗?"上例问与答互相承接递续，也是以问句开头而以问句结束，精警有力，同时也给人以不得不认同之说服力。

（68）任人有问屋庐子曰："礼与食孰重?"曰："礼重。""色与礼孰重?"曰："礼重。"曰："以礼食，则饥而死；不以礼食，则得食，必以礼乎? 亲迎，则不得妻；不亲迎，则得妻。必亲迎乎?"（《告子下》）

上例"礼与食孰重?"和"色与礼孰重?"两个选择问与"以礼食，则饥而死；不以礼食，则得食，必以礼乎?"和"亲迎，则不得妻；不亲迎，则得妻。必亲迎乎?"两个设问在总体上形成排比，便于交际中的问答双方互动，有助于对方认同己方的观点。

（69）"今也滕有仓廪府库，则是厉民而以自养也。恶得贤?"孟子曰："许子必种粟而后食乎?"曰："然。""许子必织布而后衣乎?"曰："否。许子衣褐。""许子冠乎?"曰："冠。"曰："奚冠?"曰："冠素。"曰："自织之与?"曰："否。以粟易之。"曰："许子奚为不自织?"曰："害于耕。"曰："许子以釜甑爨，以铁耕乎?"曰："然。""自为之与?"曰："否，以粟易之。""以粟易械器者，不为厉陶冶，陶冶亦以其械器易粟者，岂为厉农夫哉? 且许子何不为陶冶，舍皆取诸其宫中而用之? 何为纷纷然与百工交易? 何许子之不惮烦?"（《滕文公上》）

例（67）、例（68）、例（69）尽管各由多个话轮组成，但是在谈话的某一方仍然是问句的排比，从这个意义上亦应视为排比问。例（69）与例（68）中的排比问在修辞功用上相似，均有助于修辞主体说服对方。

4. 加强语气，形成风格

前文已述及，《孟子》基本以谈话体成篇，"谈话体既不像科学体那样求严密，也不像艺术体那样重修饰；灵便自然是其突出特点"[①]。谈话体"多用强调语意或增添幽默感的（如夸张、反复、反问、歇后、仿词等）辞格"[②]。

这里所说的"强调语意"在功能上主要表现为加强语气，排比问则不像对偶那样拘泥于形式，它可以"神聚"而"形散"，形成自由灵便的言语风格。例如：

（70）仲子所居之室，伯夷之所筑与？抑亦盗跖之所筑与？所食之粟，伯夷之所树与？抑亦盗跖之所树与？是未可知也。（《滕文公下》）

上例在内容上由"室"而"粟"，由"仲子"而"伯夷"又"盗跖"，在形式上形成结构反复、对照等辞格的兼用，强化了语气。

（71）汤使人以币聘之，嚣嚣然曰："我何以汤之聘币为哉？我岂若处畎亩之中，由是以乐尧舜之道哉。"汤三使往聘之，既而幡然改曰："与我处畎亩之中，由是以乐尧舜之道，吾岂若使是君为尧舜之君哉？吾岂若使是民为尧舜之民哉？吾岂若于吾身亲见之哉？天之生此民也，使先知觉后知，使先觉觉后觉也。"（《万章上》）

反诘本是语气较强的一类句子，而三个反诘问并用则更突出强化了语气，这种情形较为充分地体现了孟子善辩的言语风格。

（72）孟子曰："子能顺杞柳之性而以为杯棬乎？将戕贼杞柳而后以为杯棬也？如将戕贼杞柳而以为杯棬，则亦将戕贼人以为仁义

---

①　郑远汉：《语体研究中的几个问题》，《修辞风格研究》，商务印书馆 2004 年版，第290 页。

②　同上。

与？率天下之人而祸仁义者，必子之言夫！"（《告子上》）

上例中排比问还兼作比喻辞格，"子能顺杞柳之性而以为杯棬乎？将戕贼杞柳而后以为杯棬也?"为选择问，而"则亦将戕贼人以为仁义与?"可理解为反诘问，伴随着十分强烈的语气。

总之，《孟子》中的排比问在修辞功用上可以形成语境，便于认知，便于互动，促成认同，加强语气，形成风格。

（三）《论语》和《孟子》排比问的语用比较

《论语》和《孟子》均为先秦儒家的经典文献，都比较注重语言表达的得体性，在语言运用上具有一定的可比性。

语用比较，涉及的领域很广，其内涵也很丰富，比如话语标记、语用心理、语用过程、语用价值等，但是，从可比的方面来看，话语标记、语用价值更值得关注，更具可比性，况且，话语标记和语用价值一"实"一"虚"在一定意义上可以涵括"语用"这一概念的基本外延和内涵。这里以《论语》和《孟子》中的（本节的相关语料均采自《论语译注》① 和《孟子译注》②）排比问为比较的具体对象，着眼于语用维度，从话语标记和语用价值两个方面展开。

总体上看，《孟子》排比问表示疑问的话语标记比《论语》的要繁富一些，《孟子》排比问的语用价值主要诉诸"辩"体现出来，而《论语》排比问的语用价值则主要通过"辨"实现。

1. 有关研究综述

相对于"辞章"，有关《论语》和《孟子》的研究人们对于"义理"和"考据"更为着意，这些方面的研究情况，黄俊杰《21 世纪孟子学研究的新展望》（《文史哲》2006 年第 5 期）中有较为全面的综述。

相对而言较为薄弱的"辞章"的研究，静态的结构分析相对较多，而对于并不多见的动态语用研究目前主要倚重于专书研究，如赵世举

88

---

① 杨伯峻：《论语译注》，中华书局 1980 年版。
② 同上。

《〈孟子〉定中结构三平面研究》（中国青年出版社 2000 年版）、曹瑞芳《〈论语〉疑问句中疑问语气的表达手段》（《语文研究》2002 年第 4 期）、陈志明《〈论语〉疑问句考察》（《山西师范大学学报》2000 年第 1 期）、张春泉《〈孟子〉紧缩结构的句法功能举隅》（《黄冈师范学院学报》2002 年第 1 期）、张春泉《〈孟子〉条件复句的结构形式》（《楚雄师范学院学报》2002 年第 2 期）、张春泉《〈孟子〉中的疑问句及其语用价值》（《毕节师专学报》2000 年第 2 期）、张春泉《紧缩结构与言语风格——以〈孟子〉为例》（《修辞学习》2001 年第 4 期）、张春泉《〈孟子〉中表条件结果关系的关联词语》，（《南京师范大学文学院学报》2002 年第 4 期）、张春泉《从认知的角度看〈孟子〉多重复句中的条件关系》（《湖南大学学报》2003 年第 1 期）、张春泉《〈论语〉复现式话语衔接》（《北方论丛》2006 年第 4 期）等。

以上已有的研究成果表明，动态的语用比较是有关《论语》和《孟子》研究之薄弱环节中的尤其薄弱者。本书试在前人时贤已有研究的基础上，选取"排比问"这个"点"，作为《论语》和《孟子》语用比较的一个"突破口"，以期推动相关研究的不断深入。

据我们初步统计，《论语》中比较典型的排比问共有五例，《孟子》中典型的排比问共有七例。

2. 话语标记：繁与简

《论语》和《孟子》中典型的排比问都具有一定的表示疑问的话语标记（discourse markers）。关于话语标记语，不同的学者可能会有不同的界定，但是有一点是没有什么异议的：话语标记不存在非真值条件义。在《论语》和《孟子》中表示疑问的代词和语气词均没有真值条件义且对于特定言语片段（主要是句子）的语气类型有着一定的凸显标记作用，故我们将这些表示疑问语气的词称为话语标记。从总体上说，《孟子》排比问中表疑问的话语标记在数量上要比《论语》中的多，《论语》排比问中表疑问的话语标记主要有：与、乎、何、孰、安。《孟子》排比问中表疑问的话语标记主要有：与、乎、何、岂……哉、何……哉、奚、也、恶。不难看出，《论语》和《孟子》中共同的表疑问的话语标记为：与、乎、何。此外，《论语》排比问中还有"孰"和"安"，

89

而《孟子》中则有"岂"、"哉"、"奚"、"也"、"恶"。

《孟子》排比问中表疑问的话语标记不仅在数量上较《论语》中的多，而且在结构形式上也要复杂一些：有话语标记，有配套使用情形。例如：

> （73）"今也滕有仓廪府库，则是厉民而以自养也。恶得贤？"孟子曰："许子必种粟而后食乎？"曰："然。""许子必织布而后衣乎？"曰："否。许子衣褐。""许子冠乎？"曰："冠。"曰："奚冠？"曰："冠素。"曰："自织之与？"曰："否。以粟易之。"曰："许子奚为不自织？"曰："害于耕。"曰："许子以釜甑爨，以铁耕乎？"曰："然。""自为之与？"曰："否，以粟易之。""以粟易械器者，不为厉陶冶，陶冶亦以其械器易粟者，岂为厉农夫哉？且许子何不为陶冶，舍皆取诸其宫中而用之？何为纷纷然与百工交易？何许子之不惮烦？"（《孟子·滕文公上》）

上例仍然可以看作一个较为典型的排比问，因为，对于孟子来说，其每一句均为问话，因此，在孟子这个语用主体那里所说出的话就是一个排比问，以上"恶"于此作为疑问代词，《孟子》中类似的还有："路恶在？"（《孟子·尽心上》）集中使用了"恶"、"乎"、"奚"、"与"、"岂……哉"等表疑问的话语标记。

> （74）孟子曰："子能顺杞柳之性而以为杯棬乎？将戕贼杞柳而后以为杯棬也？如将戕贼杞柳而以为杯棬，则亦将戕贼人以为仁义与？率天下之人而祸仁义者，必子之言夫！"（《告子上》）

显然，上例使用了"乎"、"也"、"与"等话语标记。

> （75）曰："为国以礼，其言不让，是故哂之。""唯求则非邦也与？""安见方六七十如五六十而非邦也者？""唯赤则非邦也与？""宗庙会同，非诸侯而何？赤也为之小，孰能为之大？"（《论语·先进篇》）

不难看出，《论语》中的话语标记相对简单。

需要说明的是，在《论语》中也有"岂……哉"型的话语标记配套使用形式，但是这种情形并不是用于排比问中。

3. 语用价值：辨与辩

应该说，语用价值与语用意图（含语用目的、语用动机等）是统一的，因此，语用价值的实现在一定意义上是语用意图的满足。《论语》中排比问的主要意图恐怕是"辨"，即"辨惑"（《论语·颜渊》），而《孟子》中的排比问则恐怕主要以"辩"为主要意图，尽管孟子曾说明："予岂好辩哉？予不得已也。"（《孟子·滕文公下》）无论是否"不得已"而为之，"辩论"是其主要言语风格之一，其排比问即较为充分地体现了这种风格，《孟子》排比问的语用价值也就在"辩"的过程中体现出来。

具体说来，首先值得注意的是，《孟子》中含有排比问的会话结构至少由两个以上的话轮组成，而《论语》中含有排比问的会话结构则存在至少一个话轮的情形。《论语》中即便是有多个话轮，也往往是以"辨惑"为直接目的。例如：

> （76）季康子问："仲由可使从政也与？"子曰："由也果，于从政乎何有？"曰："赐也可使从政也与？"曰："赐也达，于从政乎何有？"曰："求也可使从政也与？"曰："求也艺，于从政乎何有？"（《论语·雍也》）

"于从政乎何有？"在此其实是一种反复。上例重在使话语接受者季康子明辨"仲由"、"赐"、"求"的个性，并兼及从政的基本条件的说明。用问句，有"启"有"发"，有"点"有"面"。

其次，《孟子》中的排比问强调的是话语表达者意图的实现，而《论语》中的排比问则强调的是话语接受者的听读情况。或者可以说，《孟子》排比问偏重于认同，而《论语》排比问偏重于认知，即《孟子》着眼于"辩"，《论语》着眼于"辨"。例如：

（77）孟子对曰："王！何必曰利？亦有仁义而已矣。王曰：'何以利吾国？'大夫曰：'何以利吾家？'士庶人曰：'何以利吾身？'上下交征利而国危矣。"（《孟子·梁惠王上》）

上例共一个话轮，形成排比问，同时亦为一个层递，由反问引出三个特指问，全面缜密，滴水不漏，无懈可击。

（78）汤使人以币聘之，嚣嚣然曰："我何以汤之聘币为哉？我岂若处畎亩之中，由是以乐尧舜之道哉。汤三使往聘之，既而幡然改曰：'与我处畎亩之中，由是以乐尧舜之道，吾岂若使是君为尧舜之君哉？吾岂若使是民为尧舜之民哉？吾岂若于吾身亲见之哉？天之生此民也，使先知觉后知，使先觉觉后觉也。'"（《孟子·万章上》）

上例连用三个反问："吾岂若使是君为尧舜之君哉？吾岂若使是民为尧舜之民哉？吾岂若于吾身亲见之哉？"这三个反问形成较为典型的排比问，气势磅礴，令对方不能不叹服。

（79）公孙丑曰："乐正子强乎？"曰："否。""有知虑乎？"曰："否。""多闻识乎？"曰："否。""然则奚为喜而不寐？"曰："其为人也好善。""好善足乎？"曰："好善优于天下，而况鲁国乎？夫苟好善，则四海之内皆将轻千里而来告之以善；夫苟不好善，则人将曰，'訑訑，予既已知之矣。'訑訑之声音颜色拒人于千里之外。士止于千里之外，则谗谄面谀之人至矣。与谗谄面谀之人居，国欲治，可得乎？"（《告子下》）

意即：鲁国打算叫乐正子治理国政。孟子说："我听到这一消息，高兴得睡不着。"公孙丑说："乐正子很坚强吗？"答道："不。""聪明有主意吗？"答道："不。""见多识广吗？"答道："不。""那你为什么高兴得睡不着呢？"答道："他的为人喜欢听取善言。""喜欢听取善言就够了吗？"答道："喜欢听取善言，用这个来治理天下都是能够应付裕余的，何况仅仅治理鲁国呢？假如喜欢听取善言，那四处的人都会从千里之外赶来把善言告诉他；假如不喜欢听取善言，那别人会〔模仿他的话〕说：'呵呵！我早已都晓得了！'呵呵的声音面色就会把别人拒绝于千里之外了。士人在千里之外停止不来，那进谗言而当面奉承的人就会来了。同进谗言而当面奉承的人住在一起，要把国家搞好，做得到吗？"① 上例十个话轮，前九个话轮在总体上形成是非问的排比，一环紧扣一环，最后以一个反问收尾，显示了巨大的逻辑力量。

　　(80) 子曰："学而时习之，不亦说乎？有朋自远方来，不亦乐乎？人不知，而不愠，不亦君子乎？"（《论语·学而》）

上例三个反问作为排比，但绝不是强调气势的磅礴，而是娓娓道来，教人如何待人接物。

　　(81) 曾子曰："吾日三省吾身——为人谋而不忠乎？与朋友交而不信乎？传不习乎？"（《论语·学而》）

上例近乎内心独白，本身即相当于一种内省，给人提供参考，使人认知，而不是"辩"。显然，上面《论语》中的两例主要是"辨惑"，而《孟子》中的排比问则主要用以雄辩。

　　上面有关《论语》和《孟子》排比问的语用比较表明，二者均有表示疑问语气的话语标记，都有一定的语用价值，只是，相对于《论语》排比问而言，《孟子》排比问表示疑问的话语标记要繁富一些，《论语》排比问的语用价值主要是通过话语接受者的"辨"而获得，而《孟子》排比问的语用价值则主要是通过语用主体（含话语表达者和接受者）之间的"辩"实现。

93

---

　　① 杨伯峻：《孟子译注》，中华书局 1960 年版，第 297 页。

第三节　隐性话语衔接：以《白马论》为例

这里所谓"隐性话语衔接"，是指主要通过内在的语义逻辑关系建立起来的话语之间的关联。其典型衔接样式表现为前提或缺省隐藏的前提与结论之间的关联。这种衔接相对于显性和中性，更为内隐。例如《白马论》中的"白马非马"论。

一　白马非马：修辞式推论

"白马非马"是名家的代表人物公孙龙提出的，是以对话的形式给出的一个论题。值得注意的是，该论题在共时和历时对话过程中有较为充分的展开。古往今来关于这一论题有多种解读，聚讼纷纭。①

公孙龙《白马论》提出"白马非马"的论断，在某种意义上不是诡辩，似也不应将之与现代形式逻辑等量齐观。从语用逻辑的角度可以认为，"白马非马"是一种修辞式推论，这从二者问世之时的语境（尤指社会情景语境）、基本前提等方面可以看出。

二　修辞式推论的语用环境

"语言环境"指的"就是写说的背景、主客观双方的情况"②。这里，我们重点讨论"写说的背景"、写说的社会环境，即"白马非马"与"修辞式推论"提出之时的社会文化背景。

"白马非马"的提出者公孙龙（约公元前325—前250年）力倡正

---

①　中国逻辑史研究会资料选编组：《中国逻辑史资料选·先秦卷》，甘肃人民出版社1991年版，第73页。

②　宗廷虎等：《修辞新论》，上海教育出版社1988年版，第40页。

名学说，是先秦名家的主要代表人物，"他忠于墨家传统，非战，主张和平和偃兵"①。在他之前，《墨经》中已有类似"白马非马"的命题：狗，犬也，杀狗，非杀犬也。（《墨子·经说上》）《白马论》成文之时，周王室式微，礼崩乐坏，各种社会思潮互相激荡，形成了"百花齐放、百家争鸣"的学术格局与文化氛围。此前，《诗》等篇什独领风骚数百年。一言以蔽之，公孙龙生活的时代"中国由诗人时代发展至辩者（sophists）时代"②。公孙龙就是当时杰出的辩者。

几乎与公孙龙同时，远在地球的另一半的西方有一位百科全书式的学者，他就是"修辞式推论"的提出者亚里士多德（公元前384—前332年）。其时，亚氏生活的古希腊出现了城邦制，"城邦制度意味着话语具有压倒其他一切权力手段的特殊优势。……所有那些原来由国王解决的属于最高领导权范围的涉及全体人利益的问题，现在都应提交给论辩的艺术，通过论战来解决。所有这些问题，必须能用演说的形式表达，符合证明和证伪的模式。这样，政治和逻各斯就有了密切的相互联系。……正是修辞学和论辩术，通过对演说形式这种在公民大会和法庭斗争中克敌制胜的武器的分析，为亚里士多德的研究开辟了道路"③。如果说为适应当时的政治和文化发展需要而开展的对演说形式的分析为亚氏的研究开辟了道路，那么，其"导夫先路"者似可进一步追溯到稍前的荷马时代。"所谓荷马时代，系指希腊公元前12世纪至9世纪末的这一阶段。"④荷马时代实质上亦是诗人的时代，而其后的亚里士多德时代即是"辩者"的时代，当时"希腊出现了一批人专门教授青年们如何辩论、诉讼、演说、参政、处理公务和家庭事务。他们周游各城邦，教授有志于学习他们的学问和技术的人们"⑤。亚里士多德即为那些"周游各城邦"的"人们"中的一个，亚氏也就是在这种文化

---

① 胡适：《先秦名学史》，翻译组译，李匡武校订，学林出版社1983年版，第97页。

② 同上书，第17页。

③ ［法］让·皮埃尔·韦尔南：《希腊思想的起源》，秦海鹰译，生活·读书·新知三联书店1996年版，第38页。

④ 李天佑：《古代希腊史》，兰州大学出版社1991年版，第53页。

⑤ 同上书，第378页。

背景下于其《修辞学》中提出了"修辞式推论"这一概念。

不难发现，分别由公孙龙、亚里士多德提出的"白马非马"、"修辞式推论"在社会语境方面有着一定的暗合，均处于"诗人时代"向"辩者时代"发展的时代，如果说二者在这一意义上还有所不同的话，恐怕就是亚氏距其"诗人时代"（荷马时代）较公孙龙距其"诗人时代"（《诗》时代）更远些：亚里士多德生活时期（公元前 4 世纪）距荷马时代（公元前 12—前 9 世纪）约 500 年；公孙龙的生活时期（公元前 4 世纪至前 3 世纪）距"《诗》时代"（《诗经》中最晚的诗写于公元前 598 年之前①）约 200 年。一般来说，"诗"较"辩"更具感性色彩，"辩"较"诗"更具理性色彩，这样，与"诗人时代"更近的公孙龙势必因"诗"的熏染较之于与"诗人时代"稍远的亚里士多德更重视语词修辞或思维逻辑的感性实践，而不太关注理论体系的建构。如果我们把"白马非马"、"修辞式推论"分别所处的相似的由诗人时代向辩者时代发展的这一宏观社会环境语境视为二者的"大同"的话，孰更具感性实践、孰更具理性认识就应该是二者之间的"小异"了。正是这种"大同小异"为我们将"白马非马"视为"修辞式推论"提供了可能。

三　修辞式推论的基本前提

导出"白马非马"这一结论的基本前提在某些意义上符合亚里士多德对"修辞式推论"的阐释。

1. 前提常缺省

缺省的前提常靠语境（这里尤指上下文语境）作出某些相应的填充。大致说来，这里所说的"缺省"有两种情形：大小前提的缺省；前提内词项的缺省。例如："求白马，黄、黑马不可致。"② 显然，"求白马"是前提，"黄、黑马不可致"为结论，该推理是一个缺省的三段论

---

① 胡适：《先秦名学史》，翻译组译，李匡武校订，学林出版社 1983 年版，第 17 页。
② 谭业谦：《公孙龙子译注》，中华书局 1997 年版。

推理。按照一般逻辑意义上的三段论规则，由肯定的前提推不出否定的结论，即如果结论是否定的，则必有一个前提是否定的，不难看出，这里的结论"黄、黑马不可致"是否定的。因此上例不是逻辑式三段论（我们这里所说的"逻辑式三段论"是与"修辞式推论"相对而言的），它省略了一个很重要的小前提"黄、黑马不是白马"。类似的情形还有"求马，黄、黑马皆可致"等。此外，前提内常省略了联项而代之以表示某种语气的话语形式标记，如"白马者，马与白也"中的"……者……也"形式，"白之，非马何也"中的"……何也"形式，这些形式似更具修辞意味而不是逻辑性。

尽管以上推论的前提常常缺省，它仍然是有意义的，仍不失为修辞式推论。"修辞式推论的前提为数不多，往往比正规的三段论的前提要少一些。"① 其好处表现在"如果前提中的任何一个是人们所熟知的，就用不着提出来，因为听者自己会把它加进去"②。能在符合"合作"这一语用原则的同时尽量减少言语表达中的冗余信息。"如果有人严格地按照三段论的格式说话，每说到一个三段论，都得把其中的三个词项分别地重复一次，既呆板又噜苏，听者和读者是难以忍受的。因此三段论的表达通常采取省略的形式。"③ 这里所说的"三段论的表达"与"修辞式推论"略当。

2. 前提是或然的

《白马论》中导出"白马非马"的前提很多是或然的，不是必然的。例如，"马者，所以命形也。白者，所以命色也。命色者，非命形也"。其中的"命"均为"指称"意，"指称"属于人类行动范围，"修辞式推论的前提是属于人类行动范围的或然事，所以根据这种前提推出来的证明是或然性的"④。即"白马非马"是或然的。"修辞式三段论的前提很少是有必然性的。"⑤ 比如上例属于人类行动范围的

97

---

① 亚里士多德：《修辞学》，罗念生译，生活·读书·新知三联书店 1991 年版，第 27 页。

② 同上。

③ 陈宗明：《逻辑与语言表达》，上海人民出版社 1984 年版，第 102 页。

④ 亚里士多德：《修辞学》，罗念生译，生活·读书·新知三联书店 1991 年版，第 22 页。

⑤ 同上。

"命"（指称）就具有一定的不确定性，不是必然的，"马"与"形"、"白"与"色"之间没有必然的逻辑联系，"所以命形"者并非非"马"莫属，因而类似于"白马非马"的"这些论题可以是有待争论的"。①这可能是导致修辞式推论"白马非马"历来众说纷纭、莫衷一是的一个重要原因。

3. 前提中词项多为语词，不是概念

《白马论》中导出"白马非马"的前提中的词项常以语词的形式出现，而不是作为思维形式的概念出现。例如，"求马，黄、黑马皆可致；求白马，黄、黑马不可致"中的"求"与"致"应该分别看作两个词，尽管二者在当时有着相同或相近的理性意义。一般说来，作为大项的概念在逻辑式三段论里往往用同一语词表达，而上例则不然。再如，"白马者，言白，定所白也"也是对"白"与"白马"的一种修辞处理。类似的，"马未与白为马，白未与马为白。合马与白，复名白马，是相与。以不相与为名，未可"也是讨论与"名"有关的语词修辞问题，相对而言，更为直接诉诸语词修辞的是"白马者，马与白也"，我们也就是在这些意义上说"白马非马"不是纯粹的逻辑推论，它是一种修辞式推论。

以上分析似可表明，与其仅着眼于逻辑这一角度说"白马非马"是诡辩或是形式逻辑，不如换个视角，由逻辑兼及修辞，在语用逻辑（而不是纯粹的形式逻辑）意义上综合考察几乎与之同时问世的"修辞式推论"也许更有利于洞悉其文化底蕴。

最后需要特别说明的是《白马论》的真伪问题，这也是一个历时对话的重要论题，同时也可看作是"白马非马"论的一个重要前提。我们认为现存的载有《白马论》等文献的《公孙龙子》并非伪作。依据杨芾荪先生的考索，《公孙龙子》"原有十四篇，宋时已亡佚八篇，现存六篇中，除《迹府》不是自作外，其余各篇，不是伪作，可代表他的学说的体系"。②前文所述之修辞式推论作为一种话语风格，以内隐的恒常的模式契合于特定的时代风格等风格特征，可反过来辅证之。

---

① 周礼全：《逻辑——正确思维与成功交际的理论》，人民出版社1994年版，第486页。
② 杨芾荪：《公孙龙子》非伪作辨，《哲学研究》1981年第4期。

第三章

艺术体作品中的叙事对话与语用逻辑

从一般意义上说，艺术体作品中也可以有语用逻辑，这是语用逻辑区别于数理逻辑之处。近代早期白话文著作《红楼梦》《西游记》《三国演义》《水浒传》和现当代白话文《伤逝》《因为女人》可作为有代表性的艺术体作品，我们即以这些作品作为语料来源，探讨其中的叙事对话与语用逻辑。

相对于谈话体作品而言，艺术体作品中叙事对话的语用逻辑视角更为广阔，语义关联形式更为丰富，语效取值倾向更为多样，除了认知、认同之外，其在语效上可更增添审美性，能更好地满足人们的审美需求。

艺术体作品中的叙事对话与语用逻辑之关联可以有微观、中观、宏观等视角。

第一节 微观关联:谐音与"活语"

微观的话语衔接关联，是以基本的语词形式（而不是句子、篇章）作为关联体的。较为典型的形式是谐音与"活语"。

一　谐音音义关联

谐音，往往以语词的语音形式为"媒介"，关顾双方，在理解的基础上有效而巧妙地关联，对话中的谐音可以说是在更高层面上遵循了合作原则。艺术体中的这种情形较为常见。如《西游记》对话中的谐音。

（一）标记与谐音关联：从语用角度看《西游记》对话中的谐音

《西游记》塑造了许多家喻户晓的典型形象，作者塑造典型的手段和方式犹如孙悟空的七十二般变化，信手拈来，活灵活现，在众多手段中，"谐音"堪称一绝。

谐音可以有动态和静态两种类型，这两种类型在《西游记》中都有，动态的对话中的谐音尤具语用价值。总体上看，《西游记》对话中的谐音，无标记语的情形多于有标记语的。在无标记谐音中，话轮内部谐音多于话轮外部谐音。有标记谐音中，谐音元和谐音对象都不是单音节语词，这一类谐音都有相似的结构模式，可概括为：甚（甚么）AB，《西游记》中此类拷贝式结构与谐音的结合，即可形成《红楼梦》中的"什么 A（的）B 的"结构型拷贝式谐音。

1. 本节的语料来源与研究视角

相对完整的长篇小说《西游记》，在元末明初已经完成了，其版本和手抄本甚多。本书的语言材料主要取自中华书局 2005 年出版的《西游记》。[①] 之所以选用该版本，是因为该版本考订精审，以《西游证道书》为底本。有学者指出："现存最早的《西游记》版本，是明代万历年间的金陵世德堂本，共一百回。到了清代初年，著名学者黄周星和书商汪象旭合作，对百回本《西游记》作了一番润饰修改，推出了《西游证道书》，成为《西游记》各本中文字最好，最臻成熟的本子。"[②]

---

① 吴承恩：《西游记》，中华书局 2005 年版。
② 中华书局编辑部：《西游记·前言》，中华书局 2005 年版。

据此，"多年前，我们约请黄永年先生整理《西游证道书》，于1993 年出版了黄周星定本《西游记》。此次出版，我们以此为底本，删去了评语和校记，保留了全部小说原文"。这里所说的"文字最好"的重要表现形式即是修辞表达上的完美。"保留了全部小说原文"即在一定程度上确保了语料的可靠性和完备性。

这里主要着眼于从动态视角考察《西游记》对话中的谐音。需要指出的是，《西游记》中有些静态谐音，例如"师狮授受同归一　盗道缠禅静九灵"（《西游记》第 90 回回目）。"师"与"狮"、"授"与"受"、"盗"与"道"、"缠"与"禅"均分别同音相谐，也富有韵味。只是，从语用（语言运用）的角度看，对话中的谐音与语用主体的关系更为直接，更接近口语实际，更富于灵便性，更具表现力。

动态视角一方面表现为关注"对话"，如上所述；另一方面表现为重视《西游记》和《红楼梦》对话中谐音的比较，通过比较可以看出谐音的动态发展。同为著名的章回小说，后出且同为早期白话文著作的《红楼梦》在对话中也大量运用了谐音手法。将《西游记》与《红楼梦》对话中的谐音做些比较，势必有助于描述各自的特点。应该说，《西游记》和《红楼梦》对话中的谐音是具有一定可比性的。二者均为早期白话文著作，均为章回小说，都是对话，都有动态语境，都有专人整理过，且我们选取的做比较的语料出自同一个出版社（中华书局）。此外，需要明确的是，从语用角度考察对话中的谐音，强调话语功能与语用效果，注重古为今用。

本节将着眼于谐音方式与话语标记、谐音效果与语用主体、语义联想与结构拷贝等方面，根据有无话语标记语，分两类探讨《西游记》对话中的谐音，兼与《红楼梦》对话中的谐音在可比的前提下做些对照比较。

话语标记语是指在语言运用过程中词汇意义趋于虚化、语用意义趋于类化，入句后不影响话语的理性意义且在句法功能上相对独立的成分。"Blakemore 等学者认为，话语标记语的唯一作用就是指明语境特征与语境效果，从而引导听话人理解话语。根据 Sperber 和 Wilson 所提出的关联理论，使用话语标记语的目的就是最大限度地减少听话人理解话语时所付出的努力或代价。"① 对话中的谐音有无标记语，与语气的强弱、话轮的多少、话题的主观化程度等因素密切相关。

为了表述的方便，我们借用了逻辑学上的"元语言"和"对象语言"这一对术语。② 将谐音所关顾的两个方面分别称为谐音元语言和谐音对象语言，谐音对象语言是指被谐的语词形式，谐音元语言是指用来与谐音对象语言相谐的在语音上与对象语言相同或相近的语词形式。谐音元语言可以简称为谐音元，谐音对象语言可以简称为谐音对象。

2. 无标记谐音

从总体上看，《西游记》对话中的谐音，无标记语的情形多于有标记语的，较为典型的无标记谐音共九例。这种情形的谐音又可分为两类：话轮内部的谐音和话轮外部的谐音。

在无标记谐音中，话轮内部的谐音多于话轮外部谐音。据我们初步考察，在九例较为典型的无标记谐音中，话轮内部的谐音共八例，话轮外部的谐音共一例，前者占 88.9%，后者占 11.1%。显然，话轮内部谐音的情形占绝对优势。例如：

（1）天王道："那厢因你欲为人师，所以惹出这一窝狮子来也。"行者笑道："正为此，正为此。"（《西游记》第 90 回）

上例"狮"与"师"谐音，是同一个话轮内部的谐音，话轮内"因你欲为人师，所以惹出这一窝狮子来也"为复句形式，含有谐音元和谐音对象的两个分句形式关联度较高。

（2）行者道："你既传报，怎么隐姓埋名，赶着三个羊儿，吆吆喝喝作甚？"功曹道："设此三羊，以应开泰之兆，唤做'三阳开泰'，破解你师之否厄也。"（《西游记》第 91 回）

---

① 何自然：《认知语用学——言语交际的认知研究》，上海外语教育出版社 2006 年版，第 194 页。

② 普通逻辑编写组：《普通逻辑》，上海人民出版社 1993 年版，第 15 页。

上例"阳"与"羊"谐音。也是同一个话轮内部的谐音。

（3）祖师道："既是逐渐行来的也罢。你姓甚么？"猴王又道："我无性。人若骂我，我也不恼；若打我，我也不嗔，只是赔个礼儿就罢了。一生无性。"祖师道："不是这个性。你父母原来姓甚么？"（《西游记》第1回）

上例"姓"与"性"谐音，话轮内部谐音，但此前有两个话轮间谐音，三个话轮互相补充，并以此形成衔接和连贯。

（4）然后自家也换上一套道："列位，这一去，把'师父徒弟'四个字儿且收起，都要做弟兄称呼。师父叫做唐大官儿，你叫做朱三官儿，沙僧叫做沙四官儿，我叫孙二官儿。"（《西游记》第84回）

上例"猪"与"朱"谐音，话轮内部谐音，且被谐音的单音节词"猪"缺省，由接受者的认知语境填充。类似的还有：

（5）行者道："这一位是唐大官，这是朱三官，这是沙四官，我学生是孙二官。"（《西游记》第84回）

（6）八戒听说道："造化，造化，老朱买卖到了！"（《西游记》第84回）

（7）行者笑道："老官儿，你估不出人来。我小自小，结实，都是吃了磨刀水的，秀气在内哩！"（《西游记》第67回）

103

上例"锈"与"秀"谐音，话轮内谐音，被谐的词"锈"也缺省，仍需接受者的认知语境填充。

（8）老魔揭盖看时，只见里面透亮，忍不住失声叫道："这瓶里空者控也！"大圣在他头上，也忍不住道一声："我的儿呵，搜者

走也!"众怪听见道:"走了,走了!"(《西游记》第75回)

以上"空"与"控"谐音,"搜"与"走"谐音,话轮内谐音,以判断句式关联。

以上八例为话轮内部谐音,这是无标记谐音的主要类型,此外,《西游记》中亦偶见话轮外谐音,较为典型的仅见一例:

(9)只见行者在半空中问道:"师父何在?"八戒道:"师父姓陈,名到底了。如今没处找寻,且上岸再作区处。"须臾回转东崖,一同到那陈家庄上。早有人报与二老兄弟,即忙接出门外,见三人衣裳还湿,道:"老爷们,我等那般苦留,却不肯住,只要这样方休。怎么不见三藏老爷?"八戒道:"不叫做三藏了,改名叫做陈到底也。"(《西游记》第48回)

上例"陈"与"沉"谐音,谐音元"沉"不出现,以"到底"提示凸显,是话轮间谐音,以话轮间谐音作为噱头,形成谐趣。

以上谐音元和谐音对象均为单音节词,单音节词之间语音相谐,主要是话轮内谐音,着重于话轮内部结构体之间的语词谐音,它往往完成于一个话轮,即谐音元和谐音对象都在同一个话轮内部。之所以主要是话轮内谐音,主要是因为此类谐音无标记,既无标记则无固定模式(格式),如果话轮交流多,则岔断、歧解的可能性相对较大,这样就势必不利于对话中的某一方有效认知,因而要使话语交际有效进行,就有必要缩短谐音元和谐音对象之间在语词组合关系轴上的线性距离,最理想的是在同一个话轮内部,像《西游记》那样。即使偶有话轮间谐音,也对语用主体的认知语境的依赖性格外强,比如例(9)至少需要话语接受者知道八戒的师父俗姓"陈"。

3. 有标记谐音

这里所说的"有标记谐音",简单地说,是特定话语结构模式中的谐音。这类谐音通常由两个大的部分组成:常项和变项,其中变项是谐音元和谐音对象,常项即为话语标记语。"在日常言语交际中,话语标记语所具有的重要性和多功能性是无可争议的事实。它们本身对话语的命题意义不产生影响，也不构成句法结构的必要部分，即具有句法组合的可分离性或可取消性。"①

话语标记语在对话中具有特定的语用价值，《西游记》对话中的谐音也都具有句法组合的可分离性或可取消性，谐音标记语可以渲染气氛、加强语气，便于语用主体交际和认知。

《西游记》中有标记谐音的标记语往往是与谐音元直接组合。例如：

> （10）那呆子真个食肠大，看他不抬头，一连就吃有十数碗。老儿道："仓卒无肴，三位长老请再进一箸。"三藏、行者俱道够了，八戒道："老儿滴答甚么，谁和你发课，说甚么五爻六爻？有饭只管添将来就是。"（《西游记》第20回）

上例"无肴"与"五爻"谐音。"五爻"又通过语义联想临时派生出"六爻"，"五爻"和"六爻"并置组合，这一组合之前缀以"甚么"这一话语标记，"甚么五爻六爻"入句后伴随较为强烈的疑问语气。又如：

> （11）老者道："你虽是个唐人，那个恶的却非唐人。"悟空厉声高呼道："你这个老儿全没眼色！唐人是我师父，我是他徒弟。我也不是甚糖人，蜜人，我是齐天大圣，原在这两界山石匣中的。你再认认看。"（《西游记》第14回）

105

以上"唐人"与"糖人"谐音。"唐人"与"糖人"直接组合，并由"糖人"语义联想出"蜜人"，谐音元前面缀以"甚"这一话语标记，包含有这一结构体的句子是否定的口气。再如：

---

① 何自然：《认知语用学——言语交际的认知研究》，上海外语教育出版社2006年版，第311页。

　　（12）三藏点头应承，那冤魂叩头拜别。举步相送，忽然绊了一跌，惊醒转来，却原来是一梦，慌得对那盏昏灯，连叫："徒弟，徒弟!"八戒醒来道："甚么'土地土地'？这早晚还不睡作甚？"（《西游记》第 37 回）

以上"徒弟"与"土地"谐音。"土地"与"土地"直接并置，并以"甚么"作为话语标记，形成疑问语气。

　　《西游记》中以上诸例的谐音元和谐音对象都不是单音节语词，不是单音节语词之间语音相同或相近，而是两个或两个以上的音节相谐。这一类谐音都有相似的结构模式，可概括为：甚（甚么）AB，这种有相似结构模式的谐音可称作结构型谐音，其中"甚（甚么）"是话语标记，伴随有较为强烈的语气和较为明确的口气，语用意义大于语法词汇意义。

　　此外，与《红楼梦》中的结构型谐音相比较，至少有两个方面的不同之处：其一，《红楼梦》中此类谐音有些是谐音标记语和谐音元、谐音对象同时直接组合。例如：

　　（13）凤姐儿笑道："我又不会做什么'湿'的'干'的，要我吃东西去不成？"（《红楼梦》第 45 回）

上例"湿"谐"诗"，"湿"为谐音元，"诗"为谐音对象。

　　（14）晴雯说："宝二爷今儿千叮咛万嘱咐的，什么'花姑娘'，'草姑娘'的，我们自然有道理。"（《红楼梦》第 52 回）

上例"花"本指姓氏，在此谐成花草之"花"，姓氏"花"与花草之"花"二者是两个不同的词，只是语音相同。其中"花"为谐音元，兼为谐音对象。从例（13）和例（14）可以看出，《红楼梦》中的此类谐音结构体比《西游记》中的复杂：《红楼梦》中的情形是谐音元或谐音对象直接和谐音话语标记组合，而《西游记》中则往往如上所述，谐音标记语直接和谐音元组合。

其二，《红楼梦》中此类谐音结构体往往多一个末尾虚词"的"。据初步考察，《红楼梦》中末尾无"的"的谐音结构体仅有两例：

（15）五儿急的便说："那原是宝二爷屋里的芳官给我的。"林之孝家的便说："不管你方官圆官，现有了赃证，我只呈报了，凭你主子前辩去。"（《红楼梦》第61回）

上例"方"谐"芳"，又拈连出"圆"这一与"方"在语义上密切相关的语素。同理：

（16）鸳鸯道："罢哟，还提凤丫头虎丫头呢，他也可怜见儿的。"（《红楼梦》第71回）

上例"凤"一是"凤丫头"的"凤"，指人，一是一般意义的动物名称"凤凰"的"凤"。

与之相对，据初步统计，《红楼梦》谐音结构体末尾有"的"的较为典型的语例有五例，是无"的"标记语的2.5倍。值得注意的是，《西游记》中这种类型谐音结构体的末尾往往无虚词"的"。

以上描写似已表明，《西游记》时代，对话中动态的谐音，是由无标记谐音向有标记谐音发展的时期，就典型形式而言，《西游记》里"无标记谐音"多于"有标记谐音"，而《红楼梦》里则是"有标记谐音"多于"无标记谐音"。

从语义联想与结构拷贝看，有标记谐音的形成与发展是有一个过程的，这一过程可以在《西游记》里看到其发展轨迹。《西游记》已经出现了"话语标记语＋拷贝式结构"的结构体。例如：

107

（17）行者笑道："只要你不护短，莫说猪八戒，就是'猪九戒'，我也有本事教他跟着我走。"（《西游记》第38回）

以上"猪八戒"和"猪九戒"兼具语义联想和结构拷贝性质,由"八"语义联想到数目词"九",再把"猪……戒"拷贝过来,再以让步关联词语"莫说……就是……","笑"的内容和情状跃然纸上。

(18)行者道:"你既怕虎狼,怎么不念《北斗经》?"三藏闻得便骂道:"这个泼猴,救人一命,胜造七级浮屠。你驮他驮儿便罢了,且讲甚么《北斗经》《南斗经》!"(《西游记》第 33 回)

上例,"北"和"南"为方位名词,同属于一个语义场,很容易建立联想关系,"……斗经"则为结构拷贝。

(19)猴王纵身跳起,拐呀拐的走了两遍。(《西游记》第 1 回)

上例"拐呀拐的"形成一个拷贝式结构,同时也是一个特殊的"的"字结构,实词"拐"拷贝复现,而"呀"和"的"均为虚词,"V 呀 V 的"中的"……呀……的"即为话语标记语,主要表示语气。类似的还有:

(20)三藏扯开匣盖儿,那行者跳将出来,拐呀拐的,两边乱走。(《西游记》第 37 回)

(21)那些贼果找起绳扛,把柜抬着就走,晃阿晃的,八戒醒了,道:"哥哥,睡罢,摇甚么?"(《西游记》第 84 回)

(22)呆子即走到山凹里,捻诀念咒,摇身一变,变做个矮胖和尚。手里敲个木鱼,口里哼阿哼的,又不会念经,只哼的是"上大人"。(《西游记》第 85 回)

(23)行者见大的个使一条齐眉棍,跳阿跳的,即耳朵里取出金箍棒来,幌一幌,碗来粗细,有丈二三长短,着地下一捣,捣了有三尺深浅,竖在那里……(《西游记》第 88 回)

拷贝式前加话语标记"甚么",在《西游记》中已见之,虽然为数不多。例如:

（24）老怪抱怨道：“都是你定的甚么分瓣分瓣，却惹得祸事临门，怎生结果？”（《西游记》第86回）

上例中"分瓣"是指"分瓣梅花计"。

此外，《西游记》中还可见拷贝式的活用。比如回环结构，即可看作拷贝式结构的活用。

（25）行者看道：“妙阿，妙阿！还是妖精菩萨，还是菩萨妖精？”菩萨笑道：“悟空，菩萨、妖精，总是一念；若论本来，皆属无有。”行者心下顿悟，转身却就变做一粒仙丹。（《西游记》第17回）

上例"还是妖精菩萨，还是菩萨妖精"为回环结构。类似的情形再如：

（26）那官儿慌得战战兢兢的，双手举着圣旨，口里乱道：“我公主有请会亲，我主公会亲有请。”八戒道：“我这里又不打你，你慢慢说，不要怕。”（《西游记》第93回）

上例"我公主有请会亲，我主公会亲有请"亦为回环结构。

《西游记》中此类拷贝式结构与谐音的结合，即可形成《红楼梦》中的"什么A（的）B的"结构型拷贝式谐音。拷贝式谐音往往兼有"飞白"的功能。

（27）贾母也笑道：“可是，我哪里记得什么‘抱’着‘背’着的，提起这些事来，不由我不生气！我进了这门子做重孙子媳妇起，到如今我也有了重孙子媳妇了，连头带尾五十四年，凭着大惊大险千奇百怪的事，也经了些，从没经过这些事。还不离了我这里呢！”（《红楼梦》第47回）

（28）我便学戏，也没往外头去唱，我一个女孩儿家，知道什么是粉头面头的！（《红楼梦》第60回）

（29）麝月道：“好好儿的，这又是为什么？都是什么芸儿雨儿

109

的，不知什么事弄了这么个浪帖子来，惹得这么傻了的是的，哭一会子，笑一会子。"（《红楼梦》第 85 回）

上例"贾芸"的"芸"与"云雨"的"云"谐音，这一谐音把麝月的嗔怪描绘得十分传神。

《西游记》和《红楼梦》等早期白话文著作对话中的谐音不断发展，到了现代汉语里，渐趋成熟，具有较高的语用价值。例如：

(30) 罗厚翻看了作者的名字说："汝南文。"朱千里立即嚷道："假名字！假之至！一听就是假的。什么'乳难闻'，牛奶臭了？"（杨绛《洗澡》①）

上例"汝南文"与"乳难闻"谐音，由"乳难闻"的语义联想出"牛奶臭"，其前又加上话语标记语"什么"更具诙谐幽默意味。

以上只是举例性质，《西游记》对话中的谐音表达之于后世的影响远远不止这些。

如上所述，从语用角度观察分析动态谐音现象，在理论上有助于人们解释语用话语结构、语义和表达之间的关系。在言语实践上，有助于人们深入鉴赏对话中谐音的谐趣，同时有助于分析语用主体的性格、气质等主体因素，有利于深化对言语作品主题的认识，也有益于我们充分"发掘"和有效利用早期白话文经典著作中"蕴藏"的丰富的语言资源。

（二）语境与谐音关联：从语用角度看《红楼梦》对话中的谐音

文学是语言的艺术，《红楼梦》之所以脍炙人口，得体、鲜活、生动的早期白话文表达是必要条件。在《红楼梦》的语言表达艺术中，谐音极富表现力，值得重视。《红楼梦》对话中的谐音与认知的关系尤为密切。谐音往往通过相同或相近的语音，将不同认知域的事物关联起来，有助于语用主体对语义内容的理解。上下文语境因素、认知语境因

---

① 杨绛：《杨绛作品集》卷一，中国社会科学出版社 1993 年版，第 355 页。

素、情景语境因素可以作为《红楼梦》对话中谐音的主要关联点，语境是谐音的认知前提，谐音亦可生成语境。《红楼梦》对话中的谐音有助于交际，往往可以取得风趣、幽默、诙谐的效果。对《红楼梦》谐音的考察可以有不同视角，本节主要着眼于认知，探讨《红楼梦》对话中的谐音。

对话中的谐音，以句子为参照，此种情形的谐音一定是句子中的谐音或句子之间的谐音，不可脱离语境。谐音对象话语和元话语之间在一定意义上受语用类比的支配。谐音是一种较为典型的艺术手法。谐音体现的是一种恰当的致密性的关联，"谐音"可从"关联"理论上得到一定的解释，即谐音主体可以对谐音的话语形式明示推理。

1. 相关研究现状

关于《红楼梦》谐音的研究，人们往往比较关注静态的隐喻式谐音，比如"贾雨村"谐"假语存（言）"，元春、迎春、探春、惜春中的"元"、"迎"、"探"、"惜"谐"原应叹息"等。此外还有大量的关于《红楼梦》的"索隐"也常常与谐音相关，这些谐音现象是静态的，也是人们关注较多的，比如吴义发、吴斌卡《〈红楼梦〉：谐音法的巧用、妙用与作用》指出："其运用谐音的范畴亦有四：一是人名的谐音，二是画名谐音，三是物名谐音，四是人名、物名综合谐音。其运用谐音的方法则更多些，诸如：一人一名谐音，所指一义；一人二名合用谐音，所指一义；一人三名三个谐音，各有所指；二人二名联合谐音，所指一意；三人三名三个谐音，所指一义；合家谐音，所指一义，一击两鸣式谐音，等等。"① 以上是对静态谐音形式的概括，对谐音的语用效果则有待于进一步讨论。类似的，孔昭琪《〈红楼梦〉的谐音双关》谈到，《红楼梦》"其谐音双关多系人名构成，大都经'脂评'批注，而历来的研究者一般都遵循这些批注"②。

这些研究一般不考虑谐音表达和理解的互动，大致属于对静态谐音

---

① 吴义发、吴斌卡：《〈红楼梦〉：谐音法的巧用、妙用与作用》，《甘肃社会科学》2000年第 4 期。

② 孔昭琪：《〈红楼梦〉的谐音双关》，《泰山学院学报》2004 年第 5 期。

的探赜索隐。静态谐音是以"影射"的方式被人们认识的，无疑，静态谐音问题的探讨是有意义的，它可以帮助人们深化对《红楼梦》主题的认识，但有时会因其过于主观化而有穿凿附会之嫌。与静态研究相对应的动态研究则亟须加强。

《红楼梦》动态谐音往往出现于对话中，一般论者较少关注动态对话中的谐音问题。目前我们见到的仅有孙爱玲《〈红楼梦〉对话研究》一书，涉及《红楼梦》对话的某些语音艺术、《红楼梦》对话与语用学、《红楼梦》对话与意图、《红楼梦》对话的作用等。[①]

而《红楼梦》对话中的谐音现象则有待于进一步做深入的专题研究。如前所述，本节试从认知角度探析《红楼梦》中较为典型的谐音，考量《红楼梦》中的动态谐音及其语用价值。

2. 动态研究的认知视角

《红楼梦》是一座民族语言的富矿，其中蕴藏了十分丰富的语言资源，比如其中大量的饶有意味的人物对话，诙谐幽默，"雅"而不"典"，雅致生动，在一定程度上体现了早期白话文的言语风格。本节的语例均出自《红楼梦》对话。

与此前关于《红楼梦》的讨论相同，本节选例所依据的《红楼梦》仍是由中华书局 2005 年出版的，该版本的整理出版由启功先生主持，由张俊、武静寰、周纪彬、聂石樵、龚书铎先生校注，该校注本以北京师范大学图书馆所藏程甲本为底本。据我们初步统计，《红楼梦》对话中较为典型的谐音共 18 例，其中前 80 回较为典型的谐音有 12 例，后 40 回较为典型的谐音有 6 例。

112 本节主要从认知的角度考察《红楼梦》前 80 回对话中的谐音。认知，是对事物的认识，语言是认知的一种十分重要的媒介和载体，语言既是认知的工具和媒介，又是认知的结果。"关联是人类认知的关键。"[②]"谐音"天然地是一种关联：两个不同的词或语素以共同的语音

---

① 孙爱玲：《〈红楼梦〉对话研究》，北京大学出版社 1997 年版。

② 何自然：《认知语用学——言语交际的认知研究》，上海外语教育出版社 2006 年版，第 176 页。

为媒介联系起来。

认知与被认识对象的环境密切相关，要透彻地认识和了解某一事物，需要兼及该事物所存在的环境，对话不同于独白，一般是有其相应的语言环境的，并且有对话的主体因素，有对话的情景因素。因此，从认知的角度看对话中的谐音表达，理应考虑其语境因素。《红楼梦》对话中的谐音依赖共生于特定的语言环境，语言环境可以径称为语境，对话中的语境，以对话过程中的话语（文本）为着眼点，按照距离话语（文本）的远近，可以将语境分为上下文语境、认知语境、情景语境。

3. 基于上下文语境的谐音

应该说，没有语境就没有谐音，谐音首先依赖的是上下文语境，上下文语境即文本语境。《红楼梦》对话本身即是一种语境，孤立的只言片语一般不能形成对话。

在《红楼梦》对话中，植根于上下文语境的谐音往往在言语形式上由两个结构相似的成分并列组成，且包含谐音成分的、成对出现的结构体在语义内容上密切相关。例如：

（31）凤姐儿笑道："我又不会做什么'湿'的'干'的，要我吃东西去不成？"（《红楼梦》第45回）

此处，"湿"谐"诗"，"干"与"湿"在语义上相反相关。下文的"要我吃东西去不成"与"干"和"湿"的关系更为密切，"干"、"湿"和"吃东西"形成一个语义认知域，本来，这一认知域与"诗"和"作诗"不在同一个层面上，但通过"诗"和"湿"同音，两个不同的认知域关联起来了。

113

（32）贾母也笑道："可是，我那里记得什么'抱'着'背'着的，提起这些事来，不由我不生气！我进了这门子做重孙子媳妇起，到如今我也有了重孙子媳妇了，连头带尾五十四年，凭着大惊大险千奇百怪的事，也经了些，从没经过这些事。还不离了我这里

呢！"（《红楼梦》第 47 回）

上例"抱"谐"鲍"，意指"鲍二家的"，贾琏与"鲍二家的"曾商量"治"王熙凤。以"抱"谐"鲍"，在贾母的这一话轮中有缓冲会话紧张气氛、削弱话锋等语值，同时，也与"贾母也笑道"的"笑"这一副语言特征相吻合。

（33）晴雯说："宝二爷今儿千叮咛万嘱咐的，什么'花姑娘'，'草姑娘'的，我们自然有道理。"（《红楼梦》第 52 回）

上例"花姑娘"是指袭人。袭人和晴雯同为宝玉的丫鬟，晴雯嘴上比较厉害，说话不饶人。"花"本指姓氏，在此谐成花草之"花"，实际上是一种转喻。

（34）我便学戏，也没往外头去唱，我一个女孩儿家，知道什么是粉头面头的！（《红楼梦》第 60 回）

上例是芳官说的，"粉头"中的"粉"本为"脂粉"的"粉"，"粉头"在早期白话文中多指品行不端的女性，例如："那婆子谢了官人，起身睃这粉头时，三盅酒落肚，哄动春心，又自两个言来语去，都有意了，只低了头，却不起身。"（《水浒传》第 24 回）其中的"粉头"即指品行不好的潘金莲。《红楼梦》这里"粉头"与"面头"并用，意义有所转指。"粉头"与"面头"并列在一定程度上消解了前者的某些贬义义素。

114

（35）麝月道："好好儿的，这又是为什么？都是什么芸儿雨儿的，不知什么事弄了这么个浪帖子来，惹得这傻了的是的，哭一会子，笑一会子。"（《红楼梦》第 85 回）

上例"贾芸"的"芸"与"云雨"的"云"谐音，这一谐音把麝月的嗔怪描绘得十分传神。

以上诸例谐音，均在语义内容上关联，均自身成对出现，在结构上形成"什么Ａ（的）Ｂ的"形式。类似的，现代小说《围城》中周太太抱怨方鸿渐"混账"所说的："一早出门，也不来请安，目无尊长，成什么规矩！他也算是念书人家的儿子！书上说的：'清早起，对父母，行个礼'，他没念过？他给女人迷昏了头，全没良心，他不想想不靠我们周家的栽培，什么酥小姐、糖小姐会看中他！周太太并不知道鸿渐认识唐小姐，她因为'芝麻酥糖'那现成名词，说'酥'顺口带说了'糖'；信口胡扯，而偏能一语道破，天下未卜先知的预言家都是这样的。"①

其中，"什么酥小姐、糖小姐"并列，在结构形式上只是比"什么Ａ（的）Ｂ的"形式少助词"的"，总体结构类似，"酥"谐音"苏"，更有意味的是，"糖"谐音"唐"，正如作者钱锺书用"元语言"所做的随文"注释"："周太太并不知道鸿渐认识唐小姐，她因为'芝麻酥糖'那现成名词，说'酥'顺口带说了'糖'；信口胡扯，而偏能一语道破"，这与其说是巧合，不如说是作者谐音运用技法和讽刺艺术的巧夺天工。《围城》这里的谐音表达也是在对话中出现的，不妨说是《红楼梦》对话中的谐音在现代的某种承续。

以上诸例含有谐音的结构体均为名词性成分，均为"什么Ａ（的）Ｂ的"形式，在句子中主要做宾语。有时"什么Ａ（的）Ｂ的"形式省略了"什么"和"的"这些无实际词汇意义的话语标记，"什么……的"在此至少可以说是"准话语标记"。例如：

（36）五儿急的便说："那原是宝二爷屋里的芳官给我的。"林之孝家的便说："不管你方官圆官，现有了赃证，我只呈报了，凭你主子前辩去。"（《红楼梦》第61回）

上例"方"谐"芳"，又拈连出"圆"这一与"方"在语义上密切相关的语素。同理：

115

　　（37）鸳鸯道："罢哟，还提凤丫头虎丫头呢，他也可怜见儿
的。"（《红楼梦》第71回）

"凤"此处可看作一种隐性谐音，由表示人名的"凤"谐古代传说中的
百鸟之王"凤凰"的"凤"，拈连出百兽之王（"虎"）。

　　以上例（1）至例（7）中的谐音均为转喻。转喻其实是一种重要的
认知方式，它往往将某一层面的事物"映射"到另一语用主体更为熟悉
的认知域，从而有助于语用主体的理解。

　　4. 基于认知语境的谐音

　　认知语境是一种内化了的上下文语境，是语用主体的心理结构、心
理过程在某种情景下的综合体现。认知语境可以表现为一种认知惯性、
语境假设。《红楼梦》对话中谐音的生成和理解有时依赖于认知语境。

　　基于认知语境的谐音也颇具语用价值，这一情形下，作为谐音材料
的两个词语往往通过感知、记忆等心理过程联系起来。例如：

　　（38）黛玉笑道："偏你咬舌子爱说话，连个二哥哥也叫不上来，
只是爱哥哥爱哥哥的。回来赶围棋儿，又该你闹么爱三了。"宝玉笑
道："你学会了，明儿连你还咬起来呢。"（《红楼梦》第20回）

以上"二"谐成"爱"，是一种感知上的模拟，把"二"讹谐成"爱"
是谐音兼飞白。将"二"说成"爱"，似乎可以说是一种"美丽的错
误"，然后这种美丽的错误又由"第三者"黛玉把它指出来，意味深长。
这种"美丽的错误"与其说是"说"错了，不如说是"听"错了，之所
以听错了，其实是语用主体黛玉不愿意听到史湘云真的将"二"说成
"爱"，某种程度的嫉妒和嗔怪跃然纸上。此时，黛玉既是"二"和
"爱"谐音的理解者，又是表达者，谐音在此既依赖于感知和联想等认
知因素，同时又丰富了意蕴，创造了语境。这种认知语境下的谐音十分
传神，对于刻画人物形象大有裨益。类似的例子如：

116

　　（39）一时到了怡红院，忽听宝玉叫"耶律雄奴"，把佩凤、偕

莺、香菱三个人笑在一处，问是什么话，大家也学着叫这名字，又叫错了音韵，或忘了字眼，甚至于叫出"野驴子"来，引得合园中人凡听见无不笑倒。(《红楼梦》第 63 回)

上例也是一种飞白式谐音，主要是通过感知完成的，生动地表现了宝玉的顽皮、可爱。再如：

(40) 慌得佩凤说："罢了，别替我们闹乱子，倒是叫'野驴子'来送送使得。"(《红楼梦》第 63 回)

此处"野驴子"即指"耶律雄奴"，同为谐音式飞白，其"所指"依靠认知语境，"在场者"均可理解。

以上谐音在语音上只是相近，并不完全相同。以上三例均为谐音式飞白，均与人的感知密切相关，均为"错误地"听或说，谐音所主要依赖的不是情景和上下文，而是特定的感知这一认知语境因素。此外，《红楼梦》对话中也有与记忆等心智结构密切相关的谐音。例如：

(41) 一时探春隔窗笑说道："菱姑娘，你闲闲罢。"香菱怔怔答道："'闲'字是'十五删'的，错了韵了。"众人听了，不觉大笑起来。宝钗道："可真诗魔了。都是颦儿引的他！"(《红楼梦》第 48 回)

以上"闲闲"的"闲"含有"停止某项活动"、"休息"等义素，而"'闲'字是'十五删'的，错了韵了"的"闲"则是一个专有名词，是一个韵名，二者只是同音，不是同一个词，二者所表达的是分别属于两个不同认知域的概念。二者之所以能关联起来，是因为香菱太痴迷于用韵作诗，满脑子都是韵部，听到"闲"很快想到的是"闲"韵，这其实是心智上的一种"误会"，是特定情形下的一种"认知优先"。

117

(42) "你打谅你哥哥行事像个人呢，你知道外头人都叫他什么?"凤姐道:"叫他什么?"贾琏道:"叫他什么,叫他'忘仁'!"凤姐扑哧的一笑:"他可不叫王仁叫什么呢。"贾琏道:"你打谅那个王仁吗,是忘了仁义礼智信的那个'忘仁'哪!"凤姐道:"这是什么人这么刻薄嘴儿遭塌人。"贾琏道:"不是遭塌他吗,今儿索性告诉你,你也不知道知道你那哥哥的好处,到底知道他给他二叔做生日啊!"(《红楼梦》第 101 回)

上例"忘"与"王"谐音。其中第四个话轮"他可不叫王仁叫什么呢",是一个反诘问,凤姐此时还没有确切理解贾琏的谐音,凤姐仍然没有听出丈夫贾琏是在讽刺她的哥哥,这第四个话轮的表述因此甚是可爱,在凤姐的认知语境里,哥哥毕竟是哥哥,后来紧接着的第五个话轮贾琏做了话语解释。显然,这里的谐音有助于王仁、凤姐、贾琏人物秉性的描写,并且这种描写十分诙谐、幽默,难怪"凤姐扑哧的一笑"。

基于认知语境的谐音和基于上下文语境的谐音不尽一致,前者往往在谐音材料(同音的两个成分)之外出现第三个成分,这第三个成分主要是作为"下文",往往对所谐音的词或语素作出解释,便于接受者认知。而认知语境则往往缺省了这一"第三者",由语用主体的认知心理予以填充。《红楼梦》对话中,此种情形下的认知心理过程(感知觉、记忆、联想等)往往出现一定的偏差,从而形成飞白式谐音,产生一种"美丽的错误",极富表现力。

5. 基于情景语境的谐音

如果说认知语境是一种内隐的语境,则情景语境可看作一种外显的语境。情景语境因素往往表现为具体的场合、情形等。

《红楼梦》对话中的谐音有时以情景语境因素作为谐音材料的主要关联点。例如:

(43)正说着,人回:"林之孝家的,赖大家的,都来瞧哥儿来了。"贾母道:"难为他们想着,叫他们来瞧瞧。"宝玉听了一个"林"字,便满床闹起来,说:"了不得了,林家的人接他们来了,快打出去罢!"(《红楼梦》第 57 回)

上例其实是一种谐音联想，由具体的情景，听到一个"林"字，因"林"而很快想到了"林黛玉"。再如：

（44）湘云吃了酒，拣了一块鸭肉呷口，忽见碗内有半个鸭头，遂拣了出来吃脑子。众人催他"别只顾吃，到底快说了"。湘云便用箸子举着说道："这鸭头不是那丫头，头上那讨桂花油。"众人越发笑起来。（《红楼梦》第 62 回）

此例"鸭头"与"丫头"谐音，二者之所以能关联在一起，首先是因为音相同；其次，具体的情景亦使二者联系起来，这情景就是：有"丫头"在场，且语用主体（含"丫头"）"忽见碗内有半个鸭头"。

（45）那大舅就喝了杯，便说道："诸位听着：村庄上有一座元帝庙，旁边有个土地祠。那元帝老爷常叫土地来说闲话儿。……那土地向各处瞧了一会，便来回禀道：'老爷坐的身子背后两扇红门就不谨慎。小神坐的背后是砌的墙，自然东西丢不了。以后老爷的背后亦改了墙就好了。'元帝老爷听来有理，便叫神将派人打墙。众神将叹口气道：'如今香火一炷也没有，那里有砖灰人工来打墙！'元帝老爷没法，叫众神将作法，却都没有主意。那元帝老爷脚下的龟将军站起来道：'你们不中用，我有主意。你们将红门拆下来，到了夜里拿我的肚子垫住这门口，难道当不得一堵墙么？'众神将都说道：'好，又不花钱，又便当结实。'于是龟将军便当这个差使，竟安静了。岂知过了几天，那庙里又丢了东西。众神将叫了土地来说道：'你说砌了墙就不丢东西，怎么如今有了墙还要丢？'那土地道：'这墙砌得不结实。'众神将道：'你瞧去。'土地一看，果然是一堵好墙，怎么还有失事？把手摸了一摸道：'我打谅是真墙，那里知道是个假墙！'"众人听了大笑起来。贾蔷也忍不住的笑，说道："傻大舅，你好！我没有骂你，你为什么骂我！快拿杯来罚一大杯。"（《红楼梦》第 117 回）

119

上例"假墙"与"贾蔷"谐音。显然，此种对话情形下的人物姓名的谐音关联的"所指"是明确的，不用"索隐"，本例谐音是植根于一个具体情景里，只是该情景是虚拟的情景语境。类似的例子如：

（46）宝玉只怕他睡出病来，便哄他道："嗳哟！你们扬州衙门里有一件大故事，你可知道?"黛玉见他说的郑重，且又正颜厉色，只当是真事，因问："什么事?"宝玉见问，便忍着笑顺口诌道："扬州有一座黛山，山上有个林子洞。"黛玉笑道："就是扯谎，自来也没听见这山。"宝玉道："天下山水多着呢，你那里知道这些不成，等我说完了，你再批评。"黛玉道："你且说。"宝玉又诌道："林子洞里原来有群耗子精……小耗道：'米豆成仓，不可胜记，果品有五种：一红枣，二栗子，三落花生，四菱角，五香芋'……只见一个极小极弱的小耗应道：'我愿去偷香芋。'……小耗道：'我虽年小身弱，却是法术无边，口齿伶俐，机谋深远，此去管比他们偷的还巧呢。'众耗忙问：'如何比他们巧呢?'小耗道：'我不学他们直偷，我只摇身一变，也变成个香芋，滚在香芋堆里，使人看不出，听不见，却暗暗的用分身法搬运，渐渐的就搬运尽了，岂不比直偷硬取的巧些?'……说毕，摇身说'变'，竟变了一个最标致美貌的一位小姐，众耗忙笑道：'变错了，变错了，原说变果子的，如何变出小姐来?'小耗现形笑道：'我说你们没见世面，只认得这果子是香芋，却不知盐课林老爷的小姐才是真正的香玉呢。'"黛玉听了，翻身爬起来，按着宝玉笑道："我把你烂了嘴的！我就知道你是编我呢。"说着，便拧的宝玉连连央告，说："好妹妹，饶我罢，再不敢了！我因为闻你香，忽然想起这个典故来。"黛玉笑道："饶骂了人，还说是典故呢。"（《红楼梦》第19回）

上例"香芋"与"香玉"谐音。宝玉给黛玉编排故事，目的是怕黛玉"睡出病来"，给黛玉解闷，事实上该谐音故事取得了预期的效果，黛玉听了，黛玉笑了。以上是创造出的情景语境，是一种语境的生成。这里的"生成"是一种虚拟的生成。

6. 余论

应该指出，上下文语境、认知语境、情景语境对谐音的影响不是泾渭分明的，这三种语境对谐音的影响作用的发挥只是在一定的情形下有所倚重而已。同为早期白话文著作，语境对动态谐音的影响方式不尽相同，例如，成书早于《红楼梦》的《水浒传》有这样三例包含谐音的对话：

（47）上下肩两个禅和子推他起来，说道："使不得，既要出家，如何不学坐禅？"智深道："洒家自睡，干你甚事？"禅和子道："善哉！"智深裸袖道："团鱼洒家也吃，甚么善哉！"禅和子道："却是苦也。"智深便道："团鱼大腹，又肥甜了，好吃，那得苦也？"上下肩禅和子都不睬他，由他自睡了。（《水浒传》第4回）

上例由五个话轮组成，共有两组谐音。其中，"善"与"鳝"同音相谐，后者可吃，且与"团鱼（鳖）"属于一个认知域，"鳝"和"团鱼"均为水生爬行可食用动物。抽象的佛学术语"苦"与具体的表示味道的"苦"相谐。在此，鲁智深的认知心智结构里尚无"善哉"和"苦（作为佛学术语）"的积累，此种情形下的谐音式飞白是对话双方缺乏共同的认知语境的结果，但他们各自适应了自己的认知语境；同时，情景语境也对该谐音的表达和理解有一定的影响，对话发生的场合是五台山寺中，语用主体鲁智深就睡在丛林选佛场中的禅床上，而鲁智深刚到寺出家，并不熟悉那里的清规戒律，且鲁智深在性格里面缺乏坐禅的定性。所有这些语境因素共同影响了谐音的表达和理解，它们是综合影响，很难说究竟哪一种语境因素对谐音的影响更大。又如：

121

（48）王婆做了一个梅汤，双手递与西门庆。西门庆慢慢地吃了，盏托放在桌子上。西门庆道："王干娘，你这梅汤做得好，有多少在屋里？"王婆笑道："老身做了一世媒，那讨一个在屋里？"西门庆道："我问你梅汤，你却说做媒，差了多少！"王婆道："老身只听的大官人问这媒做得好，老身只道说做媒。"西门庆道："干娘，你既是撮合山，也与我做头媒，说头好亲事，我自重重谢你。"
（《水浒传》第24回）

上例对话中"梅"与"媒"谐音，二者均可与"做"一起形成动宾结构。在以上五个话轮里，每个话轮均有"梅"或"媒"，具体表现为：话轮一（梅）—话轮二（媒）—话轮三（梅，媒）—话轮四（媒，媒）—话轮五（媒），由"梅"而"媒"渐入主题。这五个话轮共同形成特定的上下文语境，而在王婆的认知语境里，见到西门庆"大官人"，又听到与"媒"同音的"梅""做得好"的溢美之词，很快地联想到了"做媒"，毕竟她"做了一世媒"。不难看出，上下文语境、认知语境和情景语境综合促成了王婆与西门庆对话中"媒"与"梅"的谐音，有助于推动情节的发展，有利于人物形象的塑造。再如：

（49）李逵又道："这后生不是别人，只是柴进。"柴进道："我便同去。"李逵道："不怕你不来。若到那里对番了之时，不怕你柴大官人，是米大官人，也吃我几斧！"（《水浒传》第73回）

其中，"不怕你柴大官人，是米大官人"中的"柴"和"米"不同认知域的同音相谐，与《红楼梦》中"虎丫头""凤丫头"等用例类似。

以上三例《水浒传》中的谐音均没有像以上所列举的《红楼梦》和《围城》中谐音那样的特定的"什么A（的）B的"文本结构模式；语境因素对谐音的影响都不是单一的，且谐音往往涉及多个话轮。

当然，《红楼梦》对话中的谐音与其他白话文小说对话中的谐音的异同还有很多，尚需我们做进一步的研究。

总体来看，《红楼梦》对话中的谐音并不仅仅是能指形式的简单关联，它直接与所指内容密切相关，往往是把相同或相近的音从一个认知域映射到另一个认知域，赋予它新的语义内容，并常常以此形成转喻，"谐"与"被谐"的音，"喻"和"所喻"的对象均较为明确，往往由小说文本"明文"定指，一般不必也不宜再做"索隐"，不同于谐音双关。

《红楼梦》对话中的谐音是语言运用过程中的"关联"，符合言语交

122

际中的关联原则，往往有语境作为前提，有具体的语音形式"明示"，有时还有具体的相对固定的格式和话语标记，比如"什么 A（的）B 的"，因此，由谐音很容易推理出语用主体的意图。语境是谐音的认知前提，谐音亦可生成语境。无疑，《红楼梦》对话中的谐音有助于交际，往往可以取得风趣、幽默、诙谐的效果，常常是塑造人物形象的点睛之笔。

二　语词形义关联

语词有时同形多义，这里的"义"包括基本义和附加义，也含字面义和内涵义、外延义等。

（一）字面义与内涵义的关联：从语用角度看《红楼梦》对话中的一般语汇

语汇系统包含基本语汇和一般语汇两个子系统。相对而言，后者不常用，但经典艺术体作品里叙事对话中的一般语汇在其字面义与内涵义、外延义有效关联下可称为颇具活性的"活语"。

博大精深的《红楼梦》蕴藏着丰富的语言资源，是一座汉语的富矿，这些语言资源涵括语音、词汇（语汇）、语法等诸方面。其中，词汇（语汇）是语言的建筑材料，在一定意义上是语言的基本单元，且与时代的关系尤为密切。作为近代早期白话文的代表作，《红楼梦》蕴藏了丰富的语汇资源，同为口头语，当今社会有些流行语在《红楼梦》中可以见到，且词汇语义相去不远。

本节主要讨论《红楼梦》对话中蕴藏的语汇资源，偶有用例是围绕对话展开的元话语，我们将从口头流行语、熟语、方言词语等方面举例说明，不及其余。

1.《红楼梦》蕴藏的当今社会口头流行语

当今社会有些口头流行语即可看作从《红楼梦》中提炼出来的。对于当今社会口头流行语的界定我们主要参照《中国当代流行语全览》[①]。

123

---

① 夏中华：《中国当代流行语全览》，学林出版社 2007 年版。

《红楼梦》蕴藏的当今社会口头流行语举例如下。

1.1 爽

《红楼梦》第50回：

    （1）薛姨妈笑道："昨日晚上我原想著今日要和我们姨太太借一日园子，摆两桌粗酒，请老太太赏雪的；又见老太太安息的早，我闻得宝儿说：'老太太心上不大爽。'因此今日也不敢惊动。早知如此，我竟该请了才是呢。"

上例中的"爽"表示心情愉快，"不大爽"就是心情不太好。当今社会的口头流行语"爽"跟该"爽"在理性意义和非理性意义上并无太大区别。

1.2 郁闷

《红楼梦》第106回：

    （2）自从林妹妹一死，我郁闷到今，又有宝姐姐过来，未便时常悲切。

据《现代汉语词典》（第5版），① "郁闷"为"烦闷；不舒畅"之意。可见，当今社会口头流行语"郁闷"跟上例中的"郁闷"意思出入不大。

1.3 恶心

《红楼梦》第6回：

    （3）凤姐笑道："这话没的教人恶心，不过借赖着祖父虚名，做个穷官儿罢了，谁家有什么？不过是个旧日的空架子。俗话说，'朝廷还有三门子穷亲'呢，何况你我。"

---

    ① 中国社会科学院语言研究所词典编辑室：《现代汉语词典》（第5版），商务印书馆2006年版。

124

这是王熙凤初次见着刘姥姥时的寒暄语。当今社会口头流行语中的"恶心"与这里的"恶心"类似。再如《红楼梦》第 61 回：

　　（4）说我单管姑娘厨房省事，又有剩头儿，算起账来，惹人恶心。

又见《红楼梦》第 72 回：

　　（5）我们王家可那里来的钱，都是你们贾家赚的。别叫我恶心了。

以上"恶心"均见于口头对话中，用得十分传神。钱锺书《围城》亦有类似的表达：

　　（6）柔嘉皱眉道："你不说好话，听得我恶心。"

1.4 脑袋都大了

《红楼梦》第 67 回：

　　（7）我也这样想着，只因这些日子为各处闹的脑袋都大了。

上例中的"脑袋都大了"跟当今社会口头流行语"头大了"很接近，均有"烦躁"、"心绪杂乱"之意。例如："原本各方在管制区外平和表达诉求，偏偏一遇媒体采访，'冲撞推挤样样都来'，镜头前表现特别'抓狂'，更让执勤警察'头大'。"（郭力《在台湾　陈云林淡然面对抗议声》，《南方周末》2008 年 11 月 6 日 B9 版）

1.5 不好意思

《红楼梦》第 74 回：

　　（8）平儿笑道："你迟也赎，早也赎，既有今日，何必当初。你的意思得过去就过去了。既是这样，我也不好意思告人，趁早去赎了来交与我送去，我一字不提。"

125

又见《红楼梦》第 107 回:

> (9) 贾政道:"随他去罢。原是甄府荐来,不好意思,横竖家内添这一天吃饭,虽说是穷,也不在他一人身上。"

以上两例中的"不好意思"跟当今口头流行语"不好意思"也比较接近。

1.6 气了个死

《红楼梦》第 74 回:

> (10) 说是前日从傻大姐手里得的,把我气了个死。

上例是王夫人语,《红楼梦》后文接着交代道:"王夫人原是天真烂漫之人,喜怒出于心臆,不比那些饰词掩恶之人。"(《红楼梦》第 74 回)这即是说,王夫人虽然是中年人,是林黛玉等少女的长辈,但是仍然在心态上较为年轻,所以"把我气了个死"这样的比较"青春"的话由她说出就不甚奇怪了。"气死"中间加了"了个",俨然一离合词。类似的离合词如:

> (11) 黛玉一见便吃一大惊。(《红楼梦》第 3 回)

《围城》亦有类似的表达:

> (12) 东方未明,辛楣也醒,呫嘴舐舌道:"气死我了,梦里都没有东西吃,别说醒的时候了。"

进一步看来,以上口头流行语"爽"、"郁闷"、"恶心"、"脑袋都大了"、"不好意思"、"把我气了个死"等都表示语用主体的精神状态,跟语用主体的心理有关。

在更大范围里考察,我们还可以发现,成书年代早于《红楼梦》但同为近代早期白话文著作的一些作品也蕴藏着类似的语言资源。比如《三国演义》①，也有数例"郁闷"，跟当今社会口头流行语"郁闷"在语义上比较接近。例如：

（13）管亥分兵四面围城，孔融心中郁闷。（《三国演义》第 11 回）
（14）操心中郁闷，闲看兵书。（《三国演义》第 61 回）
（15）见术席间相待之礼甚傲，心中郁闷。（《三国演义》第 15 回）
（16）却说姜维围住狄道城，令兵八面攻之，连攻数日不下，心中郁闷，无计可施。（《三国演义》第 110 回）

不妨说，《红楼梦》中的"郁闷"是《三国演义》"郁闷"的承续，而现当代的"郁闷"则是《红楼梦》等早期白话文著作中"郁闷"的沿用。

此外，《红楼梦》中亦有类似于当今社会比较流行的"说'不'"的表达，语见《红楼梦》第 68 回："倘或二奶奶告诉我一个不字，我要你们的命。"这可看作是此前成书的《水浒传》同类表达的历时发展，《水浒传》② 第 24 回："若得叔叔这般雄壮，谁敢道个不字！"又如《水浒传》第 24 回："我的爹娘俱已没了，我自主张，谁敢道个不字！"到了现代，钱锺书《围城》也有类似的说法："我早告诉你，我不喜欢跟赵辛楣来往。可是我说的话有什么用？你要去，我敢说'不'么？"

这表明，现代经典作品《围城》里也蕴藏有不少当今社会口头流行语。再如："高松年继续演说，少不得又把细胞和有机体的关系作第 N 次的阐明。"③

127

其中，"第 N 次"为当今流行语。从《红楼梦》等早期近代白话文著作到典范的现代白话文著作，语言资源不断得以利用，并将继续得到"开发"。

① 罗贯中：《三国演义》，人民文学出版社 1998 年版。
② 施耐庵：《水浒传》，中华书局 2005 年版。
③ 钱锺书：《围城》，人民文学出版社 1980 年版，第 225 页。

2.《红楼梦》蕴藏的熟语

与流行语类似，熟语（含惯用语、俗语、歇后语等）也在一定程度上为普通公众耳熟能详。《红楼梦》里面使用了大量的熟语，这些熟语富于表现力，适用于多种语境。就其自身构成而言，大致有单一和耦合两种情形。

2.1 单一型

单一型，即该熟语自身只有一个结构体，《红楼梦》单一型的熟语较多，多为语用主体暗自援引，偶见"俗话说"等话语标记。

2.1.1 打抽丰

（17）平儿答应着，一径出了园门，来至家内，只见凤姐儿不在房里。忽见上回来打抽丰的那刘姥姥和板儿又来了，坐在那边屋里……（《红楼梦》第 39 回）

打抽丰，亦作打秋风、打秋丰，原意为彼处丰稔，前往抽丰，后泛指利用各种关系和借口，向缙绅或有钱之人索取财物与赠与。

2.1.2. 稳吃三注

（18）"他们辛苦收拾，是该剩些钱粘补的；我们怎么好'稳吃三注'呢?"（《红楼梦》第 56 回）

意为四人赌博，一个人赢三个人的赌注。比喻凭空的大量收获。

2.1.3. 瘦死的骆驼比马大

（19）那刘姥姥先听见告艰苦，只当是没想头了，又听见给他二十两银子，喜得眉开眼笑道："我也知艰难的。但只俗语道：'瘦死的骆驼比马还大些。'凭他怎样，你老拔根寒毛比我们的腰还壮哩!"（《红楼梦》第 6 回）

"瘦死的骆驼比马大"这一熟语富于生活气息，又便于接受者认知。刘姥姥带着大量的鲜活清新的"俗语"走进了大观园，刘姥姥自己眼花缭乱的同时却让他人耳目一新！

《红楼梦》中单用的熟语还很多，比如仅第 57 回就有"听见风就是雨"、"一动不如一静"、"老健春寒秋后热"、"天下老鸹一般黑"等。再如第 46 回的"碰这个钉子"、"拿草棍儿戳老虎的鼻子眼儿去"、"人去不中留"、"金子还是金子换"、"牛不喝水强按头"、"六国贩骆驼"、"当着矮人，别说矮话"、"自古嫦娥爱少年"、"烧糊了的卷子"等。

2.2 耦合型

耦合型熟语，自身由两个结构体组成，成双偶用，常常含有对比的意味，语义自足性更强，或者该熟语前后的语音停顿相对较长，或者有"俗话说"等话语标记，暗自援引的情形不多见。

2.2.1 单丝不成线，独木不成林

（20）史湘云因说他："你放心闹罢，先还'单丝不成线，独木不成林'，如今有了个对子。闹急了，再打狠了，你好逃到南京找那一个去。"（《红楼梦》第 56 回）

"单丝不成线"和"独木不成林"本来各有各的出处，由于两句句式结构和语义内容都相近，后来就被放在一块儿来说了。

"单丝不成线"较早见于元代无名氏《连环计》第二折："说甚么单丝不线，我着你缺月再圆。"意为一根丝绞不成线，比喻个人力量单薄，难把事情办成。"独木不成林"较早见于汉代崔骃《达旨》："高树靡阴，独木不林。"意为一棵树成不了森林，比喻个人力量有限，办不成大事。

2.2.2 "人家给个棒槌，我就认作针"等

（21）凤姐道："我那里照管得这些事！见识又浅，口角又笨，心肠又直率，'人家给个棒槌，我就认作针'，脸又软，搁不住人给两句好话，心里就慈悲了。况且又没经历过大事，胆子又小，太太

129

略有些不自在，就吓的我连觉也睡不着了。我苦辞了几回，太太又不许，倒说我图受用，不肯学习。殊不知我是捻着一把汗呢。一句也不敢多说，一步也不敢妄行。你是知道的，咱们家所有的这些管家奶奶，那一位是好缠的？错一点儿他们就笑话打趣，偏一点儿他们就'指桑说槐'的抱怨；'坐山看虎斗'，'借刀杀人'，'引风吹火'，'站干岸儿'，'推倒油瓶不扶'，都是全挂子的武艺……"（《红楼梦》第16回）

上例在同一个话轮中253个音节内用到了"人家给个棒槌，我就认作针"、"坐山观虎斗"、"推倒油瓶不扶"等熟语，耐人寻味。

2.2.3 阎王叫你三更死，谁敢留人到五更

（22）无奈这些鬼判都不肯徇私，反叱咤秦钟道："亏你还是读过书的人，岂不知俗语说的：'阎王叫你三更死，谁敢留人到五更。'我们阴间上下都是铁面无私的，不比你们阳间瞻情顾意，有许多的关碍处。"（《红楼梦》第16回）

此外，后人还从《红楼梦》的情节内容推演出一些熟语，比如"刘姥姥进大观园"等，同样值得关注。

3. 《红楼梦》蕴藏的方言语汇

除了汉民族共同语中的流行语和熟语，《红楼梦》中还蕴藏了大量的方言语汇。有些论者已经注意到了《红楼梦》中的方言词语：或者通过《红楼梦》中的方言词语探讨作者的言语风格，以辨别作者的籍贯、真伪等；或者通过方言词语赏析作品的表达效果等。已有的研究主要是一种共时的视角，不乏真知灼见，这里，我们主要从历时的角度将《红楼梦》视为一种重要的语言资源，探讨《红楼梦》方言词语的当下鲜活性，以及当今方言对《红楼梦》方言词语的承续和沿用。为了讨论有更高的信度，不妨以笔者较为熟悉的西南方言词语为例。

西南方言是北方方言中的一种次方言，该方言区分布于云南、贵州、四川、湖南的西北角、广西的西北部及湖北的大部分地区。《红楼

梦》所蕴藏的西南方言区的方言词语包括名词、代词、动词、形容词等，涵括社会和自然等多方面。

3.1 名词

《红楼梦》中有一些西南方言的方言词语，且与人们的日常生活十分密切，如"日头"、"孤拐"、"堂客"等。"日头"是外界自然物，与人们的生存、生活息息相关；"孤拐"是自身的重要部位，指脸部的颧骨；"堂客"是已婚男子自身以外的重要他人，指妻子。

3.1.1 日头

（23）这么热天，毒日头地下，晒坏了他，如何使得呢！（《红楼梦》第 30 回）

（24）你两个在这日头底下做什么呢？（《红楼梦》第 31 回）

日头，《红楼梦》里面有解释："怪道人都管着日头叫'太阳'呢，算命的管着月亮叫什么'太阴星'，就是这个理了。"（《红楼梦》第 31 回）《现代汉语词典》（第 5 版）指出"日头"为方言词，① 当今西南方言区较为常用。

3.1.2 孤拐

（25）高高孤拐，大大的眼睛，最干净爽利的。（《红楼梦》第 61 回）

据《现代汉语词典》（第 5 版）"孤拐"为方言词，指"颧骨"。② 当今西南方言区还使用。

3.1.3 堂客

---

① 中国社会科学院语言研究所词典编辑室：《现代汉语词典》（第 5 版），商务印书馆 2006 年版，第 1153 页。

② 同上书，第 485 页。

(26) 素性又最厌恶堂客，今竟破价买你，后事不言可知。
（《红楼梦》第四回）

此处的"堂客"指妻，《现代汉语词典》正确地指出了本义项表示方言。[①] 当今西南方言区的老辈人还使用。

3.2 做代词用

《红楼梦》中有些方言词语不是典型的代词，但是可以在使用中用作代词，起代词的作用。列举如下。

3.2.1 别个

(27) 自此宝玉视袭人更与别个不同，袭人侍宝玉越发尽职。
（《红楼梦》第 6 回）

"别个"是"别人"的意思，当今西南方言中的方言词语。

3.2.2 各人

(28) 昨儿他妹子各人抹了脖子了。（《红楼梦》第 67 回）

"各人"是"自己"的意思，当今西南方言中较为常见。

3.2.3 你老

(29) 狗儿听了道："你老只会在炕头上坐着混说，难道叫我打劫去不成？"（《红楼梦》第 6 回）

132

"你老"是一种面称，是对尊长的称呼，现今湖北安陆等地仍有使用。[②]
"'你老'是礼貌式称代，用于口语，非正式体；在《红楼梦》里一般人

---

① 中国社会科学院语言研究所词典编辑室：《现代汉语词典》（第 5 版），商务印书馆 2006 年版，第 1327 页。

② 刘兴策、刘坚、盛银花：《湖北安陆方言词汇》（二），《方言》1995 年第 1 期。

（包括贾府的下人）都不取这样的称呼，或用'你老人家'……"①

考察作品中人物刘姥姥应不在当今西南方言区，这说明可能的情形是当今湖北孝感等地的方言词语"你老"多少是受到了脍炙人口且流传甚广几乎家喻户晓的《红楼梦》的影响。

3.3 形容词

《红楼梦》中有些形容词在当今西南方言区还在使用。如"闹热"、"分中"、"像"等。

3.3.1 闹热

（30）因王夫人不在家，也不曾像往年闹热。（《红楼梦》第 62 回）

《现代汉语词典》（第 5 版）指出"闹热"为方言词。为形容词，指"热闹"。当今湖北恩施口语中常用。②

3.3.2 分中

（31）姑娘们分中，自然是不敢讲究，天天和小姑娘们就吵不清。（《红楼梦》第 56 回）

上例"分中"意为"老实、本分"，当今湖北孝感等地的老辈人还常常说。

3.3.3 像

（32）刘姥姥忙念佛道："我们家道艰难，走不起，来了这里，没的给姑奶奶打嘴，就是管家爷们看着也不像。"（《红楼梦》第 6 回）

这里的"不像"意为"不体面"、"不合适"之意，当今西南方言中还

133

---

① 郑远汉：《言语风格学》修订本，湖北教育出版社 1998 年版，第 135 页。
② 中国社会科学院语言研究所词典编辑室：《现代汉语词典》（第 5 版），商务印书馆 2006 年版，第 985 页。

常用。

3.4 副词

《红楼梦》有一个较具地域色彩的副词"好生"。例如：

(33) 袭人见说，想了一想，便回身悄悄告诉晴雯、麝月、檀云、秋纹等说："太太叫人，你们好生在房里，我去了就来。"(《红楼梦》第 34 回)

(34) 宝钗回头笑道："有什么谢处。你只劝他好生静养，别胡思乱想的就好了……"(《红楼梦》第 34 回)

(35) 这里贾母又向王夫人笑道："我打发人请你来，不为别的，初二是凤丫头的生日，上两年我原早想替他做生日，偏到跟前有大事，就混过去了。今年人又齐全，料著又没事，咱们大家好生乐一日。"(《红楼梦》第 43 回)

(36) 好生着，别慌慌张张鬼赶着似的。(《红楼梦》第 40 回)

《现代汉语词典》(第 5 版)指出"好生"为方言词，做副词用，"多么；很；极"及"好好儿地"的意思。[①]

3.5 动词

《红楼梦》中颇具地域色彩的动词较多，例如当今西南方言中还用的"把"和"忾"。

3.5.1 把

134

(37) 袭人抓些果子与茗烟，又把些钱与他买花炮放。(《红楼梦》第 19 回)

《现代汉语词典》(第 5 版)指出"把"当"给"讲时，为方言词。[②]

---

① 中国社会科学院语言研究所词典编辑室：《现代汉语词典》(第 5 版)，商务印书馆 2006 年版，第 544 页。

② 同上书，第 20 页。

3.5.2 怄

（38）这会子还怄我，就不好了。（《红楼梦》第 63 回）

《现代汉语词典》（第 5 版）明确指出，"怄"为动词，是一个方言词。①

此外，也有动词离合开，中间插入区别词"中"，如"睡中觉"：

（39）姐儿睡中觉呢？（《红楼梦》第 7 回）

《红楼梦》中还有一些相对固定的动词性成分，其含义已经不是字面语义，比如"管闲事"，"管闲事"在《红楼梦》中可用作"当媒人做媒"。例如：

（40）贾母笑道："我最爱管闲事，今日又管成了一件事，不知得多少谢媒钱？"（《红楼梦》第 57 回）

上例中的"管闲事"在今西南方言区还可用作"做媒"。

这里需要指出的是，《红楼梦》中方言词语还很多，且涉及的地域还较广，不仅仅只是西南方言区，以上所举只是就笔者所熟悉的西南方言而言的。"蕴藏"是其对当今语言生活的一种影响方式，《红楼梦》影响大，书里面对话多，口语成分所占的比重大，便于人们口耳相传，因此从一定意义上说，其对北方方言的影响是必然的和深远的。

此外，作为一种特殊的方言词语，《红楼梦》还使用了一些外来词。比如"西洋自行船"、"自鸣钟"、"依弗哪"（西洋药）等。例如：

135

（41）一时宝玉又一眼看见了十锦橱子上陈设的一双金西洋自行船，便指着乱叫说："那不是接他们来的船来了，湾在那里呢！"

---

① 中国社会科学院语言研究所词典编辑室：《现代汉语词典》（第 5 版），商务印书馆 2006 年版，第 1013 页。

《红楼梦》第 57 回)

（42）一时只听自鸣钟已敲了四下，刚刚补完……（《红楼梦》第 52 回)

（43）宝玉笑道："越发尽用西洋药治一治，只怕就好了。"说着，便命麝月："往二奶奶要去，就说我说了：姐姐那里常有那西洋贴头疼的膏子药，叫做'依弗哪'，我寻一点儿。"（《红楼梦》第 52 回)

以上外来词中，"自行船"和"自鸣钟"均为意译，"依弗哪"为音译，早期白话文著作中的词语借入情况可由此窥其一斑。

以上所列举的流行语、熟语、方言词语，都具有一定的口头性和日常性，这可以在另外一个侧面从实证的角度证明，《红楼梦》对后世影响之广泛和深远：不仅影响后世的文学语言和文学创作，还影响日常语言和日常生活；不仅影响华北、西北、东北方言区，还影响西南方言区；不仅涉及本民族语言和文化，还旁涉异域语言和文化；不仅影响其同时代，还泽被后世。

"资源"是资料的天然来源，可供利用和开发。当代白话文最直接的天然来源是近代早期白话文，作为早期白话文的经典代表作，如上所述，《红楼梦》里面蕴藏的可供当代使用的鲜活的语汇资源，是一种永不枯竭的可再生人文资源。

以上表明，《红楼梦》语汇资源颇具词汇学和社会语言学意义，值得重视，需要发掘。此外，充分发掘这些语言资源有助于文本细读，可以更有效地与《红楼梦》人物（含作者和主人公）对话，一定程度上就像是在和当代人对话。在此基础上，可以更深入地理解《红楼梦》的主题，更细致地分析人物形象，无疑，《红楼梦》语汇资源亦有其文学史和文学批评史价值。

（二）字面义与外延义：从语用角度看《红楼梦》对话中的"误称"

或者可以说，《红楼梦》蕴藏的当今社会口头流行语、熟语、方言词语等一般语汇主要凸显的是语词的附加义，包括语体色彩、方言色彩等，可体现字面义与内涵义之间的语义逻辑张力。而《红楼梦》对话中的"误称"则主要凸显的是语词的基本义，包括指称的对象等，可体现字面义与外延义之间的语义逻辑张力。

《红楼梦》对话中表达者的"误称"与接受者接受心理之间的关系十分密切，特定语境下的"误称"别具语用价值。当前学界，不少学者已经富有成效地开展了《红楼梦》中的称呼语研究，这些研究多着眼于词汇学、社会语言学、文化语言学的学术视角，也有着眼于语用学的，例如，陈毅平《〈红楼梦〉称呼语研究》①，该书取材丰富，描写细致，指出：称呼语的选择还不可忽视语篇的制约作用，该著中的语篇主要是指已有的话语背景或上下文。并且选取凤姐这个人物，通过她使用称呼语的情形，来阐释称呼语使用的各种制约因素。

现有的研究未及着意于《红楼梦》对话语境中"误称"与接受心理之间的关系。本节拟从语用角度看《红楼梦》对话中的"误称"，特别关注受话心理之于对话中"误称"的影响，以及接受者对"误称"的接受心理。② 事实上，在《红楼梦》中，③ 作为人称形式的人称代词和名词有时虚指和活用，这些虚指和活用，着眼于相应指示语所表达的词项外延，常常是原作者故意安排的"误称"，是"美丽的错误"，是"无理而妙"，恰是作者匠心独运，颇具语用价值。

本书所说的"误称"的外延比较丰富，包括语言运用者在特定语境下有意或无意的偏离常规的称呼和指代，尤指那些超常规使用的人称代词和人称指示语，从这个意义上不妨说"误称"是"误指"，"指"和"称"在这里统一起来了。鉴于此，本书将"误称"分为自指型"误称"、近指型"误称"、远指型"误称"。

1. 自指型"误称"

所谓自指型"误称"，即称代的是自己或己方，但是这种"称代"在特定语境下有意无意地偏离了常规。《红楼梦》中可见如下较为典型的用例。

137

---

① 陈毅平：《〈红楼梦〉称呼语研究》，武汉大学出版社 2005 年版。

② 张春泉：《论接受心理与修辞表达》，中国社会科学出版社 2007 年版，第 33 页。

③ 曹雪芹、高鹗：《红楼梦》，中华书局 2005 年版。

（44）（袭人）推晴雯道："好妹妹，你出去逛逛，原是我们的不是。"晴雯听他说"我们"两个字，自然是他和宝玉了，不觉又添了酸意，冷笑几声，道："我倒不知道你们是谁，别叫我替你们害臊了！便是你们鬼鬼祟祟干的那事儿，也瞒不过我去。那里就称起'我们'来了。那明公正道，连个姑娘还没挣上去呢，也不过和我似的，那里就称上'我们'了！"袭人羞得脸紫涨起来，想一想，原是自己把话说错了。（《红楼梦》第31回）

上例"我们"指称的是袭人和宝玉，是己方，晴雯是"我们"这个自指型"误称"的接受者，晴雯听说"我们"之后十分敏感，马上有了"酸意"，产生了嫉妒之心理，并不失时机地奚落了袭人。上例还表明，在语言运用过程中，人称有时可以作为身份等主体性因素的标记。类似的情形例如《水浒传》第59回[1]：

（45）鲁智深道："洒家又不曾杀你，你如何拿住洒家，妄指平人？"太守喝骂："几曾见出家人自称'洒家'？这秃驴必是个关西五路打家劫舍的强贼，来与史进那厮报仇。不打如何肯招。左右，好生加力打那秃驴！"

上例鲁智深一不小心暴露了自己的身份，是其"自称"害苦了他，鲁智深以"自称""亮明"身份的同时，还显示了他的鲁莽、无心计等性格特征。

《红楼梦》中自指型"误称"又见于第27回：

（46）李宫裁笑道："你原来不认得他？他是林之孝之女。"凤姐听了十分诧异，说道："哦！原来是他的丫头。"又笑道："林之孝两口子都是锥子扎不出一声儿来的。我成日家说，他们倒是配就了的一对夫妻，一个天聋，一个地哑。那里承望养出这么个伶俐丫

138

---

[1]　施耐庵：《水浒传》，中华书局2005年版。

头来！你十几岁了?"红玉道："十七岁了。"又问名字，红玉道：
"原叫红玉的，因为重了宝二爷，如今只叫红儿了。"

上例"红玉"及"红儿"均指说话人自己，但"红儿"是"红玉"的改
称，带有避讳性质。如果说例（44）中的"误称"是无意的，则本例这
种带有避讳性质的"改称"则是有意的，是接受心理为主导的文化语
境、社会语境对称呼语制约的结果。

2. 近指型"误称"

近指型"误称"主要是对会话双方中对方的偏离常规的指称称呼，
《红楼梦》中这种"误称"也跟接受心理密切相关。例如：

（47）薛姨妈道："你们是怎么着，又这样家翻宅乱起来，这还
像个人家儿吗！矮墙浅屋的，难道都不怕亲戚们听见笑话了么。"
金桂屋里接声道："我倒怕人笑话呢！只是这里扫帚颠倒竖，也没
有主子，也没有奴才，也没有妻，没有妾，是个混帐世界了。我们
夏家门子里没见过这样规矩，实在受不得你们家这样委屈了！"宝
钗道："大嫂子，妈妈因听见闹得慌，才过来。就是问的急了些，
没有分清'奶奶''宝蟾'两字，也没有什么。如今且先把事情说
开，大家和和气气的过日子，也省的妈妈天天为咱们操心。"那薛
姨妈道："是啊，先把事情说开了，你再问我的不是还不迟呢。"金
桂道："好姑娘，好姑娘，你是个大贤大德的。你日后必定有个好
人家，好女婿，决不像我这样守活寡，举眼无亲，叫人家骑上头来
欺负的。我是个没心眼儿的人，只求姑娘我说话别往死里挑拣，我
从小儿到如今，没有爹娘教导。再者我们屋里老婆汉子大女人小女
人的事，姑娘也管不得！"宝钗听了这话，又是羞，又是气；见他
母亲这样光景，又是疼不过。（《红楼梦》第83回）

以上薛姨妈情急之下在气头上所说的"你们是怎么着"中的"你们"，
是近指型复数形式的"误称"，它包括"奶奶"和"宝蟾"，前者是主
子，后者是奴才，把"主子"和"奴才"并称并不符合当时的伦理规

范，从这个意义上说是薛姨妈的"误称"。此指称一出口，马上在接受者金桂那里激起了心理上的反应，以至于让她觉得"实在受不得你们家这样委屈了"，并且金桂又"得理不饶人"，嘲讽宝钗，使得宝钗"又是羞，又是气"。可见，薛姨妈这一"误称"在接受者金桂那里具有强烈的心理现实性。类似的情形还可见于《红楼梦》第55回：

（48）平儿不等说完，便笑道："你太把人看糊涂了！我才已经行在先了，这会子才嘱咐我！"凤姐儿笑道："我是恐怕你心里眼里只有了我，一概没有别人之故，不得不嘱咐。既已行在先，更比我明白了。你又急了，满口里'你''我'起来。"平儿道："偏说'你'！你不依，这不是嘴巴子，再打一顿。"（《红楼梦》第55回）

上例对话的第一个话轮中的第一个人称代词"你"是平儿对凤姐的"误称"，这一"误称"在凤姐那里立马产生了心理反应，凤姐的批评"你又急了，满口里'你''我'起来"即已清楚地表明了她的"嗔怪"。当然，平儿在此语境下，也"不甘示弱"，因为她知道凤姐彼时并没真正动怒，所以敢斗胆"偏说'你'"，由此可见对话双方的心理距离很近，实非一般的主仆关系，且这一"误称"对于平儿和凤姐的性格等个性心理特征的描写十分有利。再如：

（49）薛蟠的酒早已醒了大半，不觉得疼痛难禁，不禁有"嗳哟"之声。湘莲冷笑道："也只如此，我只当你是不怕打的。"一面说，一面又把薛蟠的左腿拉起来，向苇中泥泞处拉了几步，滚的满身泥水，又问道："你可认得我了？"薛蟠不应，只伏着哼哼。湘莲又掷下鞭子，用拳头向他身上擂了几下，薛蟠便乱滚乱叫，说："肋条折了！我知道你是正经人，因为我错听了旁人的话了！"湘莲道："不用拉旁人，你只说现在的。"薛蟠道："现在也没什么说的，不过你是个正经人，我错了！"湘莲道："还要说软些，才饶你。"薛蟠哼哼的道："好兄弟——"湘莲便又一拳。薛蟠"嗳"了一声道："好哥哥——"湘莲又连两拳。薛蟠忙嗳哟叫道："好老爷！饶

140

了我这没眼睛的瞎子罢！从今以后，我敬你怕你了!"湘莲道："你把那水喝两口。"(《红楼梦》第 47 回)

上例是基于接受心理的称谓语的变换。"正经人"、"好兄弟"、"好哥哥"、"好老爷"均指称的是同一个人"湘莲"，均指对话中的"你"，是近指，在湘莲看来，"好老爷"才是相对最合适的称呼语，而其余称呼语"正经人"、"好兄弟"、"好哥哥"均不够"软"，似乎可以说，称呼语逐步"软"化，对话双方的心理对立情绪逐渐减小。薛蟠用更"软"的称呼语称呼湘莲，接受者湘莲的怒气才可能更小。上例（48）和例（49）是单数形式的误称。

> （50）一时到了怡红院，忽听宝玉叫"耶律雄奴"，把佩凤、偕鸾、香菱三个人笑在一处，问是什么话，大家也学着叫这名字，有叫错了音韵，或忘了字眼，甚至于叫出"野驴子"来，引的合园中人凡听见无不笑倒。(《红楼梦》第 63 回)

上例"耶律雄奴"和"野驴子"也是飞白式近指型误称，这一误称主要是诉诸感知通过谐音完成的，生动地表现了宝玉的顽皮和语用主体之间的亲密平等关系。再如：

> （51）慌得佩凤说："罢了，别替我们闹乱子，倒是叫'野驴子'来送送使得。"(《红楼梦》第 63 回)

此处"野驴子"即指"耶律雄奴"，同为谐音式误称，煞是可爱！

　　3. 远指型"误称"

　　对话过程中，偏离常规地指称第三者的称呼语即为我们所说的远指型"误称"。远指型"误称"也会在接受者那里引起一定的心理反应，形成特定的接受心理。例如：

> （52）这刘姥姥身心方安，便说道："我今日带了你侄儿，不为

141

别的，只因他爹娘在家里连吃的也没有，天气又冷了，只得带了你侄儿奔了你老来。"（《红楼梦》第 6 回）

这是刘姥姥和王熙凤初次见面时说的话，在同一个话轮中接连使用了两个试图缩短交际双方距离（"套近乎"）的称呼语"你侄儿"，实际指称的是自己的外孙板儿。此例中，第二人称代词"你"直接与表示第三人称的名词"侄儿"组合，表示空间距离上的远指，但是表达者实际上想起到心理上的近称。只是事实上，刘姥姥使用"你侄儿"这一称呼语并未收到预期的效果，反而在接受者那里引发了一定的负面心理反应，于是，刘姥姥跟王熙凤刚分开时，接受者"周瑞家的"批评道："我的娘！你怎么见了他倒不会说了？开口就是'你侄儿'；我说句不怕你恼的话，便是亲侄儿也要说和软些。那蓉大爷才是他的侄儿呢，他又怎么跑出这样侄儿来了。"（《红楼梦》第 6 回）其对于刘姥姥所使用的指称"你侄儿"颇不以为然，鄙夷之情溢于言表。可对照下例：

（53）秦氏一面张罗与凤姐果酒，一面忙进来嘱宝玉道："宝叔，你侄儿年小，倘或言语不防头，你千万看着我，不要睬他。"（《红楼梦》第 7 回）

例（53）中的"你侄儿"即是指贾蓉（秦氏的丈夫），是前文所提到的"那蓉大爷才是他的侄儿呢"中的"蓉大爷"，如果说本例所称的"你侄儿"是常规表达，则例（52）中的"你侄儿"是偏离常规的"误称"。

《红楼梦》中较为典型的远指型"误称"再如第 63 回：

（54）晴雯道："今儿他还席，必来请你的，等着罢。"平儿笑问道："他是谁，谁是他？"晴雯听了赶着笑打，说道："偏你这耳朵尖，听得真。"（《红楼梦》第 63 回）

上例"他"是指示代词所指称的宝玉，此称呼语一出口，也立刻在接受者平儿那里引起了十分敏感的心理反应，其善意的质问"他是谁，谁是他"十分传神，该问句是个回环结构，本来依晴雯的身份不宜径称"他"，不经意间的"口误"生动地表明了宝玉和身边丫鬟的平等、亲近关系，也充分表现了晴雯的率真。

（55）黛玉笑道："偏你咬舌子爱说话，连个二哥哥也叫不上来，只是爱哥哥爱哥哥的。回来赶围棋儿，又该你闹么爱三了。"宝玉笑道："你学会了，明儿连你还咬起来呢。"（《红楼梦》第 20 回）

以上把"二哥哥"误称为"爱哥哥"，准确地说是一种感知上的"误会"，是黛玉把"二"讹谐成"爱"，是飞白式远指型误称。再如：

（56）"你打谅你哥哥行事像个人呢，你知道外头人都叫他什么？"凤姐道："叫他什么？"贾琏道："叫他什么，叫他'忘仁'！"凤姐扑哧的一笑："他可不叫王仁叫什么呢。"贾琏道："你打谅那个王仁吗，是忘了仁义礼智信的那个'忘仁'哪！"凤姐道："这是什么人这么刻薄嘴儿遭塌人。"贾琏道："不是遭塌他吗，今儿索性告诉你，你也不知道知道你那哥哥的好处，到底知道他给他二叔做生日啊！"（《红楼梦》第 101 回）

上例通过"忘"与"王"音近，将"王仁"误称为"忘仁"，并随后自己作出注释："你打谅那个王仁吗，是忘了仁义礼智信的那个'忘仁'哪！"在幽默中挖苦，在误称中揭短，令人捧腹之后不能不佩服作者语言运用技巧之精湛。

143

最后，需要说明的是，《红楼梦》作者曹雪芹十分重视对话中称呼语的语用效果，特别是接受者对称呼语的心理反应。例如《红楼梦》第 27 回《滴翠亭杨妃戏彩蝶 埋香冢飞燕泣残红》有一段对话：

（57）这里红玉听说，不便分证，只得忍着气来找凤姐儿。到了李氏房中，果见凤姐儿在这里和李氏说话儿呢。红玉上来回道："平姐姐说，奶奶刚出来了，他就把银子收了起来，才张材家的来讨（讨，一作取——引者注），当面称了给他拿去了。"说着将荷包递了上去，又道："平姐姐教我回奶奶：才旺儿进来讨奶奶的示下，好往那家子去的。平姐姐就把那话按着奶奶的主意打发他去了。"凤姐笑道："他怎么按我的主意打发去了？"红玉道："平姐姐说：我们奶奶问这里奶奶好。原是我们二爷不在家，虽然迟了两天，只管请奶奶放心。等五奶奶好些，我们奶奶还会了五奶奶来瞧奶奶呢。五奶奶前儿打发了人来说，舅奶奶带了信来了，问奶奶好，还要和这里的姑奶奶寻两丸延年神验万金丹。若有了，奶奶打发人来，只管送在我们奶奶这里。明儿有人去，就顺路给那边舅奶奶带去的。"

话未说完，李氏道："嗳哟哟！这话我就不懂了。什么'奶奶''爷爷'的一大堆。"凤姐笑道："怨不得你不懂，这是四五门子的话呢。"说着又向红玉笑道："好孩子，难为你说的齐全。别像他们扭扭捏捏蚊子似的。嫂子你不知道，如今除了我随手使的几个丫头老婆之外，我就怕和他们说话。他们必定把一句话拉长了，作两三截儿，咬文嚼字，拿着腔儿，哼哼唧唧的，急的我冒火，他们那里知道！先时我们平儿也是这么着，我就问着他：难道必定装蚊子哼哼就是美人了？说了几遭，才好些儿了。"

上例，"我们奶奶"是指凤姐；"这里奶奶"指李纨；"只管请奶奶放心"中的"奶奶"指凤姐；"我们奶奶还会了五奶奶来瞧奶奶呢"中"我们奶奶"指凤姐，"奶奶"指李纨；"五奶奶前儿打发了人来说，舅奶奶带了信来了，问奶奶好"中"舅奶奶"指王子腾夫人，"奶奶"指"凤姐"；"若有了，奶奶打发人来，只管送在我们奶奶这里"中"我们奶奶"指凤姐；"就顺路给那边舅奶奶带去的"中"那边舅奶奶"指"王子腾夫人"。其中，"奶奶"和指示代词"这里"，第一人称代词"我们"、数词"五"、称呼语"舅"等直接组合。这一段十分传神的描写颇具语用价值。

进一步考察，不难发现，在稍早的早期白话文小说《水浒传》中也有类似的误称。例如：

（58）李逵又道："这后生不是别人，只是柴进。"柴进道："我便同去。"李逵道："不怕你不来。若到那里对番了之时，不怕你柴大官人，是米大官人，也吃我几斧！"（《水浒传》第73回）

其中，"不怕你柴大官人，是米大官人"中的"柴"和"米"也是一种飞白，是一种飞白式误称。再如：

（59）有认得的喝道："使不得！这个是本县雷都头。"白玉乔道："只怕是驴筋头。"雷横那里忍耐得住，从坐椅上直跳下戏台来，一拳一脚，便打得唇绽齿落。（《水浒传》第51回）

上例"驴筋头"是"雷都头"的误称，带有较为强烈的感情色彩。《水浒传》中的误称同样值得我们关注。这将是我们进一步研究的另一课题。

其实，在言语交际过程中，表达和接受常常是互动的，表达往往受制于接受者的接受能力、兴趣、需要和动机等接受心理。诚如钱锺书所言："一句话的意义，在听者心里，常像一只陌生的猫到屋里来，声息全无，过一会儿'喵'一叫，你才发觉它的存在。"[①]

这是以比喻的方式给出的话语接受方式和表达效果问题。《红楼梦》对话中的"误称"，与其说是对常规称呼指代的有意无意的偏离，不如说是有效、得体表达的需要，是一种"无理而妙"的表达。

145

第二节　中观关联：句组衔接

这里所说的"中观关联"，是指介于此前所讨论的微观和我们下一节即将讨论的"宏观关联"之间的一种语义语用关联样态。"中观"也

---

① 钱锺书：《围城》，人民文学出版社1980年版，第261页。

可称为"常观",作为一种视角,观物取象,知人论世,恰为常态。只是这一常态常常可能因其寻常,而不被重视。

关于"中观",我们在理论上梳理了并来源于以下论著及相关学说:胡伟希《从中西哲学比较到中观哲学》在哲学上提出并阐述了中观哲学①;李宇明《论语言生活的层级》在语言学及应用语言学上成功运用中观视角模式,并将"中观"与"宏观""微观"并举②;陈光磊《修辞论稿》在修辞学上引入"常观"(中观)视角,并与"宏观""微观"齐观③。我们以为,提出"中观"概念,并重视中观视角,于语用研究、语用逻辑研究、叙事对话分析同样也是必要的、有意义的。中观视角等三观并重,在某种意义上也是语用逻辑的特质之一,是其题中应有之义。句组衔接是话语中观关联的较为典型的形式。

一 "劝说句组":以《红楼梦》和《三国演义》对话为例

《红楼梦》和《三国演义》等文艺体作品中有大量的劝说句组,这里所说的"句组"外延较为宽泛,是指若干句子围绕"劝说"这一语义枢纽的直接组合。《红楼梦》和《三国演义》等文艺体作品中的劝说句组往往具有较强的逻辑力量,在语言形式上常常通过反问、推理等手段表达出来。

(一)《红楼梦》对话中的劝说句组

《红楼梦》对话中的劝说句组,可以由多个话轮组成。例如:

146

(1)[1]薛姨妈道:"你还装腔呢!人人都知道是你说的,还赖呢。"[2]薛蟠道:"人人说我杀了人,也就信了罢?"[3]薛姨妈道:"连你妹妹都知道是你说的,难道他也赖你不成?"[4]宝钗忙劝道:"妈妈和哥哥且别叫喊,消消停停的,就有个青红皂白

---

① 胡伟希:《从中西哲学比较到中观哲学》,《文史哲》2008年第1期。

② 李宇明:《论语言生活的层级》,《语言教学与研究》2012年第5期。

③ 陈光磊:《修辞论稿》,北京语言文化大学出版社2001年版,第68页。

了。"[5] 向薛蟠道："是你说的也罢，不是你说的也罢，事情也过去了，不必较证，倒把小事儿弄大了。我只劝你，从此以后在外头少去胡闹，少管别人的事。天天一处大家胡逛，你是个不防头的人，过后儿没事就罢了，倘或有事，不是你干的，人人都也疑惑说是你干的，不用说别人，我就先疑惑。"（《红楼梦》第 34 回）

上例 [1] 至 [4] 共四个话轮，"薛姨妈"、"薛蟠"、"宝钗"三个语用主体，[1] 中"人人都知道是你说的"里"人人"做主语，带有夸张的意味，[2] 中接话者用的是一种归谬法，[3] 在话语形式上由让步句和反诘问句组成，在语气上毋庸置疑。[4] 的语用主体恰是 [3] 里表示让步关系的"连……都……"所直接关联的施事成分"你妹妹"，这样，[3] 与 [4] 的衔接，浑然天成。作为前两个语用主体"薛姨妈"和"薛蟠"的第三者，"宝钗"在 [4] 和 [5] 里面都是在劝，劝前两个语用主体，劝得合情合理。劝的中心意思是"从此以后在外头少去胡闹，少管别人的事"，为什么呢，原因是"天天一处大家胡逛，你是个不防头的人，过后儿没事就罢了，倘或有事，不是你干的，人人都也疑惑说是你干的，不用说别人，我就先疑惑"。这里，又有"人人"这样的全称形式，"人人"当然包括"我"，"倘"所引导的句子所表达的是一个假言命题，逻辑力量强，颇具说服力，劝说效果好。再如：

（2）湘云一面吃，一面说道："[1] 我吃这个方爱吃酒，吃了酒才有诗。[2] 若不是这鹿肉，今儿断不能做诗。"说着，只见宝琴披着凫靥裘，站在那里笑。（《红楼梦》第 49 回）

147

上例史湘云的一番话，总体上是必要条件假言推理中的否定前件式推理。具体说来，[1] 是一个假言连锁推理，"我吃这个方爱吃酒"表达的是一个必要条件假言命题，"我吃这个"是"爱吃酒"的必要条件；"吃了酒才有诗"也是一个必要条件假言，"吃了酒"是"有诗"的必要条件。[1] 在话语形式上是一种顶真。[2] 中"这鹿肉"就是 [1] 中的"这个"，是必要条件假言命题的前件，"若不是这鹿肉"是否定必要条件假言命题的前件，否定前件就要同时否定后件，故"不能做诗"，[1] 和 [2] 所形成的是严密的推理，令人不能不信。又如：

(3) 焙茗道："这才是。还有一说：[1] 咱们来了，必有人不放心。[2] 若没有人不放心，便晚些进城何妨？[3] 若有人不放心，二爷须得进城回家去才是。[4] 第一老太太、太太也放了心，第二礼也尽了，不过这么着。[5] 就是家去听戏喝酒，也并不是爷有意，原是陪着父母尽个孝道儿。[6] 要单为这个，不顾老太太、太太悬心，就是才受祭的阴魂儿也不安哪。[7] 二爷想我这话怎么样？"宝玉笑道："[8] 你的意思我猜着了。[9] 你想着只你一个跟了我出来，回来你怕担不是，所以拿这大题目来劝我。[10] 我才来了，不过为尽个礼，再去吃酒看戏，并没说一日不进城。[11] 这已经完了心愿，赶着进城，大家放心就是了。"焙茗道："这更好。"(《红楼梦》第 43 回)

上例是语用主体"焙茗"和"宝玉"的互劝。其中，[2] 和 [3]"若没有人不放心"、"若有人不放心"穷尽了所有的情形，因此这一劝说是逻辑周延的。宝玉明白了焙茗的良苦用心，然后反劝焙茗接受自己的"意思"，并且可以做到"大家放心"，于是焙茗信服了："这更好。"

(二)《三国演义》对话中的劝说句组

与《红楼梦》中的劝说句组类似，组成《三国演义》中游说的劝说句组，亦颇具逻辑力量和语用价值。《三国演义》中的劝说与《红楼梦》中的劝说形式类似，主要是话题不同，如果说《红楼梦》中的劝说主要是"劝导"，则《三国演义》中的劝说似主要是"游说"，包括劝降等。例如第 16 回陈珪与吕布的说辞即具有很强的说服力：

(4) 时陈元龙之父陈珪，养老在家，闻鼓乐之声，遂问左右。左右告以故。珪曰："此乃疏不间亲之计也。玄德危矣。"遂扶病来见吕布。布曰："大夫何来？"珪曰："闻将军死至，特来吊丧。"布惊曰："何出此言？"珪曰："前者袁公路以金帛送公，欲杀刘玄德，而公以射戟解之；今忽来求亲，其意盖欲以公女为质，随后就来攻玄德而取小沛。小沛亡，徐州危矣。且彼或来借粮，或来借兵：公若应之，是疲于奔命，而又结怨于人；若其不允，是弃亲而启兵端也。况闻袁术有称帝之意，是造反也。彼若造反，则公乃反贼亲属矣，得无为天下所不容乎？"布大惊曰："陈宫误我！"急命张辽引兵，追赶至三十里之外，将女抢归；连韩胤都拿回监禁，不放归去。（《三国演义》第 16 回）

上例陈珪的说辞取得了预期的语用效果，"布大惊曰"即为明证。其中，"公若应之，是疲于奔命，而又结怨于人；若其不允，是弃亲而启兵端也"是假言选言推理，即人们通常所说的二难推理，非常缜密。另如：

（5）挨到天晓，再欲整顿下山冲突，忽见一人跑马上山来，视之乃张辽也。关公迎谓曰："文远欲来相敌耶？"辽曰："非也。想故人旧日之情，特来相见。"遂弃刀下马，与关公叙礼毕，坐于山顶。公曰："文远莫非说关某乎？"辽曰："不然。昔日蒙兄救弟，今日弟安得不救兄？"公曰："然则文远将欲助我乎？"辽曰："亦非也。"公曰："既不助我，来此何干？"辽曰："玄德不知存亡，翼德未知生死。昨夜曹公已破下邳，军民尽无伤害，差人护卫玄德家眷，不许惊扰。如此相待，弟特来报兄。"关公怒曰："此言特说我也。吾今虽处绝地，视死如归。汝当速去，吾即下山迎战。"张辽大笑曰："兄此言岂不为天下笑乎？"公曰："吾仗忠义而死，安得为天下笑？"辽曰："兄今即死，其罪有三。"公曰："汝且说我那三罪？"辽曰："当初刘使君与兄结义之时，誓同生死；今使君方败，而兄即战死，倘使君复出，欲求兄相助，而不可复得，岂不负当年之盟誓乎？其罪一也。刘使君以家眷付托于兄，兄今战死，二夫人无所依赖，负却使君依托之重。其罪二也。兄武艺超群，兼通经史，不思共使君匡扶汉室，徒欲赴汤蹈火，以成匹夫之勇，安得为义？其罪三也。兄有此三罪，弟不得不告。"

公沉吟曰："汝说我有三罪，欲我如何？"辽曰："今四面皆曹

149

公之兵，兄若不降，则必死；徒死无益，不若且降曹公；却打听刘使君音信，如知何处，即往投之。一者可以保二夫人，二者不背桃园之约，三者可留有用之身：有此三便，兄宜详之。"公曰："兄言三便，吾有三约。若丞相能从，我即当卸甲；如其不允，吾宁受三罪而死。"辽曰："丞相宽洪大量，何所不容。愿闻三事。"公曰："一者，吾与皇叔设誓，共扶汉室，吾今只降汉帝，不降曹操；二者，二嫂处请给皇叔俸禄养赡，一应上下人等，皆不许到门；三者，但知刘皇叔去向，不管千里万里，便当辞去：三者缺一，断不肯降。望文远急急回报。"张辽应诺，遂上马，回见曹操，先说降汉不降曹之事。操笑曰："吾为汉相，汉即吾也。此可从之。"辽又言："二夫人欲请皇叔俸给，并上下人等不许到门。"操曰："吾于皇叔俸内，更加倍与之。至于严禁内外，乃是家法，又何疑焉！"辽又曰："但知玄德信息，虽远必往。"操摇首曰："然则吾养云长何用？此事却难从。"辽曰："岂不闻豫让众人国士之论乎？刘玄德待云长不过恩厚耳。丞相更施厚恩以结其心，何忧云长之不服也？"操曰："文远之言甚当，吾愿从此三事。"(《三国演义》第 25 回)

上例总体来说，是劝说：张辽劝关羽；张辽劝曹操。张辽的劝说都取得了理想的效果。张辽先言关羽"兄今即死，其罪有三"。然后指出关羽的"三便"，接着关羽提出"三约"。以上三个"三"条分缕析，十分中肯。在话语形式上语用主体使用了大量的问句，包括无疑而问的问句（反诘问），问答相间，环环相扣，层层推进。

150

二 组合问：以《雷雨》中的对话为例

《雷雨》脍炙人口，是现代作家曹禺的代表作，也是中国现代话剧的代表作，其语言运用十分娴熟，耐人寻味。《雷雨》对话中的组合问，是叙事对话的典型形式，颇具语用价值。我们这里从语用角度考察《雷雨》对话中的组合问。本节语例主要出自曹禺《雷雨》（人民文学出版社 1994 年版）。

（一）同一个话轮内部的组合问

这种情形的组合问，根据其"信"与"疑"的情况，可分为无疑而问和有疑而问两大类。

1. 无疑而问

"无疑而问"型组合问，根据问句内部构成，可分为如下组合形式。

1.1 主谓句与主谓句组合

　　（1）贵　我，我，我做了什么啦？（觉得在女儿面前失了身份）喝点，赌点，玩点，这三样，我快五十的人啦，还怕他么？

　　四　他才懒得管您这些事呢！——可是他每月从矿上寄给妈用的钱，您偷偷地花了，他知道了，就不会答应您！

　　（2）贵　什么？说！

　　四　那是太太听说老爷刚回来，又要我检老爷的衣服。

　　贵　哦，（低声，恐吓地）可是半夜送你回家的那位是谁？坐着汽车，醉醺醺，只对你说胡话的那位是谁呀？（得意地微笑）。

　　四　（惊吓）那，那——

　　（3）四　妈不愿意我在公馆里帮人，您为什么叫她到这儿来找我？我每天晚上，回家的时候自然会看见她，您叫她到这儿来干什么？

　　（4）萍　凤，你看不出来，现在我怎么能带你出去？——你这不是孩子话吗？

　　（5）蘩　可是你不是喜欢受过教育的人么？她念过书么？

以上问句在结构形式上均为主谓句，在语气上均为无疑而问，均不需话语接受者作答，语气较强。

　　1.2 主谓句与非主谓句组合

　　（6）大　你是要骂我么？"少爷?"哼，在世界上没有这两个字！（鲁贵由左边书房进）

　　贵　（向大海）好容易老爷的客刚走，我正要说话，接着又来一个。我看，我们先下去坐坐吧。

大　那我还是自己进去。

贵　（拦住他）干什么？

四　不，不。

（7）鲁　不，你以为妈怕穷么？怕人家笑我们穷么？不，孩子，妈最知道认命，妈最看得开，不过，孩子，我怕你太年轻，容易一阵子犯糊涂，妈受过苦，妈知道的。你不懂，你不知道这世界太——人的心太——。（叹一口气）好，我们先不提这个。（站起来）这家的太太真怪！她要见我干什么？

（8）繁　（爆发，眼睛射出疯狂的火）你有权利说这种话么？你忘了就在这屋子，三年前的你么？你忘了你自己才是个罪人；你忘了，我们——（突然，压制自己，冷笑）哦，这是过去的事，我不提了。（萍低头，身发颤，坐沙发上，悔恨抓着他的心，面上筋肉成不自然的拘挛。）

（9）鲁　哦，天哪。我是死了的人！这是真的么？这张相片？这些家具？怎么会？——哦，天底下地方大得很，怎么？熬过这几十年偏偏又把我这个可怜的孩子，放回到他——他的家里？哦，好不公平的天哪！（哭泣）

（10）繁　（更惊愕）什么？求婚？（这两个字叫她想笑）你跟她求婚？

（11）鲁　就在门房等着见你呢。

朴　什么？鲁大海？他！我的儿子？

鲁　他的脚趾头因为你的不小心，现在还是少一个的。

152

以上组合问中的非主谓句问句，多为疑问词语，如"什么"、"怎么"等。往往伴随着惊愕、愤懑等语气。

1.3 非主谓句与非主谓句组合

（12）贵　哼！（滔滔地）我跟你说，我娶你妈，我还抱老大的委屈呢。你看我这么个机灵人，这周家上上下下几十口子，那一个不说我鲁贵呱呱叫。来这里不到两个月，我的女儿就在这公馆找上事；就说你哥哥，没有我，能在周家的矿上当工人么？叫你妈说，她成么？——这样，你哥哥同你妈还是一个劲儿地不赞成我。

（13）萍　（痛苦地）你难道不知道这种关系谁听着都厌恶么？你明白我每天喝酒胡闹就因为自己恨——恨我自己么？

以上两例为紧缩句，属非主谓句。尽管能指形式较为简短，但所指丰富。

2. 有疑而问

2.1 主谓句与主谓句组合

（14）冲　（焦灼）您不愿意么？您以为我做错了么？

蘩　不，不，那倒不。我怕她这样的孩子不会给你幸福的。

（15）四　妈，您不怪我吧？您不怪我这次没听您的话，跑到周公馆做事吧？

以上两例组合问的结构形式相对完整，在口气上相对较为舒缓、内敛。

2.2 主谓句与非主谓句组合

（16）朴　（沉思）无锡？嗯，无锡（忽而），你在无锡是什么时候？

鲁　光绪二十年，离现在有三十多年了。

朴　哦，三十年前你在无锡？

鲁　是的，三十多年前呢，那时候我记得我们还没有用洋火呢。

（17）朴　什么？她就在这儿？此地？

鲁　嗯，就在此地。

朴　哦！

鲁　老爷，你想见一见她么？

朴　不，不，谢谢你。

153

（18）大　（看合同）什么？（慢慢地，低声）他们三个人签了字。他们怎么会不告诉我，自己就签了字呢？他们就这样把我不理啦？

（19）贵　真的么？——那么太太对你呢？

　　蘩　谁？谁来了好半天啦？

以上是独词句作为问句，与另一个主谓句问句组合。口气相对急促，语势较强。

（20）朴　她还在？不会吧？我看见她河边上的衣服，里面有她的绝命书。

（21）萍　（忍不住）你是谁？敢在这儿胡说？

（22）贵　（向鲁妈）这么晚还不睡？你说点子什么？

（23）贵　他走了？咦，可是四凤呢？

　　大　不要脸的东西，她跑了。

（24）萍　我对你怎么样？（他笑了。他不愿意说，他觉得女人们都有些呆气，这一句话似乎有一个女人也这样问过他，他心里隐隐有些痛）要我说出来？（笑）那么，你要我怎么说呢？

以上非主谓句问句中的谓语一般都不是光杆动词，有否定副词或连词、语气词与之直接组合。

2.3 非主谓句与非主谓句组合

154

（25）蘩　为什么？怪他？

　　冲　我总觉得您同哥哥的感情不如以前那样似的。妈，您想，他自幼就没有母亲，性情自然容易古怪，我想他的母亲一定感情也很盛的，哥哥是一个很有感情的人。

　　鲁　（不信地）哦？（慢慢看这屋子的摆设，指着有镜台的柜）这屋子倒是很雅致的。就是家俱太旧了点。这是——？

（26）朴　什么？说吧？

　　鲁　（泪满眼）我——我只要见见我的萍儿。

　　朴　你想见他？

　　鲁　嗯，他在哪儿？

　　朴　他现在在楼上陪着他的母亲看病。我叫他，他就可以下来见你。不过是——

　　鲁　不过是什么？

　　朴　他很大了。

　　（27）大　（冷冷地望着鲁妈）妈，我知道您的意思，自然只有这么办。所以，周家的事我以后也不提了，让他们去吧。

　　鲁　（迷惑，坐下）什么？让他们去？

　　萍　（嗫嚅）鲁奶奶，请您相信我，我一定好好地待她，我们现在决定就走。

　　（28）四　鬼么？什么样？（停一下，鲁贵四面望一望）谁？

　　贵　我这才看见那个女鬼呀，（回头低声）——是我们的太太。

　　四　太太？——那个男的呢？

　　贵　那个男鬼，你别怕，就是大少爷。

　　四　他？

　　贵　就是他，他同他的后娘在这屋子里闹鬼呢。

　　四　我不信，您看错了吧？

　　（29）朴　为什么？（停，向四凤）药呢？

　　蘩　（快说）倒了。我叫四凤倒了。

　　朴　（慢）倒了？哦？（更慢）倒了！——（向四凤）药还有么？

　　四　药罐里还有一点。

155

　　以上例句中，构成组合问的问句在结构形式上均为非主谓句，在表述上十分便于衔接，同时对语境的依赖性很强。

　　（二）不同话轮之间的组合问

　　依据话轮数，分如下情形讨论。

　　1. 二轮话轮组合问

　　根据话轮之间的关联情况，可分为以下三种情况。

1.1 诉诸人称代词等指示语关联。例如：

(30) 四　不，不，你放开我。你不知道我们已经叫你们辞了么？

萍　（难过）凤，你——你饶恕我么？

(31) 大　（冷冷地）他在哪儿？

贵　（故意地）他，谁是他？

大　董事长。

贵　（教训的样子）老爷就是老爷，什么董事长，上我们这儿就得叫老爷。

(32) 蘩　哦，（看四凤，想着自己的经历）嗯，（低语）难说得很。（忽而抬起头来，眼睛张开）这么说，他在这几天就走，究竟到什么地方去呢？

四　（胆怯地）你说的是大少爷？

蘩　（斜看着四凤）嗯！

上例通过对代词等的解释和明确关联起来。

1.2 直接利用疑问词语等疑问标记关联

(33) 四　（沉下脸）怎么样？（冷冷地看着鲁贵……）

贵　（打量四凤周身）嗯——（慢慢地拿起四凤的手）你这手上的戒指，（笑着）不也是他送给你的么？

(34) 蘩　（笑）我怕你是胆小吧？

萍　怎么讲？

(35) 四　什么？

贵　你听啊，昨天不是老爷的生日么？大少爷也赏给我四块钱。

(36) 四　为什么？

贵　为什么？我先提你个醒。老爷比太太岁数大得多，太太跟老爷不好。大少爷不是这位太太生的，他比太太的岁数差得也有限。

(37) 蘩　（向萍）他上哪儿去了？

萍　（莫名其妙）谁？

以上是直接通过疑问词语关联前后两个话轮的情形，《雷雨》中也不乏两个话轮均为有疑而问的完整问句组合。

  （38）朴 你知道么？

  鲁 也许记得，不知道老爷说的是哪一件？

  （39）朴 （喘出一口气，沉思地）侍萍，侍萍，对了。这个女孩子的尸首，说是有一个穷人见着埋了。你可以打听得她的坟在哪儿么？

  鲁 老爷问这些闲事干什么？

  朴 这个人跟我们有点亲戚。

  鲁 亲戚？

  （40）大 我们老远从矿上来，今天我又在您府上大门房里从早上六点钟一直等到现在，我就是要问问董事长，对于我们工人的条件，究竟是允许不允许？

  朴 哦，——那么，那三个代表呢？

  大 我跟你说吧，他们现在正在联络旁的工会呢。

1.3 前后两个话轮形成语用推理

《雷雨》中更多的是问句组合是两个话轮，其中至少有一个并非真正的有疑而问的情形，二者形成语用推理。

  1.3.1 前疑后信。即前一个话轮是有疑而问，后一个话轮是无疑而问。

  （41）萍 （转头问冲）父亲没有出去吧？

  冲 没有，你预备见他么？

  （42）鲁 （想鲁贵）我走的时候嘱咐过你，这两年写信的时候也总不断地提醒，我说过我不愿意把我的女儿送到一个阔公馆，叫人家使唤。你偏——（忽然觉得这不是谈家事的地方，回头向四凤）你哥哥呢？

  四 不是在门房里等着我们么？

（43）朴　哦，——他们没告诉旁的事情么？

大　告诉不告诉与你没有关系。——我问你，你的意思，忽而软，忽而硬，究竟是怎么回事？

（44）鲁　哦。——老爷没有事了？

朴　（指窗）窗户谁叫打开的？

1.3.2 两个话轮均为无疑而问。两个话轮较为充分地利用言外之意关联起来。例如：

（45）萍　怎么，你要我陪着你，在这样的家庭，每天想着过去的罪恶，这样活活地闷死么？

蘩　你既知道这家庭可以闷死人，你怎么肯一个人走，把我放在家里？

（46）蘩　（不自主地，尖酸）哦，你每天晚上回家睡！（觉得失言）老爷回家，家里没有人会伺候他，你怎么天天要回家呢？

四　太太，不是您吩咐过，叫我回家去睡么？

（47）蘩　四凤跟老爷检的衣裳，四凤不会拿么？

贵　我也是这么说啊，您不是不舒服么？可是老爷吩咐，不要四凤，还是要太太自己拿。

（48）蘩　你忘记了我不是病了么？

冲　对了，您原谅我。我，我——怎么这屋子这样热？

（49）冲　你给太太再拿一个杯子来，好么？（四凤下）。

蘩　（目不转睛地看着他们）冲儿，你们为什么这样客气？

（50）冲　你不知道母亲病了么？

蘩　你哥哥怎么会把我的病放在心上？

1.3.3 前信后疑。即两个话轮，前为无疑而问，后为有疑而问。例如：

（51）四　不是半夜里闹鬼么？

贵　你知道这鬼是什么样儿么？

（52）冲　爸爸，怎么鲁大海还在这儿等着要见您呢？

朴　谁是鲁大海？

冲　鲁贵的儿子。前年荐进去，这次当代表的。

2. 三轮话轮组合问

（53）贵　（望着她，停下工作）四凤，你听见了没有？

四　（厌烦地，冷冷地看着她的父亲）是！爸！干什么？

贵　我问你听见我刚才说的话了么？

四　都知道了。

（54）贵　他叫你干么？

四　谁知道。

贵　（责备地）你为什么不理他？

四　噢，我（擦眼泪）——不是您叫我等着么？

贵　（安慰地）怎么，你哭了么？

四　我没哭。

贵　孩子，哭什么，这有什么难过？（仿佛在做戏）谁叫我们穷呢？穷人没有什么讲究。没法子，什么事都忍着点，谁都知道我的孩子是个好孩子。

（55）冲　客走了？

朴　（点头，转向蘩漪）你怎么今天下楼来了。完全好了么？

蘩　病原来不很重——回来身体好么？

（56）朴　（看表）还有三分钟。（向周冲）你刚才说的事呢？

冲　（抬头，慢慢地）什么？

朴　你说把你的学费分出一部分？——嗯，是怎么样？

3. 四轮及以上话轮组合问

（57）朴　蘩漪！（蘩漪抬头。鲁妈站起，忙躲在一旁，神色大

159

变，观察他。）你怎么还不去？

繁　（故意地）上哪儿？

朴　克大夫在等你，你不知道么？

繁　克大夫？谁是克大夫？

朴　跟你从前看病的克大夫。

(58) 四　还有什么？

萍　（忽然地）你没有听见什么话？

四　什么？（停）没有。

萍　关于我，你没有听见什么？

四　没有。

萍　从来没听见过什么？

四　（不愿提）没有——你说什么？

萍　那——没什么！没什么。

(59) 鲁　（严厉地）凤儿，（看着她，拉着她的手）你看看我，我是你的妈。是不是？

四　妈，你怎么啦？

鲁　凤，妈是不是顶疼你？

四　妈，您为什么说这些话？

鲁　我问你，妈是不是天底下最可怜，没有人疼的一个苦老婆子？

四　不，妈，您别这样说话，我疼您。

(60) 四　哥哥哪点对不起您，您这样骂他干什么？

贵　他哪一点对得起我？当大兵，拉包月车，干机器匠，念书上学，哪一行他是好好地干过？好容易我荐他到了周家的矿上去，他又跟工头闹起来，把人家打啦。

四　（小心地）我听说，不是我们老爷先叫矿上的警察开了枪，他才领着工人动的手么？

(61) 朴　她为什么不再找到周家？

鲁　大概她是不愿意吧？为着她自己的孩子，她嫁过两次。

朴　以后她又嫁过两次？

160

鲁　嗯，都是很下等的人。她遇人都很不如意，老爷想帮一帮她么？

朴　好，你先下去。让我想一想。

鲁　老爷，没有事了？（望着朴园，眼泪要涌出）老爷，您那雨衣，我怎么说？

"老爷，没有事了？"此前出现过，表现了言语主体十分复杂的感情。

（三）双重组合问

即话轮内部及话轮之间的组合问，是组合问的复合。

（62）四　钱！？

贵　这两年的工钱，赏钱，还有（慢慢地）那零零碎碎的，他们……

四　（赶紧接下去，不愿听他要说的话）那您不是一块两块都要走了么？喝了！赌了！

贵　（笑，掩饰自己）你看，你看，你又那样。急，急，急什么？我不跟你要钱。喂，我说，我说的是——（低声）他——不是也不断地塞给你钱花么？

四　（惊讶地）他？谁呀？

贵　（索性说出来）大少爷。

四　（红脸，声略高，走到鲁贵面前）谁说大少爷给我钱？爸爸，您别又穷疯了，胡说乱道的。

贵　（鄙笑着）好，好，好，没有，没有。反正这两年你不是存点钱么？（鄙吝地）我不是跟你要钱，你放心。我说啊，你等你妈来，把这些钱也给她瞧瞧，叫她也开开眼。

四　哼，妈不像您，见钱就忘了命。（回到中间茶桌滤药）。

贵　（坐在长沙发上）钱不钱，你没有你爸爸成么？你要不到这儿周家大公馆帮主儿，这两年尽听你妈妈的话，你能每天吃着喝着，这大热天还穿得上小纺绸么？

四　（回过头）哼，妈是个本分人，念过书的，讲脸，舍不得

161

把自己的女儿叫人家使唤。

　　贵　什么脸不脸？又是你妈的那一套！你是谁家的小姐？——妈的，底下人的女儿，帮了人就失了身份啦。

　　(63)鲁　周？这家里姓周？

　　四　妈，您看您，您刚才不是问着周家的门进来的么？怎么会忘了？（笑）妈，我明白了，您还是路上受热了。我先跟你拿着周家第一个太太的相片，给您看。我再跟你拿点水来喝。

　　(64)鲁　你？（笑）三十年我一个人都过了，现在我反而要你的钱？

　　朴　好，好，好，那么你现在要什么？

　　(65)萍　怎么？他们两个怎么样了？

　　朴　你不知道刚才这个工人也姓鲁，他就是四凤的哥哥么？

　　萍　哦，这个人就是四凤的哥哥？不过，爸爸——

　　以上分类描写表明，《雷雨》组合问在整个语篇中较为频见，《雷雨》组合问的能指组合情形相对于此前讨论过的《水浒传》《孟子》而言更为复杂。除了语言形式自身的发展外，话剧《雷雨》的叙事性及对话性更突出恐怕是主要原因。话剧在一定意义上是较为纯粹的对话艺术，在对话中叙事，在叙事中对话，在叙事对话中构建语境、表达主题、推进情节、塑造形象。

第三节　宏观关联：篇章的交往理性解读

　　宏观关联，往往直接以语篇这一最大的话语单位为着眼点。同时，语篇作为着眼点，作为一个整体认知单位，完整地关联话语作品的表达者和接受者（含传播者）。另一方面，艺术体作品中的叙事对话的主体之间通过直接或间接对话交互也可以映现一定的语用逻辑性（交往理性）。似乎可以说，因交往理性的继时性（不是稍纵即逝的受

"瞬间思维"作用的即时性），往往需要一定规模（包括足够的话轮、篇幅等，而不是只言片语）、相当层级（元话语、对象话语等）的对话较为充分地展开，才能更为完满地将交往理性呈现出来。此外，就内涵而言，叙事，无论"叙"的是事情、事件、事理，还是事务，所叙的终究都是人（主体）的事，尤其是艺术体中叙的事情、事件，并由此彰显其主体性。所以叙事语篇的整体解读尤能体现交往理性，相应地，艺术体作品的叙事对话更需从交往理性层面去细读。交往理性的继时性、主体间性与叙事的过程性、主体性以及语篇的可宏观整体认知性有其内在的契合。

一　语篇的交往理性解读：以《伤逝》为例

有论者敏锐地注意到我们此前讨论过的《红楼梦》与《伤逝》的如下关联："男性和女性都把自己和对方看作平等的人，才是正常的、自然的态度。但文学本来又异乎科学。文学家要写的是活生生的人，是活的感受和感发，它们是否合乎科学，不是一眼看得出来的，有时看似偏颇，恰好包含着合乎科学的内容。鲁迅的《伤逝》里面，由一般的妇女解放、男女平等思想，经过现实生活里男女人生境界、胸襟智能的不平等的暴露，导致悲剧以后，归到男性的道义上社会责任上的深沉痛烈的自责。这也可以说是在新的历史条件下，在更高的层次上，继承了《红楼梦》中男性的自惭。《伤逝》以后，还没有听到过嗣响。而涓生的绝叫中包含的真理内容，至今也还没有探讨完。"（舒芜《红楼梦·前言》，岳麓书社 1987 年版）或者可以说，在交往理性层面上，在"解放"、"平等"、"对话"这些意义上《伤逝》与《红楼梦》有一定的共同之处。

舒芜将《伤逝》与《红楼梦》联系起来，主要涉及"平等"、"解放"问题，这可从语用逻辑的基础"交往理性"上得到解释。《伤逝》是鲁迅唯一的爱情题材小说，作于 1925 年 10 月 21 日。《伤逝》对于我们当下社会和人生不无启迪意义。它通过艺术典型十分深刻地阐明了即便是夫妻之间也须臾不可或缺的交往理性，由此推及一般，人与

163

人之间存在主体交互性，也就需要建立在交往理性上的人际交互。

（一）从人际和谐与交往理性的视角看《伤逝》

鲁迅的《伤逝》① 表明了"没有控制的交往"是人际和谐的一种表现形式。《伤逝》从反面说明了"对话"是化解交往危机的必要途径，交往理性是合理性对话的基本动因。我们以为，运用哈贝马斯交往行动理论可以重新解读之。《伤逝》不太注重主客交互性，即小说不是以情景优美、情节曲折、环境复杂取胜，而是通过涓生的"手记"，追忆了主人公之间的主体交往历程。

1. 人际和谐：没有控制的交往

不妨说，涓生和子君的不和谐实乃交往理性的"伤逝"。我们知道，交往活动是人类最普遍、最重要的活动，它要求真实性、正当性和真诚性的统一，即交往活动须建立在交往理性的基础之上。交往理性是与工具理性相对而言的，是哈贝马斯批判理论的重要基点。尤尔根·哈贝马斯（Jürgen Habermas, 1929—）是第二次世界大战后成长起来的新一代的德国哲学家。哈贝马斯提倡"在合理的社会交往中互相理解，达到和谐一致"。② 哈贝马斯从词源学考证上说，"批判"（critique）与"危机"（crisis）有相同来源，哲学应反思危机、解释危机，才能成为与实践发生联系的批判理论。哈贝马斯的批判理论是交往理论，而不是马尔库塞的心理理论。他的交往理论既是关于真理的理论，又是关于解放的理论。他所说的"解放"指"没有控制的交往"。③ 这种"没有控制的交往"即是某种意义上的人际和谐。哈贝马斯提倡"在合理的社会交往中互相理解，达到和谐一致"。④

小说《伤逝》描述的是由自由恋爱而结为夫妻的涓生和子君的情感和婚姻"危机"。小说开篇是主人公涓生的悔恨："如果我能够，我要写下我的悔恨和悲哀，为子君，为自己。"这种悔恨其实是对过去美好"交往"的回味。果然，接下来，"我"回忆道："破屋里便渐渐充满了

---

① 《鲁迅全集》第二卷，人民文学出版社 1981 年版，第 110—131 页。
② 赵敦华：《现代西方哲学新编》，北京大学出版社 2001 年版，第 158 页。
③ 同上书，第 159 页。
④ 同上书，第 158 页。

我的语声，谈家庭专制，谈打破旧习惯，谈男女平等，谈伊孛生，谈泰戈尔，谈雪莱。她总是微笑点头，两眼里弥漫着稚气的好奇的光泽。"显然，此种情景下的交往是符合交往理性的。

交往理性崇尚平等和真诚，小说开篇不久即提到了涓生与子君的初识："'我是我自己的，他们谁也没有干涉我的权利！'这是我们交际了半年，又谈起她在这里的胞叔和在家的父亲时，她默想了一会之后，分明地，坚决地，沉静地说了出来的话。其时是我已经说尽了我的意见，我的身世，我的缺点，很少隐瞒；她也完全了解的了。这几句话很震动了我的灵魂，此后许多天还在耳中发响，而且说不出的狂喜。"之所以"这几句话很震动了我的灵魂，此后许多天还在耳中发响，而且说不出的狂喜"，主要是因为这些话是真诚的，是在无任何外在力量控制的情形下所说的，堪称主人公的肺腑之言。这表明，涓生和子君的交往曾经是符合交往理性的，是和谐的。"没有控制的交往"是人际和谐的一种表现形式，"和谐"是"没有控制的交往"的一种理想境界。

2. 对话：化解交往危机的必要途径

《易》有言：修辞立其诚。应该说，涓生和子君的交往最为经常的形式是语言上的交往。小说中写道："她却是什么都记得：我的言辞，竟至于读熟了的一般，能够滔滔背诵；我的举动，就如有一张我所看不见的影片挂在眼下，叙述得如生，很细微，自然连那使我不愿再想的浅薄的电影的一闪。夜阑人静，是相对温习的时候了，我常是被质问，被考验，并且被命复述当时的言语，然而常须由她补足，由她纠正，像一个丁等的学生。"语言交往势必会存在着理解和误解。这在小说里已有明确的说明："我们在会馆里时，还偶有议论的冲突和意思的误会，自从到吉兆胡同以来，连这一点也没有了；我们只在灯下对坐的怀旧谭中，回味那时冲突以后的和解的重生一般的乐趣。"真诚的符合交往理性的交往其实并不回避误解，毕竟"误解"可以"和解"，危机大概就蕴涵于"议论的冲突和意思的误会"之后，连"对话"的意愿都没有了。

小说中主人公之间逐步有了不合理性的交往。首先是子君和小官

165

太太的不合理性交往。《伤逝》里有这样的描述："幸而探听出来了，也还是和那小官太太的暗斗，导火线便是两家的小油鸡。但又何必硬不告诉我呢？人总该有一个独立的家庭。这样的处所，是不能居住的。"这里的冲突与其说是境遇的窘迫所致，不如说是子君和小官太太之间交往的不够真诚、不合理性的体现，毕竟这些均为鸡毛蒜皮的琐事。试想：涓生和子君有了自己的豪华别墅，就能与外界"老死不相往来"吗？

至于涓生和子君之间不合理性的交往的原因，"我"的解释是："可惜的是我没有一间静室，子君又没有先前那么幽静，善于体贴了，屋子里总是散乱着碗碟，弥漫着煤烟，使人不能安心做事，但是这自然还只能怨我自己无力置一间书斋。然而又加以阿随，加以油鸡们。加以油鸡们又大起来了，更容易成为两家争吵的引线。"这里其实恰好说明了人与人交往是多"员"互动的，夫妻之间的矛盾和"两家争吵"密切相关。

除了以上交往的渐趋不恰当性，还有涓生和"雪花膏"的不合理性交往。小说写道："这在会馆里时，我就早已料到了；那雪花膏便是局长的儿子的赌友，一定要去添些谣言，设法报告的。"这里，"谣言"是不真实的话语，谣言的存在破坏了交往的真诚性原则，显然是不和谐人际交往的一个基本动因。《伤逝》从反面说明了"对话"是化解交往危机的必要途径，交往理性是合理性对话的基本动因。

3. 交往理性：合理性对话的基本动因

《伤逝》以艺术典型深刻地阐明：交往理性是合理性对话的基本动因。《伤逝》中主人公的交往显然由合理性而渐失和谐，不再平等如初、真诚如故了，涓生和子君交往的"危机"已现端倪。其中，二人的一个具体交谈值得重视："'奇怪。——子君，你怎么今天这样儿了？'我忍不住问。'什么？'她连看也不看我。'你的脸色……。''没有什么，——什么也没有。'"不难看出，以上对话支支吾吾，而且也颇有些闪烁其词，甚至阴阳怪气。在书面形式上连用了破折号和省略号。其间描述性的话语"她连看也不看我"似更为直接地说明了其时二人的尴尬窘境。再如："'是的。'她又沉默了一会，说：'但是……涓生，我觉得你近来很两样了。可是的？你，——你老实告诉我。'"这里的对话实际上已经蕴涵了涓生和子君二人的不信任。即已经背离了交往理性所要求的真诚性原则了。正因为如此，"我"自我谴责道："况且你已经可以无须顾虑，勇往直前了。你要我老实说；是的，人是不该虚伪的。我老实说罢：因为，因为我已经不爱你了！但这于你倒好得多，因为你更可以毫无挂念地做事。"

以上表明，无论涓生和子君之间是否还有爱，但有一点是肯定的：他们之间的交往理性却是在一点点地"伤逝"。也就是说，二人合理性对话的基本动因——交往理性——已经不复存在了。涓生和子君的悲剧给我们以启迪：交往理性是合理性对话的基本动因。涓生和子君的交往无疑是正当的，但是已经不再真诚如往昔了。小说写道："我不应该将真实说给子君，我们相爱过，我应该永久奉献她我的说谎。如果真实可以宝贵，这在子君就不该是一个沉重的空虚。谎语当然也是一个空虚，然而临末，至多也不过这样地沉重。……我以为将真实说给子君，她便可以毫无顾虑，坚决地毅然前行，一如我们将要同居时那样。但这恐怕是我错误了。她当时的勇敢和无畏是因为爱。"不是"不应该将真实说给子君"，而是应该早些将"真实说给子君"，也许早些说，则说的可能就不是"分手"了，而是消弭误解的坦言了，也就不存在"空虚"的"谎语"了，是为真诚对话。

《伤逝》中贯穿始终的是主人公涓生的悔恨。"悔恨"往往是对本应该、本可以做到、做好或本不应该做而做了的事情的检讨和自我谴责。涓生的悔意愈深愈发表明，涓生和子君之间的交往理性是本可以、本应该维系下去的。相对于主体间关系而言，生计关系等主客关系较难把握，交往中的主体交互性却是可以而且理应好好把握的。——他们本可以真诚互信、平等对话乃至相濡以沫的。我们觉得涓生和子君的悲剧恰恰就在这里。其实，贫贱中的患难夫妻古往今来不在少数，但是涓生和子君没有做到。所以，涓生和子君的不和在一定意义上并不能完全归咎于当时的"生计"问题。我们也就是在这些意义上说子君的伤逝其实是"交往理性"的"伤逝"。《伤逝》无疑以形象的方式昭示了交往理性之于人际和谐的重要意义。

167

（二）对话和谐：交往理性的基本要义

鲁迅《伤逝》的主题常读常新，当下社会可从其中得到不少启示。《伤逝》表明，对话和谐是交往理性的基本要义。对话和谐是理性交往的前提与结果。对话是交往理性的主要表现形式。真诚性、平等性、可领会性等语用原则是对话的基本要求。

当前艺术典型的塑造或再现缺乏对交往理性的关注，当下社会急需交往理性。这使我们想到了 20 世纪二三十年代鲁迅《伤逝》的人际交互主题。这里，笔者将在文本解读的基础上进一步诠释"对话和谐是交往理性的基本要义"这一主题。

1. 对话和谐：理性交往的前提与结果

在笔者看来，"《伤逝》不太注重主客交互性，即小说不是以情景优美、情节曲折、环境复杂取胜，而是通过涓生的'手记'，追忆主人公之间的主体交往历程"。似乎可以说，《伤逝》通过不朽的艺术典型以审美的方式昭示了人际交往中交往理性的重要性。交往理性是社会交往理论的一个重要概念。尤尔根·哈贝马斯（Jürgen Habermas，1929—）创立了普遍语用学背景下的社会交往理论。哈贝马斯提倡"在合理的社会交往中互相理解，达到和谐一致"。[①]

不难看出，在哈贝马斯看来，"合理的社会交往中互相理解"是"达到和谐一致"的一个前提条件，这个前提条件应该说是一个充分条件，而"理解"的主要媒介是语言，语言又是"社会交往"的最重要的工具，因此，不妨说，这里的"和谐"说到底是语言和谐，语言和谐是理性交往的一个充分条件。

诚如赵敦华《现代西方哲学新编》所指出的，"哈贝马斯的批判理论是交往理论，而不是马尔库塞的心理理论。他的交往理论既是关于真理的理论，又是关于解放的理论。他所说的'解放'指'没有控制的交往'"[②]。"控制"意味着不平等、不自在，因此，这种"没有控制的交往"即是某种意义上的和谐。一般说来，"交往活动是最普遍、最重要

---

① 赵敦华：《现代西方哲学新编》，北京大学出版社 2001 年版，第 158 页。
② 同上书，第 159 页。

的活动，它要求真实性、正当性和真诚性的统一"①。在这种最普遍、最重要的社会活动中，语言具有不可替代的作用，它是人类最重要的交际工具，是交往主体之间的重要"纽带"，因此，在一定意义上可以说，"社会交往行为是语言的理解和交流的过程"②。

不难理解这里所说的"社会交往行为"与"语言的理解和交流的过程"在逻辑上可看作等值的前件与后件。

语言和谐又是理性交往的一个必要条件。哈贝马斯强调语言的交流、对话功能，说明语言是说者与听者之间的交往行为。哈贝马斯又利用美国实用主义者莫里斯的语用学思想，认为语用学不是探讨个人与语言的关系，而是在合作语言过程中，探讨人与人之间的关系。③

《伤逝》中涓生和子君之间起初在语言交流上是和谐的，譬如小说中描绘道："破屋里便渐渐充满了我的语声，谈家庭专制，谈打破旧习惯，谈男女平等，谈伊孛生，谈泰戈尔，谈雪莱。她总是微笑点头，两眼里弥漫着稚气的好奇的光泽。"显然，当时主体间以语言为纽带的对话是有效的，交往是和谐的。但是，后来，他们之间更多是"虚空"和"沉默"，以至于他们的婚姻爱情以悲剧结束。主人公婚姻爱情以悲剧结束蕴涵了理性交往的"伤逝"。这说明，如果没有语言和谐，就势必不会有理性交往。因此，语言和谐又是理性交往的必要条件。

既然语言和谐是理性交往的充分条件同时又是必要条件，则不妨说，语言和谐是理性交往的前提和结果。

2. 对话：交往理性的主要表现形式

交往理性支配着人们的理性交往，而如前所述，语言和谐又是理性交往的前提，进一步来看，语言和谐是如何形成的呢？语言和谐主要是通过真诚、平等的对话形成的。真诚、平等的对话是交往理性的主要表现形式。鲁迅《伤逝》中的主人公涓生和子君间的渐趋"不和谐"表明

169

---

① 赵敦华：《现代西方哲学新编》，北京大学出版社 2001 年版，第 160 页。

② 同上。

③ 同上。

了以对话为主要表现形式的交往理性是须臾不可或缺的。

首先，着眼于宏观，《伤逝》中的涓生和子君等作为艺术典型，"它十分有力地显现了首先觉醒的知识分子在当时社会上的极端孤立的状况，也极其鲜明地说明了他们与周围社会群众发生思想意识对话的极端困难性。二者各有自己的意识语言，这些知识分子的语言在广大社会群众耳目中犹如狂言飙语，是根本不理解也不想去理解的东西"[①]。这种"对话的极端困难性"鲜明地体现出涓生和子君与周围民众（比如小说中提到的"雪花膏"、房东太太等）之间交往行为上的不和谐。而"'理想的交往行为'是在没有任何强制条件下的平等、自由的对话"[②]。事实上，"违反交往的理性规范意味着对不平等、被控制地位的认可，这不仅关系到是否能达到交往的目的（取得认识一致性）的认识论问题，而且更重要的是关系到人们日常生活方式的伦理学问题，交往行为理论实际上是一种'商谈伦理学'"[③]。

这种建立在正当、平等、真诚基础上的"商谈伦理学"实际上是语言和谐的基础，也是人际和谐的基础。如前所述，人的最为基本的交往行为应该是语言交流，交往理性需要在对话中体现，需要"商谈"，不对话或有意见而有意缄默是不符合交往理性的，这种情形也最终会导致交往主体之间的不和谐，就像涓生和"雪花膏"、房东太太以及子君等主体之间的关系一样。

其次，着眼于微观个案，建立在交往理性基础上的对话需要双方的共同积极参与，需要双方的"合作"。《伤逝》中涓生和子君之间的交往悲剧从反面阐明了这一点。譬如《伤逝》中写到了主人公之间平等对话渐趋逝去时的情形："使她明白了我的作工不能受规定的吃饭的束缚，就费去五星期。她明白之后，大约很不高兴罢，可是没有说。"小说继而又叙述道："她还是点头答应着倾听，后来沉默了。我也就断续地说完了我的话，连余音都消失在虚空中了。"在这里，"沉默"其实是交往

170

① 王富仁：《中国反封建思想革命的一面镜子：〈呐喊〉、〈彷徨〉综论》，北京师范大学出版社 2000 年版，第 80—81 页。
② 赵敦华：《现代西方哲学新编》，北京大学出版社 2001 年版，第 161 页。
③ 同上。

主体之间的"不合作"——连对话的意愿都没有了。

　　3. 语用原则：和谐对话的基本要求

　　普遍语用学的基本原则要求对话双方的合作，要求对话的真诚性、平等性、可领会性等。"一个交往性的、成功的言语行为除了语言学表达的可领会性以外，还要求交往过程的参与者准备达到理解，要求他们高扬真实性、真诚性和正确性等有效性要求，并且相互地予以满足。"①

　　或者可以说，建立在交往理性基础上的对话是与"谣言"、"谎言"、"嗤笑"、"奚落"等不和谐话语格格不入的。"谣言"、"谎言"、"嗤笑"、"奚落"等不和谐话语是与真正意义上的"对话"背道而驰的。因此，不和谐话语的出现往往意味着"交往理性"的"不在场"。《伤逝》中即不乏有关"谎言"等不和谐话语的描述，例如："这在会馆里时，我就早已料到了；那雪花膏便是局长的儿子的赌友，一定要去添些谣言，设法报告的。""她说，阿随实在瘦得太可怜，房东太太还因此嗤笑我们了，她受不住这样的奚落。"以上"谣言"、"嗤笑"、"奚落"都不符合交往理性，不符合普遍语用学中话语交际的"合作"原则。"合作"原则即关于交往主体间真诚的规定性。

　　"和谐"有其真诚性要求。主体之间的真诚是与冷漠、空虚、掩饰格格不入的。很遗憾的是，《伤逝》中主人公逐渐失去的正是主体之间的真诚，取而代之的是"冷漠"、"空虚"、"掩饰"等人际交往的不和谐因素。譬如小说中写道："我知道我近来的超过她的冷漠，已经引起她的忧疑来，只得也勉力谈笑，想给她一点慰藉。然而我的笑貌一上脸，我的话一出口，却即刻变为空虚，这空虚又即刻发生反响，回向我的耳目里，给我一个难堪的恶毒的冷嘲。子君似乎也觉得的，从此便失掉了她往常的麻木似的镇静，虽然竭力掩饰，总还是时时露出忧疑的神色来，但对我却温和得多了。"这里，一连串使用了"冷漠"、"忧疑"、"勉力"、"空虚"、"冷嘲"、"掩饰"等表示消极意义的与主体精神状态有关的谓词。这些都表明，其时主体间已经远离交往理性了。

171

---

　　① ［德］尤尔根·哈贝马斯：《交往与社会进化》，张博树译，重庆出版社 1989 年版，第32 页。

语言和谐还意味着主体间的平等。《伤逝》的主人公曾经有过平等交流自由交往，至少在观念上如此。主人公子君曾经表示："我是我自己的，他们谁也没有干涉我的权利！"而且，这一同样的话语在《伤逝》中复现了两次。无疑，"我是我自己的，他们谁也没有干涉我的权利！"表达的是对"没有控制的交往"的诉求，如前所述，"没有控制的交往"正是哈贝马斯交往理性的基本要义。问题在于这只是主体间交往的"过去时"，涓生和子君后来的悲剧昭示人们：主体间的不平等与语言交流的不和谐相伴相生。

综上，真诚、平等以及对话是交往理性的基本要求，而这些也是语言和谐的表现，语言和谐是交往理性的题中应有之义。涓生与子君由起初的和谐至最终的悲剧主要是因为平等对话的缺失。鲁迅《伤逝》昭示的是交往理性的"伤逝"。《伤逝》告诉我们，人与人之间乃至社会集团与社会集团之间、社会阶层与社会阶层之间不能"隔膜"，而要和谐对话。

最后，有必要指出，在《伤逝》所处的时代，缺乏基于交往理性的对话的语境因素，鲁迅自身在某些语境下似乎也并没有真正很好地实践理性交往。但这似乎并不妨碍鲁迅等知识分子对于和谐对话的渴求，也不妨碍鲁迅等知识分子对基于和谐对话的交往理性的期待。从这个意义上似可以说，我们这里有关《伤逝》主题的诠释并不算是"过度诠释"。

（三）《伤逝》的主体交互性解读

《伤逝》常读常新。"由于《伤逝》文本的歧义性和创作背景的特殊性，《伤逝》成为鲁迅研究中被不断言说的一个热点问题。"[1]

在我们看来，正因为"《伤逝》文本的歧义性和创作背景的特殊性"是《伤逝》成为"鲁迅研究中被不断言说的一个热点问题"的充分条件，所以，对于《伤逝》文本的解读就应该是《伤逝》研究的一个首要问题。

对于《伤逝》文本的解读可以借助于哈贝马斯基于交往理性的普遍语用学的有关理论和方法，可以从普遍语用学所关注的意义、体、时、人称等方面重新解读诠释《伤逝》中交往主体的主体交互性。如果我们把人赖以生存的"生计"及其有关的问题视为"客体"的话，则人们关

172

---

[1] 宗先鸿：《论〈伤逝〉的创作意图与人物原型》，《鲁迅研究月刊》2005年第11期。

于《伤逝》的解读常常关注的是其揭示出来的主体与客体的交互性。例如，有论者指出，"'五四'时期勇敢地冲出旧家庭的青年男女，眼光局限于小家庭凝固的安宁与幸福，既无力抵御社会经济的压力，爱情也失去附丽，只能又回到旧家庭中"①。

这种看法强调的是社会经济之于主人公命运的影响，这种观点不乏真知灼见，但是，古往今来，贫贱夫妻相濡以沫、白头偕老的却不在少数，这至少表明，造成《伤逝》悲剧性结局的原因并不仅仅是物质经济上的匮乏。毕竟，"物质力量的匮乏必须由精神力量的充实来弥补，群众基础的不足必须由个人意志的坚毅来支持"②。

物质力量匮乏时更需要主体精神上的沟通，更需要自觉的、平等的、真诚的对话。再者，"眼光局限于小家庭凝固的安宁与幸福"毋宁说是"'五四'时期勇敢地冲出旧家庭的青年男女"缺乏更大范围的人际交往的一种表现。

在我们看来，《伤逝》相对于主客交互性而言更注重主体交互性。事实上，小说《伤逝》文本不是以情景、环境、情节等主客交互所形成的复杂曲折关系取胜。《伤逝》的悲剧在一定意义上源自主体理性的"不在场"，"伤逝"或许可以说是主体交往理性的伤逝。尤尔根·哈贝马斯（Jürgen Habermas，1929—）创立了普遍语用学背景下的社会交往理论。哈贝马斯提倡"在合理的社会交往中互相理解，达到和谐一致"。③

前文已论及，人际和谐是交往理性的基本要义和旨归。《伤逝》其实描述的是普遍语用学背景下基于主体交互性的对话的"伤逝"。和谐地对话，在对话中正当、平等、真诚地交流与"合作"有助于交往主体间消弭误解、化解危机。人际和谐离不开交往理性。《伤逝》悲剧的酿成，在一定意义上可说是基于对话的交往理性的"伤逝"。这从以下几个方面似可看出。

173

---

① 钱理群、温儒敏、吴福辉：《中国现代文学三十年》修订本，北京大学出版社 1998 年版，第 39 页。

② 王富仁：《中国反封建思想革命的一面镜子：〈呐喊〉、〈彷徨〉综论》，北京师范大学出版社 2000 年版，第 84 页。

③ 赵敦华：《现代西方哲学新编》，北京大学出版社 2001 年版，第 158 页。

1. 悔恨：主体间交往的"体"

悔恨往往是对本应该、本可以做到、做好而未果的事情的检讨和自我谴责。涓生的悔意愈深愈发表明，涓生和子君之间的交往理性是本可以、本应该维系下去的。涓生的忏悔较为深刻地表明了交往理性较之于工具理性更具心理现实性。

小说开篇即云："如果我能够，我要写下我的悔恨和悲哀，为子君，为自己。"小说随后更有进一步的说明："我愿意真有所谓鬼魂，真有所谓地狱，那么，即使在孽风怒吼之中，我也将寻觅子君，当面说出我的悔恨和悲哀，祈求她的饶恕；否则，地狱的毒焰将围绕我，猛烈地烧尽我的悔恨和悲哀。""我将在孽风和毒焰中拥抱子君，乞她宽容，或者使她快意……"应该说，主人公涓生的后悔是真诚的，这就恰好说明了过去本应该做好，而实际上没有做好——没有"完成"，属于语言学上的"未完成体"，平等对话的成功和有效恐怕主要是建立在"完成体"的基础上，否则就未必是平等的，未然的、未完成的事实很难说是建立在理性意义上的平等事件。我们知道，英语中常常用"should＋have＋过去分词"表示本应该做而没有做的事情，其中的"have＋过去分词"就是一种完成体，这里，一定意义上的"悔意"其实与自然语言的"体"密切相关，汉语虽然缺乏表示"体"这一范畴的形态特征，但是"后悔"与"体"的语法意义在所指上仍然存在着关联。

悔恨即表明了交往行为的不成功。"一个交往性的、成功的言语行为除了语言学表达的可领会性以外，还要求交往过程的参与者准备达到理解，要求他们高扬真实性、真诚性和正确性等有效性要求，并且相互地予以满足。"① 不妨说，"满足"即是一种完成体，可是《伤逝》中的主人公之间就恰恰缺乏这种建立在交往理性基础上的"满足"。因此，主人公陷入了虚空，因而表现出了极度的悔恨之意，小说中描述了这种心理状态："但是，这却更虚空于新的生路；现在所有的只是初春的夜，竟还是那么长。我活着，我总得向着新的生路跨出去，那第一步——却

174

---

① ［德］尤尔根·哈贝马斯：《交往与社会进化》，张博树译，重庆出版社1989年版，第32页。

不过是写下我的悔恨和悲哀，为子君，为自己。"但恰恰是这段话较为隐晦地蕴涵了双方协调的不可能，因为主人公之所以悔恨，实际上还是为了"我总得向着新的生路跨出去"，似乎并不仅仅是为了对方的谅解，其在一定程度上是为了取得自己心灵上的某种"解脱"，这种求乞心灵上的解脱恐怕应算作他们"对话"的一种成果——如果我们把"悔恨"也算是涓生与已去世的子君的"对话"的话。诚如哈贝马斯所强调的，人们行为的协调应以共同的规范为基础，"而共同的规范是由人的统一认识促成的。实现这一目标的方法就是对话。对话应以相互谅解为目的，而不能以追求自己取得成果为目的；抱着这种目的的人，是不会开诚布公地同他的伙伴进行诚实对话的，是不会同对方进行协调行动的，因此也就无法同对方建立起和谐的关系"①。

"以相互谅解为目的，而不能以追求自己取得成果为目的"无疑是就对话的方式而言的，强调了对话的整个过程中的双方的"交互性"，不能仅仅顾及自己一方的"私利"。由此可见人际和谐与对话的密切关系，这同时也阐明了对话的方式应该是平等的、合作的、和谐的，由此可见人际和谐与交往理性之间的内在关联。

2. 伤逝：基于普遍语用学的主体间交往的"时"

《伤逝》的故事，是叙述者"我"通过回忆往事来叙述的。"《伤逝》中子君的死兼有《祝福》和《孤独者》同类因素的两种职能：一方面，它促进了涓生对以往生活经历的回溯；另一方面，它也加强了读者再次回味她的人生道路。"② 这种时态错位的叙事方式，无疑可以在一定程度上弥补作为文本的小说作品在叙述上的线性局限性，这不妨说是作者的一种叙述策略。

这种由"现在时"而回溯"过去时"的叙述策略无疑有助于凸显人际交往事实上的非线性特征。

小说首先回忆道："这是我们交际了半年，又谈起她在这里的胞叔

175

---

① ［德］尤尔根·哈贝马斯：《认识与兴趣》，郭官义、李黎译，学林出版社1999年版，第8页。

② 王富仁：《中国反封建思想革命的一面镜子：〈呐喊〉、〈彷徨〉综论》，北京师范大学出版社2000年版，第408页。

和在家的父亲时，她默想了一会之后，分明地，坚决地，沉静地说了出来的话。其时是我已经说尽了我的意见，我的身世，我的缺点，很少隐瞒；她也完全了解的了。这几句话很震动了我的灵魂，此后许多天还在耳中发响，而且说不出的狂喜……"显然，彼时，主体之间是坦诚的，是一种典型的没有控制与被控制的交往，此时交往主体是和谐的。但是，这种情形有其时间限制，"这是我们交际了半年"的时候发生的事情，小说《伤逝》其实在自觉或不自觉地提醒读者注意交往主体交际的"时态"变化。

饶有意味的是涓生回忆到了作为交往主体的另一主人公子君的"回忆"："她却是什么都记得：我的言辞，竟至于读熟了的一般，能够滔滔背诵；我的举动，就如有一张我所看不见的影片挂在眼下，叙述得如生，很细微，自然连那使我不愿再想的浅薄的电影的一闪。夜阑人静，是相对温习的时候了，我常是被质问，被考验，并且被命复述当时的言语，然而常须由她补足，由她纠正，像一个丁等的学生。"这恐怕是一种"过去时"的"过去时"，这种叙述策略对于人物复杂心理的刻画可谓入木三分，同时亦有利于凸显主人公之间的交往历程。此外，小说还强调指出：她"记得""我的言辞"，这似乎暗合了交往理性对于语言的重视，对于诉诸语言的理解和误解的关注。

果然，小说回忆起交往主体之间的"议论的冲突和意思的误会"："我们在会馆里时，还偶有议论的冲突和意思的误会，自从到吉兆胡同以来，连这一点也没有了；我们只在灯下对坐的怀旧谭中，回味那时冲突以后的和解的重生一般的乐趣。"交往主体之间存在误解恐怕是在所难免的，但是，误解可以随时间的流逝"和解"，也可以随着时间的流逝进一步地"误会"下去。如果要消弭误解，恐怕最为主要的方式和最为有效的途径仍然是对话。可是，《伤逝》的主人公连对话的意愿都没有了，这不能不说是一种悲哀。小说这样写道："管了家务便连谈天的工夫也没有，何况读书和散步。我们常说，我们总还得雇一个女工。"涓生和子君之间没有"工夫"来"谈天"，在表面上看是一个时间问题，其实质则蕴涵了二者交往理性的悄然逝去。

具有悲剧意味的是，交往主体之间最初建立起来的和谐出现危机时，他们不是选择对话，而是选择了沉默，小说中有这样的描述："她只看了我一眼，不开口，神色却似乎有点凄然；我也只好不开口。然而她还是这样地操劳。"再有，"只有子君很颓唐，似乎常觉得凄苦和无聊，至于不大愿意开口。我想，人是多么容易改变呵！"由对话而缄默是一种改变，这里"改变"的其实是：随着时间的推移主体间的和谐对话已经不再如初了。

随着时间的流逝，他们的"冷战"还在继续，但终于有了"对话"："'奇怪。——子君，你怎么今天这样儿了？'我忍不住问。'什么？'她连看也不看我。'你的脸色……。''没有什么，——什么也没有。'"但是很显然，这次对话是不成功的，它违背了对话过程的"合作原则"，而这是不符合交往理性的，是不和谐的对话。

应该说，小说在叙事"时态"上的错位作为一种叙事策略并不是鲁迅的独创，但是在普遍语用学背景下考察之，则势必可以读出小说所揭示的主体间交往历程的非线性特征，对话过程本身是非线性的，它凸显了主体交互性。值得一提的是，其中"过去时"的"过去时"更具悲剧意味，更发人深省。

3."我"及其他：普遍语用学视阈中的"人称"

第一人称形式和第三人称形式可看作"为我"和"为他（她）"及"谓我"和"谓他（她）"的能指标记。《伤逝》文本很重视表述人称的使用。例如："'那算什么。哼，我们干新的。我们……'她说。"在这一个话语片段中，后一个"我们"形成一个较为特别的"光杆"代词独词句，并且，在文本线性组合中，另一个"我们"与之在能指形式上仅仅相隔三个音节（汉字）。不难理解，该例代词的使用富有意味。据我们初步统计，《伤逝》①中第一人称代词的单数形式"我"共出现271例，第三人称单数形式"她"和"子君"共见174例，这两种人称单数形式于《伤逝》中出现的总和为445例，第一人称代词单数形式出现的次数与这一总和之比为0.61：1，而第三人称单数形式"她"和"子君"出现的次数与第一人称代词单数形式出现的次数之比为0.64：1。

177

---

① 《鲁迅全集》第二卷，人民文学出版社1981年版，第110—131页。

这一情形如表 1 所示。

表 1　《伤逝》中单数第一人称代词和单数第三人称代词使用次数对照

人称代词	第一人称代词单数形式（"我"）	第三人称代词单数形式（"她"和"子君"）
使用次数	271	174

第三人称单数形式"她"和"子君"出现的次数与第一人称代词单数形式出现的次数比例恰好较为接近"黄金分割律"（0.618：1）。这种情形似不是偶然的巧合！

一般说来，黄金分割律体现的是一种和谐。鲁迅在《伤逝》中主要使用的人称代词即第一人称和第三人称形式，作为能指形式的单数第一人称和第三人称形式的比例和谐在一定意义上蕴涵着作为所指的人际关系的和谐。而《伤逝》是以对过去充满悔恨的"手记"形式叙述的，"手记"文本中"现在时"的人际和谐实质上言说的是一种"应该"状态，是一种"未然"的状态，而不是"实然"状态，这恰好说明了交往主体过去已然的不和谐。

诚如有论者所指出的，"第一人称经验自我的叙述，在鲁迅的小说创作中并不少，如《狂人日记》《故乡》《社戏》《兔和猫》等……如果说《故乡》《社戏》的叙述是一种无迹可求的自然形态（因而具有散文的朴素自然），那么，《伤逝》的叙述，则更多体现了作者的刻意求工，富于语言与叙述的修辞性"[①]。而这种能指形式所对应的所指似更不宜忽略：它至少表明，"他人"与"自我"之间怎样才是真诚的、平等的，应该说，以主人公涓生的"手记"的形式写出的文字更具真实性，如前所述，这种真实性是在他们的交往实践中不曾存在的，它顶多只具有心理现实性，而这恰好说明了作为文本的指称上的和谐的可能性。"一个言说者用以言说其意向的真诚性，却可以通过与强调陈述的真实性以及人际关系的正确性（或适当性）的方式相同的方式，在交往行为的水平

178

---

①　杨联芬：《叙述的修辞性与鲁迅的女性观——以〈伤逝〉为例》，《鲁迅研究月刊》2005 年第 3 期。

上得到强调。真诚性保证主体在语言中呈示自身的透明性，它特别在语言的表达式（expressive）运用中受到重视。范例则是第一人称的语句，这种语句揭示了言说者的愿望、感觉、意向等（它们在每一个言语行为中被附带地表达出来）……"①

由此可见，以"手记"第一人称表述的方式通过特定的"时态（时）"回溯的积极意义。

以上我们从普遍语用学所关注的意义、体、时、人称等方面解读诠释了《伤逝》中交往主体的主体交互性。交往理性是在普遍语用学的背景下提出的，而哈贝马斯普遍语用学的一个基本范畴即对话，在对话中正当、平等、真诚地交流与"合作"。不妨说，《伤逝》其实描述的是普遍语用学背景下基于主体交互性的对话的"伤逝"。

如前所述，《伤逝》作为鲁迅的唯一的一部爱情题材小说，鲁迅写"爱情"似并不是纯粹为了写爱情婚姻而写婚姻爱情，它应该可以给普遍人际交往以启迪。

一般说来，夫妻是人际交往中最为亲密的主体间关系之一，一旦夫妻间的交往不符合交往理性了，夫妻间的不和谐可能就会接踵而至，就像涓生和子君那样。和谐地对话在交往主体间消弭误解、化解危机的意义不容忽略。夫妻尚且如此，其他交往主体间势必更应该正当、真诚、平等地合理性交往了。毕竟，夫妻是家庭的典型成员，而家庭则是社会的基本单元。这样看来，《伤逝》似乎更具有普遍主体交互性意义：人际和谐离不开交往理性。

二　语篇的主体交互性解读：以《因为女人》为例

与《伤逝》同为知识分子小说（知识分子写的反映知识分子生活的小说），《因为女人》②是阎真教授继《沧浪之水》之后的又一部长篇小

① ［德］尤尔根·哈贝马斯：《交往与社会进化》，张博树译，重庆出版社1989年版，第58—59页。

② 阎真：《因为女人》，人民文学出版社2007年版。

说，它描写了当代知识女性柳依依与几个男人的情感交往以及伴随而生的各种交往上的危机与困境。作品讲述的是一个纯情女生终成旷世怨妇的悲剧，作者希望借此来阐释女性作为一个弱势群体与生俱来的被动性，以及男女交往过程中交往理性的"伤逝"，作者希望以此引起社会的反思，为当代女性走出交往困境寻求出路。

概言之，阎真《因为女人》以生动的笔触深刻地描写了女人与男人的交往困境，以形象的方式指出了男女的不平衡博弈是困境形成的主要原因，《因为女人》等作品给人们的启示是：在交往理性这种商谈论理学支配下的交往是男女、尤其是女人走出困境的必要条件。从古至今，女性的维权似乎从来没有停止。但不可否认的是，在物质文明飞速发展的今天，女性的地位得到了很大的提高，然而，在爱情、婚姻、家庭等问题里备受困扰的女性仍然不计其数。那么，她们的命运、她们与男性的交往困境究竟是不是从出生的那一刻起即被注定了呢？阎真教授的新作《因为女人》对此作出了深刻诠释。

（一）女性与男性的交往困境

正如该书的责任编辑杨柳《读阎真新作〈因为女人〉》所指出的，"看了小说，你会知道，作为一个生活在大学校园中的男性作家，阎真是怎样精确细致地再现了当今知识女性复杂而矛盾的内心世界"。这种复杂而矛盾的内心世界其实说到底是一种交往困境。小说的女主人公柳依依曾是一所财经大学的学生。起初，她年轻、漂亮，对爱情充满了信仰，充满了憧憬，并且曾坚信男女之间的一切都是以爱情为基础的，所以当时的她并没有加入室友苗小慧、闻雅等人的"青春拍卖"大合唱。但是，这所有的一切随着几个男人的闯入而发生了质的变化。故事从柳依依的第一个男人夏伟凯开始，那是一个在万花丛中游刃有余的男人，他阳光、帅气、健康，以致柳依依被轻而易举地引入他精心策划的迷局之中。或许，他对柳依依是有感情的，但这种感情是建立在永无止境的兽欲之上的。不幸的是，在夏的无休止的进攻下，柳依依最终妥协了。殊不知，这只是在爱情华丽外衣包装下的一场游戏，而她只是被看作一个尚未被拆除封条的男性消费品。柳依依的悲剧正是从此时拉开了序幕。

秦一星是柳依依悲剧人生中的另一个重要人物。那是一个包养了柳依依五年的男人。作品曾指出，女人生命中的精华只有十年，而秦一星则贪婪地占有了柳依依的一半青春。其实，无论从哪方面来说，秦一星都算得上是一个成功的男人，他有钱，也有权，在包养柳依依的五年间，给了她一个安身立命之所，并支持她考了研。他经常以爱的名义向柳依依提出非分的要求，对此，柳依依也非常配合，每天他们似乎都在做着交易，男的付出赡养费，女的支出自己的身体，这种交易注定不会太长久，毕竟，再倾国倾城的花容月貌也有年老色衰的时候。所以，在柳依依即将芳华落尽、光彩不再照人时，男的以各种冠冕堂皇的理由将柳依依推向其他男人的怀抱也就成了理所当然。作品告诉我们，男女的生而不平等决定了女性的悲剧命运，而这种不平等的表现则是女性所面临的交往困境。

故事发展到后来，柳依依嫁给了一个曾经真心爱她的男人——宋旭升。他出身贫寒，生活拮据，也很爱斤斤计较。同时他也是一个思想保守的人，在婚后他以高度警觉的态度密切注视着柳依依身边出现的每一个男人，因而也时常会发生一些令人啼笑皆非的闹剧。可是，随着宋的发达，那些情感剧再也没有上演，宋旭升自己未能抵制住诱惑而外出偷腥。柳依依的战斗自此开始，与宋旭升，也与她自己。此时，婚姻已成为一株枯木，无奈枯树已结出苦果，难以自拔。

特别值得关注的是，作者阎真教授对女性所面临的困境的描写的确令人拍案叫绝。"阎真是个写困境的高手。六年前，他在《沧浪之水》里写了公务员池大为的困境。"① 在这部新著《因为女人》里，他对处于物欲混合的男女关系旋涡中难以自拔的女性的心理进行深入而细致的刻画，一针见血地揭示出部分在爱情中处于弱势地位的女性内心的挣扎与苦闷。"丝丝入扣的心理刻画，富于张力和韵味的人物对话，天马行空般的语言想象力，以及妥帖周到的氛围渲染——当这一切与学者式的思考近乎完美地结合，小说的艺术品位和精神冲击力自然不在话下。"② 作者时时在作"学者式的思考"，诚如作者所言："这是一部必须要写的

181

---

① 杨柳：《读阎真新作〈因为女人〉》，见阎真《因为女人》，人民文学出版社 2007 年版。
② 同上。

小说，我看了太多、听了太多、想了太多，不写出来难以心安。"① 正因为如此，所以"男性作家中，能把纯情女生终成旷世怨妇的女性悲剧演绎得如此景致细腻的，恐怕只有阎真教授了"（周昌义语，阎真《因为女人》封四）。之所以作者"不写出来难以心安"，恐怕还主要是因为作者已然把男性的困境描写得十分透彻了，而对男人的另一半——女人——的困境的描写就自不待言了，或者可以说，作者对男性困境的描写越成功，则其越有可能、愈有激情、更有必要描写女性困境。

（二）男女的不平衡博弈：困境形成的主要原因

如果说，《沧浪之水》和《曾在天涯》主要描写的是男性的困境的话，《因为女人》则主要描写的是女性的困境，二者在这个意义上形成姊妹篇，我们只有着眼于作家的已有全部力作，才有可能更透彻地理解其描写的困境。我们这里的讨论即以《沧浪之水》的存在为默认的前提。

在《因为女人》这部小说中，人物薛经理曾提出这样一个观点：女人的青春是有价的，而这种价值需要得到最大限度的体现；青春不是人民币，不能存在银行保值，也没有利息。换言之，青春是女人的全部价值，并且这种价值只有在男人身上才能得到体现。当青春消逝，女人的命运注定悲哀，或是苟延残喘地维系一段物与欲的交易，或是潇洒放手，独自捧着岁月的残灰顾影自怜。《因为女人》告诉我们，女性的悲剧是男性与女性之间不平衡博弈的结果。

首先，困境源于当代青年知识女性人生价值定位上的失衡。的确，青春靓丽是女人的资本，不过，除此之外，女性、尤其是当代知识女性的气质和智慧等后天因素也不应该被自觉或不自觉地抹杀。应该说，岁月的风尘并不能掩盖女性的独特气质，相反，她们会随着时间的推移而愈发成熟动人。女性的美是多方面的，并且会在不同的时间段展现出不同的特质。《因为女人》在一定意义上告诉人们，女性交往困境的形成是"因为男人"，因为男人们缩短了衡量女性价值的标尺，单从青春这一方面去审视女人，而女人们也潜移默化地接受了这一"潜规则"，纷

---

① 杨柳：《读阎真新作〈因为女人〉》，见阎真《因为女人》，人民文学出版社 2007 年版。

纷以捍卫青春为己任，这似乎是一种集体无意识。

其次，困境源于爱情与婚姻的失衡。柳依依曾有过真诚的爱情，但就是这场有真情投入却没有结果的恋爱摧毁了她的爱情观，让她改变了对男人的看法。随着爱情观的偏颇，柳依依在其后的男女交往中势必不再具有交往理性了。事实上，她迷茫、挣扎、徘徊，却找不到爱情和婚姻的平衡点。有人说，爱情是过程，婚姻是结果，真是这样吗？"过程"与"结果"究竟是连续的，还是离散的？与其说困境缘于爱情与婚姻的失衡，不如说女性悲剧是找不到合理支撑爱情和婚姻的"支点"，看不清过程和结果的"连续统"。

最后，困境源于男女性别符号与社会语境的不平衡互动。如果说，男女性别是一种社会符号，则它们必然要与社会语境相互作用。但问题就在于，二者互动的作用力是不均衡的，常常偏向于男性这一边。这种失衡的结果是，有些女性出现个性的扭曲，人格的异化。有些女性因此过着"另类"人生。柳依依是在物欲的诱惑下一步步走向深渊的。与薛经理的接触使她心中潜藏的物欲被撩拨出来，豪华的宾馆、舞厅、汽车等"身外之物"（社会语境）让这个从小县城来到省城的女孩儿眼花缭乱，无法自拔。此外，苗小慧、阿雨等已经深陷其中的女性对柳依依的诱导使得她不断朝物欲的方向倾斜。而毫无家庭背景与经济实力的她所选择的满足物欲的方法就是将自己作为成功男性的消费品，用身体与之进行交换。

特别值得一提的是，小说中有一个极具讽刺性的叙事不可忽略：即吴安安这个曾经的丑小鸭居然成了她们当中最幸福的人，究其原因是吴安安并不具备充当男性高档消费品的"能力"，她最终过上了一个平凡小女人的平凡生活。吴安安与以男性为主导的社会语境保持着特定的距离，而不是简单地被动地适应这个社会语境。或者可以说，吴安安在与男性的博弈过程中保持了常态，既不主动，也不被动，不偏不倚，她使我们看到了女性走出交往困境的一丝曙光。

（三）交往理性：女性走出困境的必要条件

应该说，《因为女人》想要表达的是当代女性、尤其是知识女性如何面对、如何走出交往困境。书中的女人除了"丑小鸭"吴安安，

183

似乎都是以自己仅有的几年青春与男性进行交换以满足自己的物欲，最终却又被岁月雕刻成满脸皱纹的怨妇，男人则多为利用财势换取女人的青春以满足自己的欲求而等到女人的青春被榨干后又弃之不顾另觅新欢的薄情郎。如上所述，书中男女之间的交往是不平等、不真诚、不自在的，女性走出困境的一个十分重要的必要条件是合理地与男性交往、理性地与社会语境互动，像书中着墨不多却十分重要的人物形象吴安安那样。

作者阎真教授曾指出，"把女性的性别气质和心理特征仅仅描述为文明的结果，就无法理解她们生存的真实状态。在这里，文明不仅仅是由传统和习俗形成的。在这个意义上我们可以说，性别就是文化"①。性别，是一种文化符号，它必须植根于特定的社会文化语境之中，并且与之保持着互动（相互作用）。这种互动需要"交往理性"的支配。

同样是描写男女交往困境，鲁迅的《伤逝》和《因为女人》颇有些共性，如前所述，《伤逝》不太注重主客交互性，而比较注重描写和刻画主体之间的主体交互性，《因为女人》在一定意义上亦然。《伤逝》和《因为女人》均描写了青年知识女性的困境。所不同的是二者的社会语境不尽相同，《伤逝》描写的是"'五四'时期勇敢地冲出旧家庭的青年男女"及其生存境遇，②而后者则是当今社会的城市"新贵"青年（之所以说"新贵"，是因为他们的"出身"其实并不是"豪门"）及其生存场景。

阎真《因为女人》以及作者此前出版的《沧浪之水》，还有鲁迅《伤逝》均以文学典型、以婚姻家庭生活、以男女感情交往历程昭示人们，"交往活动是最普遍、最重要的活动，它要求真实性、正当性和真诚性的统一"③。交往理性是人们、尤其是女性走出困境的必要条件。

否则，违背交往理性，就意味着悲剧的诞生。"违反交往的理想规

---

① 阎真：《因为女人》，人民文学出版社 2007 年版。

② 钱理群、温儒敏、吴福辉：《中国现代文学三十年》修订本，北京大学出版社 1998 年版，第 39 页。

③ 赵敦华：《现代西方哲学新编》，北京大学出版社 2001 年版，第 160 页。

范意味着对不平等、被控制地位的认可，这不仅关系到是否能达到交往的目的（取得认识一致性）的认识论问题，而且更重要的是关系到人们日常生活方式的伦理学问题，交往行为理论实际上是一种'商谈伦理学'。"① 只有受交往理性这种"商谈伦理学"支配的男女交往才可能是幸福的、恒久的、有意义的。

以上我们在语料的选取上由近代的《红楼梦》《西游记》《三国演义》《水浒传》到现代的《雷雨》《伤逝》及当代的《因为女人》，由词、短语、句子而篇章，探讨了有一定代表性的文艺体作品中叙事对话与语用逻辑之间的关联。

185

---

① 赵敦华：《现代西方哲学新编》，北京大学出版社 2001 年版，第 161 页。

第四章

事务体作品中的叙事对话与语用逻辑

前文已述及，"叙事"之"事"包含事理、事情、事件、事务等。如果说谈话体（此处尤指先秦诸子散文所表现的语体）主要叙的是"事理"，艺术体主要叙的是"事情""事件"，则大致可以说事务体主要叙的是"事务"。当然，事务一般应以事理为基础，可以包括事件等。如果说，谈话体和艺术体话语重在灵便灵动，则不妨说事务体话语重在规约规范。

法典属于事务体，事务体也需要对话。事务体言语作品（话语篇章）在一定意义上是叙事对话的结果。作为事务体作品之法典的叙事性相对而言不是太明显，其对话性亦不甚明显，这种情形似在客观上从另一方面佐证了叙事与对话的关联。

法典是典型的书面语，法典不同于词典，法典是语境中的文本。法典可看作一种多主体共时和历时对话文本，因为法典的制定、修改和适用都不应该是单主体的，即法典无论是其起草还是修改，都应是多主体的，这种情形下的对话可以是直接对话，也可以是间接对话。除了叙事性，法典还体现出一定的规范性，在一定意义上受语用逻辑支配。

第一节　规范性话语建构与文本语境：
以宪法法典为例

　　法典，即成文法法律文本，在我们看来，法典是典型的书面语，也是较为成熟的文学语言，"文学语言，又称标准语，是现代汉民族语言中经过高度加工并符合规范化的语言"[①]。法典建构是一种语用行为，是一种叙事对话，受语用逻辑支配。应该说，对法典这种典型文学语言的充分认识具有法理学、修辞学等方面的理论意义和法典建构、法典理解、法典适用等方面的实际意义。

　　宪法文本是国家最重要的法典，本节主要着眼于宪法文本的起草与修改，用例主要取材于全国人大常委会办公厅研究室政治组编著的《中国宪法精释》。该著翔实地解释了中华人民共和国宪法序言和条文，并对宪法文本起草和修改的立法原意做了较为权威的说明，正如该著的《说明》所明确指出的，该书"力求从立法原意加以说明，当时制定、修改宪法时为什么要这样规定，以及讨论中的主要观点，都尽量加以介绍"。又如程湘清在给《中国宪法精释》所作的《序》中指出的，"本书以比较翔实的史料公开披露共和国的缔造者们精心设计、精心制定我们人民共和国宪法的过程，以及其后宪法随共和国的发展而修改的历史沿革"。因此，材料具有一定的可信度。

　　本节将撷取有关材料，从修辞学、语用逻辑的角度考察文本语境下的法典建构、理解。法典建构主要包括法典的起草和修改，法典起草和修改的旨归是法典理解，法典理解的重要目的是法律适用。在一定意义上可以说，法典建构、理解、适用是统一的。法典修改的目的是为了更有效地理解，包含修改的"建构"亦然，法典建构总是在一定的文本语境中进行的。

187

　　[①]　黄伯荣、廖序东：《现代汉语》（增订四版），高等教育出版社2007年版，第2页。

　　我们认为，所谓法典建构，是兼顾了法典理解和法典适用的修辞行为。无论是外在的，还是内在的，语境是法典建构的重要动因。

一　法典：作为语境中的规范性话语

　　一般说来，成文法靠语言来表述，并以文字记载下来。值得注意的是，这里所说的"语言"是自然语言。自然语言本身是可能存有歧义的。而语境是消除歧义的一个重要手段，甚至可以说是某种意义上的消除法典歧义的天然手段。毕竟，法典是不可能以单独的语词形式存在的，法典不同于词典，法典从来都是以条款的形式上下前后浑然一体的。也就是说，法典首先是且最后必定是语境中的文本。"所谓语境，包括社会情境、自然环境及上下文。分析起来有：（1）联系说话时的情境；（2）利用时间地点等条件；（3）利用自然景物特点；（4）适合说话人和听众读者的关系；（5）适应听众读者的情况；（6）照顾上下文的关系等项。"① 另有论者指出，语境"①指上下文。词、短语、句子都可以有语境。例如'一边站着一个孩子'可以理解为一个孩子，也可以理解为两个孩子，但是下文如果是'看来年纪都很小'却只能理解为后者。这里的语境使句子避免歧义。②除了上下文之外，还包括说话的环境，甚至包括言语的各种有关背景，例如风俗习惯、个人修养、交际目的，等等"②。

　　以上关于语境的界定与分类，可以简单概括为文本语境与非文本语境。因为文本语境与法典建构的关系更为直接，故笔者在本文中主要讨论文本语境之于法典建构的重要意义。

　　文本语境的作用的发挥有且只有诉诸人（这里尤指接受者）的理解或解释。比如我们上文所援引的张涤华、胡裕树、张斌、林祥楣诸先生的《汉语语法修辞词典》在界定"上下文语境"这一概念时所举的一个例子，"'一边站着一个孩子'可以理解为一个孩子，也可以理解为两个

---

① 张弓：《现代汉语修辞学》，河北教育出版社1993年版，第2页。
② 张涤华、胡裕树、张斌、林祥楣：《汉语语法修辞词典》，安徽教育出版社1988年版，第505页。

孩子，但是下文如果是'看来年纪都很小'，却只能理解为后者"。《汉语语法修辞词典》接着分析说"这里的语境使句子避免歧义"。《汉语语法修辞词典》同时还给出了一个例子，即"例如'多少'这个词，在动词前边（你多少喝一点儿），倾向于表示'少'。在名词前边（旧社会多少人受苦受难），倾向于表示'多'"①。

以上例子表明上下文作为语境出现是供主体理解时用的，是帮助人们更好地、更准确地理解的。显然，如果没有主体的理解并发挥主导性的作用，文本语境的作用将没有办法得以体现。可见，法典理解与语境的密切关系，法典理解总是在特定语境中发生的。

进一步说，法典的建构、理解、适用形成法治的基础，法治也是与语境密切相关的。"法治的存在、发展与运行总是在一既定的公共话语或者语言环境之中展开的，同时它也需要并产生着支持它自身的存在、发展与运作的公共话语体系。公共话语的形成以人的私人生活与公共生活领域的相对独立与区分为前提，以社会活动主体广泛的对话与交往为条件。"②

之所以法治的存在、发展与运行总是在一既定的公共话语或者语言环境之中展开，主要是因为：第一，在中国判例法无拘束力，因此主要诉诸法典法治才能得以实施；第二，法典的文本总是成系统的，既为系统就绝不会是零碎的，也就是说，法典文本必定不是孤立的、静止的，它势必有其环境，并且必然是动态的；第三，动态的法典文本为法典理解提供了可能，而语境也是动态生成的，这样，动态的语境下的法典理解就具有心理现实性。动态语境中的法典理解在某种意义上即可视为法典建构。

文本语境语用功能的发挥，需诉诸整体。在一定意义上可以说，法典是法律条文的集合。"法律条文在成文法中被相互关联地排列在一起，并由法律概念或用语组成。法律条文一般不单独发挥对社会调整的规范功能。当若干个法条组成较为完整的行为规范时，它才发挥其调整功能。"③ 这里"较为完整"其实强调的是法典的整体语境。

189

---

① 张涤华、胡裕树、张斌、林祥楣：《汉语语法修辞词典》，安徽教育出版社 1988 年版，第 505 页。

② 姚建宗：《法治与公共话语》，《吉林大学社会科学学报》2001 年第 1 期。

③ 陈金钊：《法律解释的哲理》，山东人民出版社 1999 年版，第 203 页。

文本语境可以简单地分为篇章语境、段落语境、句子语境三级，其中篇章语境包含段落语境，段落语境包含句子语境，篇章、段落、句子两两形成整体与部分或部分与整体的关系，文本语境借此表现出层级性和体系性。

二 篇章语境中的法典建构

篇章是大于段落的一级语境单位。一个篇章在整体上形成其内部每一级话语单位的语境。作为最大的一级文本语境单位，篇章语境是可以分层的。通常情况下，篇章语境可以分出"篇"、"章"、"节"三层。在法典中，整部法典可以看作一个篇章，然后又可分出"章"，"章"下面又可分出"节"。

篇章语境对法典起草和修改具有一定的制约作用。法典建构时，常常需要着眼于"篇—章—节"等不同层次。据《中国宪法精释》，"八二宪法制定修改时，总纲是否要分节。有人认为，分节清楚，层次分明，一目了然，有人则认为，总纲条文不好分节，有些条文放在哪里都可以，而且分节有的内容就很不平衡，主张分节的意见没有被采纳"①。

这里所说的"有些条文放在哪里都可以"及"有的内容就很不平衡"实际上考虑的是文本语境的协调性问题。不妨说，放到哪里都可以的条文可与"零语境"相适应，"内容的很不平衡"也主要是考虑到上下文的组合协调。"总纲"是"章"，总纲里的"条文"是"段落"，"分节"与否要在"总纲"这一篇章语境里做通盘考虑，因为它受制于篇章语境。

再如，"五四宪法制定时，关于公民基本权利和义务一章。有人主张调到国家机构一章前面。因人民的国家，应先有人民的权利，才产生代表机关和其他国家机关。再次，中国公民文化、政治水平尚不太高，

190

---

① 全国人大常委会办公厅研究室政治组：《中国宪法精释》，中国民主法制出版社 1996 年版，第50—51页。

对自己的权利义务特别关心，把它放在前面，一看就明白自己的权利义务。但起草小组同志认为，章节次序不是原则问题，把公民权利放在后面，不会贬低人民的地位"①。关于章节次序问题，其实是篇章语境的建构问题，它涉及人们对文本的理解习惯和心理定式，所以关于这一问题的讨论，"五四宪法"之后还在继续，"在八二宪法制定时，章节的排列顺序，主要争论是公民的基本权利和义务一章是放在国家机构一章前面还是后面，主张放在前面是突出国家权利属于人民，先有公民权利，才有国家权利。这种写法符合近年世界宪法的发展趋势。宪法修改委员会采取了此种意见"②。

先后顺序是相对的，是与其他上下文的组合问题，组合得是否恰切取决于人们的理解，人们可能会有的不同理解是调整适用法律条文的重要动因。

如果说以上是就法典里的"章"而言的，则比"章"小一级的"节"就显得更具体一些。例如，"八二宪法制定时，中央军事委员会是否单独成节。有人认为单独成节内容太单薄，不如放到全国人大常委会后写几句，但多数人认为这样体例不太合适，中央军事委员会是个重要的军事机关，条文虽少，也应独立与其他国家机关并列"③。

显然，这是以话语上的"并列"相似实际社会政治生活中的"并列"。"单独成节"在一定意义上乃单独建构篇章语境。显然，这种建构是因同一个篇章里上下文的相互影响而为之的。

三　段落语境中的法典建构

191

段落语境主要是指语篇中自然段落所形成的语言环境。在法典中，一般一条条文就是一个自然段，构成一个相对独立的段落语境。段落语境制约下的条文，一般要求表意集中、清晰、连贯。

---

① 全国人大常委会办公厅研究室政治组：《中国宪法精释》，中国民主法制出版社 1996 年版，第 23 页。

② 同上书，第 51 页。

③ 同上。

　　在法典里，一个段落通常可看作一个句群，因此段落语境可以构造相对独立的语义逻辑关系，人们理解每一个段落条文时会自然整体感知到其语用功能。例如，"宪法修改委员会把推广普通话作为文化教育的一项内容，放在第十九条规定，这主要是考虑到，从我国的实际情况看，推广普通话势在必行。但如果把它放在民族问题里规定，容易产生副作用，给人感觉是强行少数民族说汉话。而放在第十九条中规定，就不会产生这个问题"①。我们知道，现行宪法第十九条第五款（最后一款）规定：国家推广全国通用的普通话。第十九条是关于发展教育事业及其各项具体措施的规定。其第一款规定：国家发展社会主义教育事业，提高全国人民的科学文化水平。把"推广普通话"究竟放在哪里比较合适，这实际上需要考虑语言环境问题。因为如上所指出的，现行宪法第十九条是关于发展教育事业及其各项具体措施的规定，因而把"推广普通话"置于此显然更为和谐：语义上更为连贯，逻辑上更为严密。

　　以上是就段落语境的整体语义氛围而言的，在某一个段落语境内部，句子如何调整，也往往受制于段落语境。如现行宪法总则第三条规定：中华人民共和国的国家机构实行民主集中制的原则。现行宪法同前几部宪法相比，前几部宪法都未将民主集中制问题单独列条规定。"在制定五四宪法时，当时曾有一些同志建议，应将这个问题单独列为一条，有的主张把它作为第三条，有的则主张把它作为第十七条。……在修改宪法的过程中，许多同志都指出，民主集中制原则是一个重要的问题，为了突出其重要性，有必要把它单独列为一条规定。"②

　　如果单独列为一条，则可以弱化该条对段落语境的依赖性，弱化对段落语境的依赖性，实则强化其对篇章语境的依赖性。越是在大一级语境单位里得到强化，越是容易被"凸显"。这样调节性建构后，该条文

---

①　全国人大常委会办公厅研究室政治组：《中国宪法精释》，中国民主法制出版社1996年版，第111页。

②　同上书，第104—105页。

得到凸显强调。

四　句子语境中的法典建构

句子是话语的一个基本单位，句子内部往往表现为词与词的组合，词与词不同的组合方式形成不同的句型、句式，再配置以不同的语气，便可形成不同的句类。句子是不同组合中的语词的语境。句子语境对其内部的语词组合起着一定的制约作用。

例如现行宪法序言明文规定：中华人民共和国是全国各族人民共同缔造的统一的多民族国家。平等、团结、互助的社会主义民族关系已经确立，并将继续加强。其中，"社会主义民族关系"的定语"平等、团结、互助"在 1982 年宪法起草时用的是"团结、平等、互助"。"修宪委员会讨论时，班禅委员提出把'平等'放在'团结'前面，首先是'平等'，然后才谈得上'团结'。修宪委员会接受了这个建议。"①

之所以把"平等"置于"团结"之前，主要考虑的是在此语境下，应该是先有"平等"，然后才可能有"团结"，即无论从理论还是从事实上看，"平等"都是"团结"的一个重要先决条件。既如此，在话语顺序上就得与之一致。

上例法典建构是句子内部词语顺序的调整，调整时着眼于整个句子，"平等、团结、互助"与"社会主义民族关系"直接组合，通过词语组合顺序凸显强调特定的成分。再如，据《中华人民共和国宪法修正案》（2004 年 3 月 14 日第十届全国人民代表大会第二次会议通过）："沿着建设有中国特色社会主义的道路"修改为"沿着中国特色社会主义道路"。前后所做的改动是删除了"建设有"和"的"，修改前后语义内容没有太大变化。之所以修改，主要是考虑到句子语境：修改前，介词"沿着"与多层动宾结构"建设有中国特色社会主义的道路"组合，

193

---

① 全国人大常委会办公厅研究室政治组：《中国宪法精释》，中国民主法制出版社 1996 年版，第 88—89 页。

句法衔接上不甚连贯；修改后，"建设有中国特色社会主义的道路"改为"中国特色社会主义道路"，结构成分之间的句法关系更为直接、更为显豁，更有利于突出表达重点，介词"沿着"直接与名词性成分"中国特色社会主义道路"组合，形成介宾结构，修改后更简洁，更便于接受者理解。

另据《中华人民共和国宪法修正案》（2004 年 3 月 14 日第十届全国人民代表大会第二次会议通过）：宪法第十一条第二款"国家保护个体经济、私营经济的合法的权利和利益。国家对个体经济、私营经济实行引导、监督和管理。"修改为："国家保护个体经济、私营经济等非公有制经济的合法的权利和利益。国家鼓励、支持和引导非公有制经济的发展，并对非公有制经济依法实行监督和管理。"这里通过句子语境，提出"非公有制经济"包含"个体经济、私营经济"等，并且通过语境，不难理解"个体经济"和"私营经济"是并列的"非公有制经济"的两个不同的子类。宪法法典的这一调节性建构在一定意义上可看作对《全国人大常委会委员讨论中共中央关于修改宪法部分内容的建议的发言（摘录）》（《人民日报》1999 年 2 月 10 日）中提到的"个体经济已包含在私营经济中，没有必要专门提个体经济"的一个回应。①

上例表明，通过句子语境，可以有效避免歧解法典中特定的概念术语。

如果我们把文本语境分为宏观语境、中观语境、微观语境，则篇章语境为宏观语境，段落语境为中观语境，句子语境为微观语境。只有着眼于宏观、中观、微观视角，才能全方位、多角度、深层次地建构和理解法典。建构法典时，充分考虑语境的功用，有助于法典的缜密和完善，理解法典时，有意识地关注语境，有利于法典的适用。

需要特别指出的是，法典建构的动因是多方面的，至少包括文本语境和非文本语境，限于识见，本书只是从修辞学和语用逻辑的角度讨论

---

① 全国人大法工委研究室：《宪法修正案学习辅导读本》，中国青年出版社 1999 年版，第 113 页。

文本语境对法典建构的影响，非文本语境对法典建构的影响等问题则是同样值得探讨的另一论题。

第二节　规范性话语理解与现代语用逻辑:以法典为例

　　法典与逻辑均与"规则"有关。根据法律是否以文字形式作为其存在状态，可将法律划分为成文法与不成文法。"成文法的法律文本通常被称为法典。"[①] 法典（法律文本）是一种较为典型和纯粹的自然语言材料，法典理解在一定意义上就是对这特定的自然语言的理解与认知。这就表明法典理解势必与以自然语言的运用为研究对象的语用学有着内在的联系。

　　通过有效整合语用学与逻辑学的相关理论、思想和方法而建立起来的语用逻辑可以成为正确理解法典的基础。在法典理解中自觉地引入语用逻辑，有助于立法者与法律适用者（使用者）"成功交际"、"有效沟通"，有助于最大限度地抵御法律文本建构的漏洞。

　　国内外的研究现状表明，有关法典理解与语用逻辑的研究亟须加强。这一学术态势主要体现为：学界鲜有论者论及逻辑学与法典的理解之间的关系，虽然有些法律逻辑方面的论著，但是它们或者拘泥于形式推理；或者囿于单一主体，比如立法者、司法者、法律适用者的某一方，而较少涉及法律主体的"主体间"的交互作用。有关把法律文本的建构和接受（理解）双方紧密联系起来的研究，尤其薄弱。

　　尽管如此，逻辑在 20 世纪仍然取得了长足的进展，现代逻辑在传统逻辑的基础上提出了构造形式系统和语义模型的研究范式。而包括法典的自然语言本身即是一种特定的符号形式系统，也理应能接受语义理解的解释，因此，在一定意义上可以说自然语言的内在基础就

195

---

①　卓泽渊:《法学导论》，法律出版社 1998 年版，第 47 页。

是逻辑。荷兰逻辑学家 Benthem 主编的《逻辑和语言手册》的问世表明逻辑学和语言学的结合是可能的、也是必要的。周礼全先生在第一次全国逻辑讨论会（1978）上就提出语言逻辑要研究各种类型语句的逻辑、从语用角度研究语句同语境的关系以及研究语用推理的任务。

一 语用逻辑：正确理解法典的基础

我们这里试图充分考量作为一种符号体系的法律文本与这种符号的使用者（具有主体交互性的多元法律主体）之间的动态关系。将法典理解和语用逻辑结合起来具有一定的科学性，是学科及科学发展的必然要求。我们知道，科学探讨的是事物的内在必然联系，在我们看来，法典理解与语用逻辑二者即具有内在的必然联系。第一，二者均与"规则"有关，毋庸置疑，法典本身即是一种规则，而逻辑则是发现、揭示和解释规则的学问。第二，二者都与"人的理解"有关。这里强调的是"人"的理解，法典是一种社会规范，这表明法典的存在就需要理解者存在，并且只有理解者存在法典才有存在的可能与必要，而语用逻辑简单地说就是语言运用的逻辑，以研究语言运用为己任的现代语用学（有论者将之与"语用逻辑"等量齐观，也不无道理）研究的就是语言符号及其使用者之间的关系，同时注重语言的表达和理解。第三，二者均与"自然语言"密切相关。法典是法律文本，是为所有的法律适用者、是为特定公民而建构的一套行为规范，在此，只有以最可能为最大多数的公民所理解的自然语言才能真正使法典"有效"。而语用逻辑在某种意义上可以说是言语使用的逻辑，这里的"言语"指的就是对自然语言的具体运用及其结果。而自然语言与语用逻辑之间的关联又是那么"自然"。诚如蔡曙山先生所正确指出的，"自然语言的语义学对其话语的每一可能语境，都应该将语用行为（基本的或复合的）指派到每个语句上去，仅仅将命题或真值条件指派给语句是不够的。为将语用行为指派给语句，语用逻辑首先需要对自然语言中的语用动词和其他语用力量指示成分进行语义分析。语用逻辑要对语句的语用力量进行分析，在这个意义上说，语用逻辑是意义理论的一部分"①。既然自然语言、语用逻辑二者均与"意义"密切相关，那么它们二者的结合就是"题中应有"之义了。

另外，法典理解是与法学、诠释学等密切相关的一门学科，语用逻辑是与语用学、逻辑学等密切相关的一门学科，既然我们能弄清法典理解与语用逻辑之间的联系，则势必有助于我们深入开展语用学、逻辑学、法学等学科的综合性协同研究。

事实上，据我们所知，1993 年，国际法律语言学家学会成立的时候，全世界大概只有十来所大学开设语言和法律方面的课程。时至今日，在世界范围内只有几十所大学开设这样的课程，比起其他学科还是少得可怜。② 以上说的是语言与法律在国内外大学的开课情况，有关法律与逻辑的情形亦然，有关法律、语言、逻辑的结合研究则更显薄弱，而这恰恰是我们从事这项具有一定学科交叉性质的课题研究的现实意义所在。

语用逻辑的任务之一，就是分析语用否定句和语用条件句。③ 而语用否定句、语用条件句即法典较为常见的句式，法典常用特定语用否定句表示"禁止"等言语行为，语用条件句在法典中常常用以表示特定的权利和义务，以及特定权利与义务之间的转化等。

此外，已有的理论与实践往往未必能自觉地将法典的制作（法律文本的建构）与法典的理解结合起来。因此，开展法典理解与语用逻辑的协同研究势必有助于解决法典建构与法典理解之间的良性互动。

这样我们可以在前人时贤已有成果的基础上，补前修之未密，突出特色：在法典理解的研究中引入语用逻辑；将法典的理解与法典的制定（法律文本的建构）结合起来；以相对实证的方式抵御法言法语的漏洞；将思辨与实证结合起来，运用调查法与访谈法，卓有成效地开展有关语用学、逻辑学、法学等跨学科研究。

197

---

① 蔡曙山：《言语行为和语用逻辑》，中国社会科学出版社 1998 年版，第 60 页。

② 吴伟平：《语言与法律——司法领域的语言学研究》，上海外语教育出版社 2002 年版，第 9 页。

③ 蔡曙山：《言语行为和语用逻辑》，中国社会科学出版社 1998 年版，第 58 页。

以上似可表明，这项研究是可能的、必要的。相关研究如果能继续深入下去，势必有助于语用学、逻辑学的学科建设，有助于法制建设，有助于政治文明。

二　法典修改：基于理解的一种言语行为

法典修改是一种言语行为。言语行为（speech acts），"不单指'言之所述'，而且指'言之所为'，甚至涉及'言后之果'，即'所述'，'所为'之后给言语对象带来的影响和后果"①。法典修改亦有"所述"、"所为"及"言后之果"。法典修改"述"的是具体的社会现实。就宪法而言，"列宁把宪法分为'成文的宪法'和'现实的宪法'。前者是指国家制定的宪法文件，后者是指现实的经济、政治关系。一方面，'现实的宪法'决定'成文的宪法'的性质、内容和特点。另一方面，'成文的宪法'必须真实反映'现实的宪法'即现实的经济、政治关系的发展，才能适应客观实际的需要"②。显然，法典修改是使法典更为"真实"地反映当时的现实的经济、政治关系的手段之一。其所"述"就自不待言了。

法典修改亦有所"为"。"法律的基本功能是规范人们的行为。对不同的行为，国家采取不同的态度，用不同的方式进行调整，这直接体现了国家立法目的。……从法哲学的角度来看没有社会行为就无法产生相应的作用方式……法律的作用方式是法律的核心……法律的作用方式按其性质一般可分为五种类型，即：授权、要求、禁止、倡导和宣示。"③值得注意的是，"授权、要求、禁止、倡导和宣示"在法典中往往有且只有诉诸言语表现出来，此即形成特定的言语行为，言有所"为"。法典修改说到底是对以上五类"法律的作用方式"的调整，或者强化或者弱化，或者是以上五种作用方式的互换。例如，《中华人民共和国宪法修正案》（1993 年 3 月 29 日第八届全国人民代表大会第一次会议通过）：

198

---

① 何自然：《语用学概论》，湖南教育出版社 1988 年版，第 133 页。
② 王叔文：《宪政建设的科学指南》，马俊驹《清华法律评论》，清华大学出版社 1998 年版，第 4 页。
③ 周旺生、张建华：《立法技术手册》，中国法制出版社 1999 年版，第 254—255 页。

宪法："国营企业在服从国家的统一领导和全面完成国家计划的前提下，在法律规定的范围内，有经营管理的自主权。""国营企业依照法律规定，通过职工代表大会和其他形式，实行民主管理。"修改为："国有企业在法律规定的范围内有权自主经营。""国有企业依照法律规定，通过职工代表大会和其他形式，实行民主管理。"

首先，该修正案将"国营企业"改为"国有企业"是对"授权"这一言语行为（法律的作用方式之一）的强化；接着，将"国营企业在服从国家的统一领导和全面完成国家计划的前提下，在法律规定的范围内，有经营管理的自主权"修改为"国有企业在法律规定的范围内有权自主经营"。这里，删除了一个"前提"，改换了一个述题，即将述题"有经营管理的自主权"改为"有权自主经营"。显然，"有"的辖域发生了变化，修改后重点突出了"权"，而不是"经营管理"。

法典修改不可能不考虑"言后之果"。事实上，法典修改对"言后之果"的关注常常以法律的形式予以要求和宣示。宪法对此有专门的条款予以明文规定。似可认为，法典修改的"言后之果"具有一定的层次性。其第一层次即通过"人民代表"（或"国会议员"）——立法者——的反应体现出来；其第二层次通过修改后的法典正式生效以后普通公民（法律适用者）的反应体现出来。

综上，法典修改是一种言语行为。法典修改既是一种表达，同时又是一种理解。法典修改的必要前提是对法典的阅读理解。然而，"关于阅读文本有一件简单的事必须说清楚，那就是文本通常很难被全部读懂，也不可能一无所获。意义和效果从未被绝对地产生或拒绝；它们总是维持一种保留物，供潜在的读者支配，这种保留物与数额巨大的财富没有什么关系，与它有关的是轨迹中一种碰运气的边缘性，是一种充斥语境的不可能性"[①]。这里即直接将语境与法典理解结合了起来。法典理解是法典修改的前提和结果。就法典修改而言，法律适用者即德里达所谓之"潜在的读者"。一般情况下，至少是那些"潜在的读者"的一部分对法典的认可是法典生效的必要条件。于是，怎样使"听读者"

199

---

① 德里达：《德里达访谈录》，上海人民出版社 1987 年版，第 60—61 页。

（法律适用者，甚至包括法典修改者）与"说写者"在理解上尽可能地取得一致就尤为重要了，然而这一问题绝非一般的纯粹法理可以单独解决的。譬如现实主义法律理论即极为强调这种阅读理解产生的意义或曰法律的含义的动态生成性，认为法律文本（即法典）的意义理解"只能依赖于法律适用者"，"因而其本身只能是主观的。这意味着法律含义是由阅读理解者决定的，从而意味着法律是阅读理解者'制定'的"①。之所以作如是观，理由有二："第一，法律适用者阅读理解时已有先存的观念或者判断；第二，阅读理解并不存在唯一正确的客观结论。"②这至少可以表明，法律适用者对法典的理解是能动的，这就为法典歧解提供了可能。另外，"如果可以证明法律适用中'正确的结论'是存在的，那么，似乎便可以通过'正确'的解释方法解决解读的多样性，法律适用者不受约束的问题也就不存在了"③。问题的关键就在于法典本是对法律适用者的一种规范，而"现代（书面记载）法律的各个环节，在相当程度上是通过文本的阅读而运用的"④。这样，"解读的多样性"与"现代法律的运作"之间存在着矛盾。

　　哈贝马斯的"普通语用学"至少在理论上有助于上述矛盾的化解。哈贝马斯"基于对交往行为认识的需要，特别注重话语完成行为中的人际关系和生成性力量（或称之为衍生力量）这两种因素"。他认为："每一个完成式话语都会建立一种人际关系；同时，讲话者在完成一个语言行为时，可与听话者发生某种人际关系而影响后者，这是由于话语的生成性力量所致。"⑤哈贝马斯认为言语行为中的以言表意和以言行事两种成分是不能截然分开的。哈贝马斯进而认为不仅语言，而且言语——即在句子中的使用——也是可以进行规范分析的，⑥主张对言语行为不

---

　　①　刘星：《法律是什么》，中国政法大学出版社1998年版，第88页。

　　②　同上。

　　③　同上。

　　④　冯象：《法律与文学》，《北大法律评论》（第2卷，第2辑），法律出版社2000年版，第699页。

　　⑤　鲁苓：《语言·言语·交往——哈贝马斯语用学理论的几个问题》，《外语学刊》2000年第1期。

　　⑥　同上。

能仅仅限于经验分析，必须而且能够进行规范分析。显然，这种规范分析在理论上似可解决理解和沟通何以成为可能的问题。为更具可操作性，哈贝马斯给出了使理解和沟通成为可能的言语的有效性基础的四个方面的"有效性要求"，即言说者的表达的可领会性、真实性、真诚性、正确性。① 就法典的修改而言，"言说者"可理解为法典的修改者，"听者"包括法律的适用者（一般公民）及法典的审订者（人大代表等）。

三　法典理解与现代语用逻辑概观

如前所述，"成文法的法律文本通常被称为法典"②。法典亦即书面记载的法律。"现代（书面记载的）法律的各个环节，在相当程度上是通过文本的阅读而运作的"③。因而如何有效理解（以"阅读"为前提，又是"阅读"的结果）法典就显得十分重要了。支撑语用逻辑的代表性基础分支（含摹状词逻辑、道义逻辑、量词逻辑、模态逻辑等）即在某种程度上有助于人们有效地理解法典的意旨。以下概观法典理解与语用逻辑。

（一）法典的理解与摹状词逻辑

摹状词的理论是由罗素首先提出来的。罗素分析了两种摹状词，一种叫有定摹状词（definite description），一种叫不定摹状词（indefinite description）。④ 相对而言，不定摹状词与法律文本的理解的关系更为密切。不定摹状词也是一个名词性词组，它也是通过描述对象的具体属性来指称一个对象，但是，它不是一个确定的对象，而是一个不确定的对象。⑤ 这种"不确定"在法律文本中正好体现为法律的普适性，即法律

201

① ［德］尤尔根·哈贝马斯：《交往与社会进化》，张博树译，重庆出版社 1989 年版，第 50—70 页。

② 卓泽渊：《法学导论》，法律出版社 1998 年版，第 47 页。

③ 冯象：《法律与文学》，《北大法律评论》（第 2 卷，第 2 辑），法律出版社 2000 年版，第 699 页。

④ 王维贤、李先焜、陈宗明：《语言逻辑引论》，湖北教育出版社 1989 年版，第 197 页。

⑤ 同上书，第 201 页。

文本应是针对特定范围内的不确定的每一个公民的。否则，该法律文本就会失之公允，不利于广大公民正确理解。现代汉语法律文本中常大量使用"的"字结构，就法律文本理解而言，"的"字结构为一类摹状词。例如：

> (1) 建设项目的防治污染设施没有建成或者没有达到国家规定的要求，投入生产或者使用的，由批准该建设项目的环境影响报告书的环境保护行政主管部门责令停止生产或者使用，可以并处罚款。(《环境保护法》第 36 条)

上例"投入生产或者使用的"即为我们这里所说的摹状词，显然，它直接指涉法律适用者。既然如此，对法律文本中的摹状词的理解就很重要了。事实上，律师、司法解释者往往首先或主要解释的就是摹状词。例如：

> (2)《合同法》第七十三条规定的"债务人怠于行使其到期债权，对债权人造成损害的"，是指债务人不履行其对债权人主张其享有的具有金钱给付内容的到期债权，致使债权人的到期债权未能实现(《最高人民法院关于运用〈中华人民共和国合同法〉若干问题的解释(一)》)，见《中华人民共和国最高人民法院公报》2000.1. p. 25。

以上理解与解释即符合《合同法》的题旨。一般来说，含有摹状词的法律文本在理解时均可形成这样的模式：$A = \{\chi \mid \chi$ 为摹状词$\}$，$\vdash \alpha$，当须仅当 $\alpha \in A$。

这里得特别指出的是，我们上面所说的摹状词是就法律文本的理解而言的，我们的着眼点在"理解"。在法律文本的表达(立法)中它常应是"普遍概念"，但这并不妨碍在被理解时它变为一个单独概念，毕竟，"理解"终究是个人的理解，理解时的个人与摹状词恰好对应起来，这恰好显示法律文本的理解与摹状词结合起来的必要性与可能性。

（二）法典的理解与道义逻辑

"道义逻辑是研究道义命题的逻辑特性及其推理关系的学科，在日常语言中，'应该'、'义务'、'允许'、'禁止'等常被叫做道义概念，含有这些概念的语句所表达的命题叫做道义命题。"① 法律文本中常有大量的道义命题。例如：

（3）有下列情形之一的，公民、法人或者其他组织可以依照本法申请行政复议。（《中华人民共和国行政复议法》第六条）

（4）行政复议机关对符合国家赔偿法的有关规定应当给予赔偿的，在决定撤销、变更具体行政行为或者确认具体行政行为违法时，应当同时决定被申请人依法给予赔偿。（同上，第二十九条）

（5）特种用途林中的名胜古迹和革命纪念地的林木、自然保护区的森林，严禁采伐。（《中华人民共和国森林法》第三十一条第三款）

以上三例中分别使用了"可以"、"应当"、"严禁"等模态词。与法律文本相适应，对法律文本的理解必然涉及道义逻辑。譬如，有这样一则广告：……"艾郑斯"抗肿瘤中药无疑给全世界肿瘤病患者指出了一条生命之路，可堪称"药之王"……中国消费者协会认为其违反《广告法》第十四条"药品广告不得含有利用医药科研单位、学术机构、医疗机构或者专家、医生、患者的名义、形象作证明的内容"。（《南方周末》2000 年 12 月 21 日第 16 版）这里，我们将上述《广告法》第十四条记为：Fp，那条广告记为：Pp，中国消费者协会对该法律条款的解释体现在其对那条广告的断定上，于是其解释在逻辑上与那条广告的否定形式（$\neg$ Pp）等值。即：

$$Fp \longleftrightarrow \neg\, Pp$$

而这恰好符合道义逻辑，即消费者协会的理解，是成功的、有效的。

（三）法典的理解与狭谓词逻辑

"谓词逻辑是逻辑学的基础部分，与命题逻辑不一样，它不以命题

203

---

① 周礼全：《逻辑——正确思维与成功交际的工具》，人民出版社 1994 年版，第 250 页。

为基本形式,而把命题分析为主词(个体词)、谓词和量词,然后研究这样的命题之间的推理关系。"① 人们在理解法律文本时常需将其中的命题析离开来,这是有效理解法律文本的必要途径之一。这里,我们主要讨论狭谓词逻辑(即一阶谓词逻辑)法律文本的理解的一些情况。

首先,我们讨论对个体词的理解。谓词逻辑"将表示个体的词称为个体词",② 法律文本中往往有大量的个体词,因而对法律文本的解释理解应格外关注个体词。例如:

> (6)集体所有森林和林木,个人所有的林木以县为单位,制定年采伐限额,由省、自治区、直辖市林业主管部门汇总,经同级人民政府审核后,报国务院批准。(《中华人民共和国森林法》)

对这一文本的一种解释是"本法明确规定将'个人所有的林木'也纳入年采伐限额范围内进行管理"。这里需要说明的是,根据该法和有关法律的规定,农村居民在自留山种植的林木、个人承包国家所有和集体所有的宜林荒山荒地造林的,承包林归个人所有。被解释的"个人所有的林木"即为原法律文本中命题的个体词。

此外,对法律文本中的谓词的有效理解亦较为重要。例如某法庭上有这样一番辩论:

> (7)环保局:《环境保护法》第二十九条也规定"对造成环境严重污染的企业事业单位,限期治理",因此,凭此条也可对铸锅厂作出"限期治理"的处理。
>
> 律师:这里的"限期治理"是建立在第二十六条的基础上的。因为第二十六条的前面还规定"建设项目中防治污染的设施,必须与主体工程同时设计,同时施工,同时投产使用"。因此,只有具

---

① 朱水林:《现代逻辑引论》,上海人民出版社 1989 年版,第 76 页。
② 冯象:《法律与文学》,《北大法律评论》(第 2 卷,第 2 辑),法律出版社 2000 年版,第 87 页。

备"三同时"的建设单位因环保设施没达到设计的效益要求才可以"限期停产治理",而不包括铸锅厂这种根本没有考虑环保设施的单位,因此,环保局的答辩理由是明显的断章取义。[①]

以上辩论实为对"限期治理"这一谓词的不同理解。再如:

　　(8)敲诈勒索公私财物"数额较大",以一千元至三千元为起点;二、敲诈勒索公私财物"数额巨大",以一万元至三万元为起点。(《中华人民共和国最高人民法院公报》2000.3.p.95)

上例即以司法解释的形式规定了作为谓词逻辑中谓词的原法律文本中的"数额较大"、"数额巨大"等,便于接受者理解。

　　除了个体词、谓词外,对法律文本的理解还常诉诸"量词"[②]的理解。例如:"不得有危害祖国的安全、荣誉和利益的行为"是指不得以任何方式危害祖国的安全、荣誉和利益[③],这一解释中的"以任何方式危害祖国的安全、荣誉和利益"可记为:

$$\forall x\,(F\,(x)\rightarrow G\,(x))$$

即任取 X,X 为方式,X 危害祖国的安全、荣誉和利益,它是对"危害祖国的安全、荣誉、利益的行为"的强调。又如"张承志诉世纪互联通讯技术有限公司侵犯著作权利纠纷案"中有这样一例诉词:

　　(9)《著作权法》第三十二条第二款规定,著作权人向报社、杂志社投稿的"作品刊登后,除著作权人声明不得转载、摘编以外,其他报刊可以转载或者作为文摘、资料刊登,但应按照规定向著作权人支付报酬"。该款只是规定报刊享有转载和作为文摘资料刊登的权利,且并非所有的报纸、杂志上发表过的作品都适合于报

205

---

①　秦甫:《律师实用口才》,法律出版社1996年版,第27页。
②　昂扬:《数理逻辑的思想和方法》,复旦大学出版社1991年版,第112页。
③　全国人大常委会办公厅研究室政治组:《中国宪法精释》,中国民主制出版社1996年版,第183页。

刊转载，那些篇幅较长、能够独立成书的小说不应当包括在法律允许的范围之内，否则不利于对著作权的保护。（载《中华人民共和国最高人民法院公报》2000.1.p.30）

上例对《著作权法》相关条款的理解借助量词逻辑，在语词上体现为"并非所有的"，雄辩有力，显示了强大的逻辑力量，给人以无懈可击之感。

（四）法典的理解与模态逻辑

"模态逻辑主要跟必然和可能等模态概念有关。"[①] 有关命题的模态性的推理在法律文本的理解中较为常见。譬如"张承志诉世纪互联通讯技术有限公司侵犯著作权纠纷案"即有这样一例诉辞：

（10）随着科学技术的发展，作品的使用方式必将越来越新颖多样。立法者在立法时，只能列举常见的使用方式，不可能穷尽所有的作品使用方式。（载《中华人民共和国最高人民法院公报》2000.1.p.29）

上例是北京市海淀区人民法院对相应法律条款的理解，这里，不妨把"随着科学技术的发展，作品的使用方式必将越来越新颖多样"记为□P，把"立法者在立法时，只能列举常见的使用方式，不可能穷尽所有的作品使用方式"记为 ¬◇¬P，运用模态逻辑推理不难发现：□P←→¬◇¬P，即该理解应该是有效的，事实上，在该案例中原告的最终胜诉即在某种意义上表明了执法者取得了较好的理解效果。

以上粗浅的探讨表明，法律文本的理解与语用逻辑有着广泛而密切的联系。除此之外，还应该可以与包含语用逻辑的元逻辑有机结合起来，元逻辑"由逻辑语形学、逻辑语义学、逻辑语用学、逻辑语言学四个学科门类构成，包括基本语义学、模型论、解释理论、项的理论、描

---

① 周礼全：《逻辑——正确思维与成功交际的工具》，人民出版社1994年版，第144页。

述理论、同一理论、自然语言逻辑、修辞分析、语境蕴涵、非形式谬误理论、结构理论、意义理论、有效性理论等分支学科或理论"①。限于学力，我们这里只是略作概观。

四 法典理解个案考察

以上是对法典理解与语用逻辑的概观，我们接下来的讨论是以中国宪法《序言》为具体对象，着眼于话语篇章，以《序言》部分语句的起草与修改为例，从语用学（尤指语用逻辑）的角度个案考察有关法典理解问题。

（一）个案考察的对象来源

法律文本是正式的书面语言材料，是用规范的民族共同语写成的篇章作品。本节的材料主要取自全国人大常委会办公厅研究室政治组编著的《中国宪法精释》②。该著翔实地解释了中华人民共和国宪法序言和条文，并对宪法文本起草和修改的立法原意做了较为权威的说明，正如该著的《说明》所明确指出的，该书"力求从立法原意加以说明，当时制定、修改宪法时为什么要这样规定，以及讨论中的主要观点，都尽量加以介绍"。其中"当时制定、修改宪法时为什么要这样规定"在一定意义上是目的和动机问题，这就是说制定、修改宪法时必然涉及话语理解。

程湘清在给《中国宪法精释》所作的《序》中指出："本书以比较翔实的史料公开披露共和国的缔造者们精心设计、精心制定我们人民共和国宪法的过程，以及其后宪法随共和国的发展而修改的历史沿革。"不妨说，"共和国的缔造者们精心设计、精心制定我们人民共和国宪法的过程"在一定意义上可看作是一种修辞过程。程湘清《序》还告诉读者："本书以当时制定或修改宪法的原始资料，对宪法条文的含义和特

207

---

① 蔡曙山：《逻辑学与现代科学的发展——兼论金岳霖先生的道路》，《中国社会科学》2000 年第 4 期。

② 全国人大常委会办公厅研究室政治组编著：《中国宪法精释》，中国民主法制出版社1996 年版。

定背景，以及条文中的重要和关键性词、句进行立法原意的解释，因而对准确地理解宪法本意乃至实施和执行宪法有较强的指导作用。"通过"词、句"表现出来的"立法原意"实际上是表达意图，是一种修辞心理，而对"立法原意"的解释则是对于特定修辞心理的"描述"。蔡定剑在《中国宪法精释》的《后记》中指出，"本书（指全国人大常委会办公厅研究室政治组编著的《中国宪法精释》——引者注）的作者都是全国人大常委会机关的研究人员，他们有条件接触和搜集共同纲领以来当时制定、修改宪法的一些原始档案资料，尤其是 1954 年制宪和 1982 年修宪时的初稿及有关原始讨论记录，资料颇丰。本书是在此基础上完成的。作为一部从立法原意精释性著作，至少有相当的资料价值和一定的权威性"。有鉴于此，该著所记载的有关资料是可信的，并且自始至终是与修辞（含修辞行为以及支配相应修辞行为的法典理解）密切相关的。

我们这里的有关讨论在行文上先列出部分中华人民共和国宪法《序言》文本，然后结合《中国宪法精释》分析其法典理解。

（二）法典理解：群体法典理解与个体法典理解的辩证统一

法典理解是群体法典理解与个体法典理解的辩证统一，群体法典理解与个体法典理解之间没有不可逾越的鸿沟，二者不是泾渭分明的。相应的，法典理解"样本"的采集没有单纯的个案，也没有笼统的群案，是个案与群案的统一。我们所谓"个案考察"只是着眼点和视阈上的一种理想化模式，这大概就有点像物理学惯性定理不考虑空气摩擦等因素一样——是一种理想化的模式，这种理想化的研究模式有助于研究的深入。

个体是与群体相对而言的，相对于古今中外所有的宪法而言，中华人民共和国宪法为个体，前者为群体；若我们视中华人民共和国宪法的所有各个条款和序言等文本为群案，则宪法《序言》为个案；同理，如果我们将所有公民视为群体，则宪法起草和修改者即可看作个体；如果视宪法起草和修改小组所有成员为群体，则某一个起草者或修改者即为个体。以上所分析的实际上涉及修辞作品（宪法文本）和修辞主体（公民、宪法起草者和修改者）。修辞作品毕竟是修辞主体的修辞作品，修辞主体有其修辞心理，修辞主体在特定修辞心理的支配下完成修辞行为，支配或伴随着修辞行为的心理过程即法典理解。

法典理解是个体法典理解与群体法典理解的统一。例如：

宪法原文：中国是世界上历史最悠久的国家之一。中国各族人民共同创造了光辉灿烂的文化，具有光荣的革命传统。

《中国宪法精释》告诉人们："彭真在宪法修改委员会上说明起草这一段的原意时说，先把我们的历史讲讲，我们不是什么都落后，数典忘祖不好，我们的事业是从祖先来的。"① 显然，这里"彭真"只是一个个体表达者，而"我们"则是群体，个体与群体之间的关系通过"彭真在宪法修改委员会上说明起草这一段的原意时说，先把我们的历史讲讲，我们不是什么都落后，数典忘祖不好，我们的事业是从祖先来的"这一句中的"彭真"和三个"我们"即可看出，二者是统一的。

此外，对于"中国是世界上历史最悠久的国家之一"，"写这一点是为了增强中国人民的自尊心和自豪感"。② 无疑，这里的"写"是一种修辞行为，而"为了"则是该修辞行为的目的和动机，属于修辞心理。据《中国宪法精释》，"'中国各族人民'。宪法草案初稿中没有'各族'两字，讨论时根据少数民族委员的建议增加了。序言中其他地方也提到'中国各族人民'，其义与'中国人民'相同，但使用'各族'时是为了强调各个民族的共同作用，使各少数民族感到亲切"③。之所以强调"各族"，其实主要凸显的是"各"，"各"表示不是一个，却又"精确"到了每一个，由此显示出个体与群体的统一。而将"中国人民"改为"中国各族人民"作为一种修辞行为，势必有其修辞心理，个体与群体相统一的法典理解自始至终伴随着这一修辞行为，支配着这一修辞行为，并使该修辞行为得以完成。

209

---

① 全国人大常委会办公厅研究室政治组编著：《中国宪法精释》，中国民主法制出版社1996年版，第71页。

② 同上。

③ 同上书，第71—72页。

（三）群体法典理解：个体之间的对话过程

法典理解是个体法典理解与群体法典理解的统一，这是对"法典理解"这个概念所做的逻辑划分，即由"法典理解"这个属概念划分出"个体法典理解"和"群体法典理解"，它描述的是法典理解的基本外延。

进一步看来，群体法典理解则是个体之间的交互过程。例如：

> 宪法原文：从此，中国人民掌握了国家的权力，成为国家的主人。

《中国宪法精释》指出："国家的权力包括社会的权力。原宪法草案时用的是社会的权力，经讨论，大家认为，掌握国家权力更准，掌握了国家就掌握了社会。"① 显然，这里的"讨论"和"大家认为"是一种群体活动，均以语言为媒介，是以语言为媒介的一种广义对话，属于我们所说的修辞行为。将"社会的权力"修改为"国家的权力"是基于社会公众对"国家"和"社会"关系的理解，即"掌握国家权力更准，掌握了国家就掌握了社会"，之所以修改，群体修辞心理使然，而这里的"讨论"则又是个体之间的相互交流互动的一个过程。

又如：

210

> 宪法原文：中国新民主主义革命的胜利和社会主义事业的成就，都是中国共产党领导中国各族人民，在马克思列宁主义、毛泽东思想的指引下，坚持真理，修正错误，战胜许多艰难险阻而取得的。我国正处于社会主义初级阶段。国家的根本任务是，根据建设有中国特色社会主义的理论，集中力量进行社会主义现代化建设。中国各族人民将继续在中国共产党的领导下，在马克思列宁主义、毛泽东思想指引下……把我国建设成为富强、民主、文明的社会主

---

① 全国人大常委会办公厅研究室政治组编著：《中国宪法精释》，中国民主法制出版社1996年版，第77页。

义国家。

据《中国宪法精释》："'建设有中国特色社会主义的理论'。这是 1993 年宪法修正案加入的重要内容。"① "但这句话放在什么位置，在修改宪法时几经反复。在起草宪法修正案初稿时，这句话紧接'社会主义初级阶段'之后，是这样写的：'我国正处于社会主义初级阶段，正在建设有中国特色的社会主义。今后……'征求意见稿把它放到国家的根本任务一句话后面，改为：'国家的根本任务是，在建设有中国特色社会主义的理论指导下……'"② 《中国宪法精释》指出："在向有关机关和地方征求意见时，不少单位提出：'在建设有中国特色社会主义的理论指导下'一句与前面的'在马克思列宁主义、毛泽东思想指导下'一句中的'指导下'和后面的'指引下'行文累赘，也没有表明建设有中国特色社会主义的理论是马列主义、毛泽东思想的继承和发展的理论关系。应该把'建设有中国特色社会主义的理论'放在下一句中阐述。根据这一意见，修宪小组把它改为'中国各族人民将继续在中国共产党的领导下，在马克思列宁主义、毛泽东思想和建设有中国特色社会主义的理论指引下……'后来修宪小组再次修改时考虑到在新的历史条件下，进行改革开放和现代化建设最主要的是要遵循建设有中国特色社会主义的理论，觉得还是应该把这一理论放到更突出的位置，即放到实现国家根本任务的指导思想的地位阐述。所以，经反复研究，最后把这句话又挪到现在这个位置。"③ 这里数易其稿，最终的定稿是群体智慧的结晶，把一个具体的句子"建设有中国特色社会主义的理论"在篇章段落中的位置换来换去，无疑是一种修辞过程。而之所以这样"几经反复"，是修辞主体"不少单位"、"修宪小组"在特定个体修辞心理支配下交流互动的结果。相对于全国所有单位和所有公民，"不少单位"应该可以视为个体，相对于"不少单位"，"修宪小组"亦可看作个体。而这些修辞主

211

————————

① 全国人大常委会办公厅研究室政治组编著：《中国宪法精释》，中国民主法制出版社 1996 年版，第 81 页。

② 同上书，第 82 页。

③ 同上。

体的"考虑到"其实就是法典理解。这些都表明，群体法典理解是个体修辞心理的交流互动。此后，1999 年 3 月 5 日第九届全国人大第二次会议通过宪法修正案，把"根据建设有中国特色社会主义的理论"修改为"沿着建设有中国特色社会主义道路"。2004 年 3 月 14 日中华人民共和国第十届全国人民代表大会第二次会议主席团公布施行第四个宪法修正案，将"沿着建设有中国特色社会主义的道路"修改为"沿着中国特色社会主义道路"。这一过程在修辞意义上类似于："为命，裨谌草创之，世叔讨论之，行人子羽修饰之，东里子产润色之。"（《论语·宪问》）均为修辞个体不断交流、对话的过程。

（四）个体法典理解：一种认知过程

以上表明，个体修辞心理的交互过程形成群体法典理解，再进一步追问：个体法典理解又是一个什么样的过程呢？考察表明，个体法典理解是以语言为媒介和载体的认知过程。

修辞个体的认知—情绪情感过程其实并不是泾渭分明的两个"子过程"，它们之间往往是相伴相生的。例如我们前面已援引的一例：

> 宪法原文：中国是世界上历史最悠久的国家之一。中国各族人民共同创造了光辉灿烂的文化，具有光荣的革命传统。

据《中国宪法精释》，"'中国各族人民'。宪法草案初稿中没有'各族'两字，讨论时根据少数民族委员的建议增加了。序言中其他地方也提到'中国各族人民'，其义与'中国人民'相同，但使用'各族'时是为了强调各个民族的共同作用，使各少数民族感到亲切。"[①] 这一修改，如前所述，不仅表明法典理解是个体话语理解与群体话语理解的统一，还体现了个体话语认知过程。这里，在"中国"和"人民"之间添加"各族"意在凸显，这种凸显是基于语用主体，尤其是话语接受者的认知方面的考虑。另外，《中国宪法精释》所指出的"使少数民族感到亲切"

212

---

① 全国人大常委会办公厅研究室政治组编著：《中国宪法精释》，中国民主法制出版社1996 年版，第 71—72 页。

实际上是对该文本的修辞效果的一种"预测","少数民族感到亲切"实际为接受效果,是作为修辞主体(此时,笔者认为"修辞主体"与"语用主体"的含义不必作严格区分)的话语接受者的认知过程。又如:

> 宪法原文:一九一一年孙中山先生领导的辛亥革命,废除了封建帝制,创立了中华民国。但是,中国人民反对帝国主义和封建主义的历史任务还没有完成。

关于这里的"创立了中华民国","1982年修改宪法时,要不要写'中华民国'有不同意见。有人觉得写上很容易使人想起蒋介石政府屠杀共产党的行为。所以,不要提'中华民国'。但是,多数人认为,这是历史事实,应尊重历史"①。《中国宪法精释》所揭示的"有人"相对于"多数人",可看作个体,《中国宪法精释》所分析的"觉得"是一种心理上的认知过程,"想起"也是心理上的认知过程,前者("觉得")是表达者(一定意义上的接受者)的一种认知过程(感知),后者("想起")是接受者(一定意义上的表达者)的认知过程(联想),不难理解,"多数人认为"中的"认为"也是一种认知过程。它们共同构成了一个相对完整的法典理解。在这个过程中,之所以要求改,主要是担心因为联想而导致误解,而在联想的过程中伴随了对于"中华民国"的认知过程。

再如:

> 宪法原文:中华人民共和国是全国各族人民共同缔造的统一的多民族国家。平等、团结、互助的社会主义民族关系已经确立,并将继续加强。

213

据《中国宪法精释》,"1982年宪法起草时用的是'团结、平等、互助'。

---

① 全国人大常委会办公厅研究室政治组编著:《中国宪法精释》,中国民主法制出版社1996年版,第75页。

修宪委员会讨论时，班禅委员提出把'平等'放在'团结'前面，首先是'平等'，然后才谈得上'团结'。修宪委员会接受了这个建议"①。这里所做的修改，一方面体现了个体修辞心理与群体修辞心理的统一：相对于"修宪委员会"而言，"班禅委员"无疑是一个个体。另一方面，这一修改还体现了修辞认知过程："平等"与"团结"的位置问题看来是一个话语顺序问题，其实是修辞主体对于特定修辞话语的理解过程问题，从修辞意义上看，它在理解过程中伴随着主体对"社会主义民族关系"的认同与否这一认知过程。该文本的修改无疑是合情合理的——合乎情绪情感亦有助于认知。

以上分析的材料是中华人民共和国宪法《序言》的部分文本及其立法原意的"精释"，应该说这些材料是相对集中和"均质"的，似乎在这个意义上可以说对这些材料的法典理解所做的探讨是一种"个案分析"。个案分析是研究法典理解这样的复杂系统的不可替代的研究范式。如前所述，个案考察有助于问题研究的深入，但是这种研究亦有其不足，比如不够全面等，这不妨说是"个案考察"研究方法和本书的局限性与不足。

---

① 全国人大常委会办公厅研究室政治组编著：《中国宪法精释》，中国民主法制出版社1996年版，第88—89页。

结　　语

以上我们在叙事对话与语用逻辑相关联的宏观背景下，探讨了如下数端：《论语》中复现式组合的句法形式及其使用动因、《论语》中的复现式话语衔接；《孟子》中的紧缩结构、条件复句、问句话轮；《白马论》中的修辞式推论；《西游记》对话中的谐音；《红楼梦》对话中的谐音、《红楼梦》对话中蕴藏的语汇资源、《红楼梦》对话中的"误称"；《红楼梦》和《三国演义》中的劝说句组；《雷雨》中的组合问；《伤逝》和《因为女人》中以话语为媒介的主体交互性；《中华人民共和国宪法》等法典文本起草、理解、修改与语用逻辑等。

基于语用逻辑的叙事对话分布于以下语体：以《论语》《孟子》《白马论》等为代表的古代汉语谈话体；以《三国演义》《水浒传》《西游记》《红楼梦》等为代表的近代汉语艺术体；以《伤逝》《雷雨》《围城》等为代表的现代汉语艺术体；以《因为女人》为代表的当代汉语艺术体；以宪法法典为代表的当代汉语事务体。以上语篇文本体现出一定程度的"互文性"。语篇中的对话体现出一定的"主体交互性"。其中艺术体中的叙事对话在话语衔接形式和语义关联形式上尤为复杂多样，事务体相对最简，谈话体居于二者之间。之所以如此，主要是因为艺术体最便于承载叙事，其中的叙事最为典型，叙事对话在某种意义上最宜分布于艺术体作品。

修辞是人与人之间以语言为媒介，以生成或建构有效话语为旨归的一种广义对话。[①] 叙事对话与语用逻辑之间的关联，在一定意义上是语

---

① 张春泉：《论接受心理与修辞表达》，中国社会科学出版社 2007 年版，第 290 页。

法、修辞、逻辑这"三艺"（trivium）之间的互动。突破穿越语法、修辞、逻辑之间的界限畛域，可以在一定程度上丰富和发展符号学理论、语用学理论，运用符号学、语用学有关理论和方法描写和解释叙事对话，又有助于话语分析、叙事学研究的深入。

在对各类叙事对话细致描写的基础上，综合叙事学、语用学、逻辑学有关理论，解释特定语篇文本中的叙事对话，在理论上还将有助于推动修辞理据研究，有助于进一步研究"三艺"互动；在实际应用领域，亦将有助于文学批评、文学鉴赏，也有益于法典适用、言语和谐，有利于人们理性交往。

叙事对话与语用逻辑在某种意义上互为表里。语义是叙事对话与语用逻辑的共同枢纽。基于语义认知的叙事对话和根于语义理解的语用逻辑在话语衔接和语义关联上呈显性、中性、隐性衔接关联，可以有微观、中观、宏观视角。显性衔接关联主要表现为语符能指形式复现等，中性衔接关联可以表现为紧缩结构、条件复句、问句话轮等，隐性衔接关联可表现为修辞式推论等。微观衔接关联主要有谐音关联、语汇关联，谐音关联常有其特定标记和语境，语汇关联可以有字面义与内涵义、外延义的关联等情形，体现的是字面义与内涵义、外延义之间的语义逻辑张力。中观衔接关联主要通过句组表现出来，如组合问句组、劝说句组等。宏观语篇主体交互性解读尤能凸显叙事对话与语用逻辑的叙事性和互文性。法典作为规范性话语，有其语用逻辑理据，可通过法典建构、修改、理解体现出来。建构、修改及理解即为某种对话。对话可以在多主体间进行。

我们提出的"谈话体、艺术体、事务体"和"显性、中性、隐性"及"微观、中观、宏观"这三组概念术语均系"三分法"，不同于普通逻辑的"二分法"，这在某种意义上亦契合于"语用逻辑"，或者可以说，这恰好表明语用逻辑是一种多值逻辑。

我们关于"语用逻辑"的看法在理论上主要来源于周礼全《逻辑——正确思维与成功交际的工具》和王维贤、李先焜、陈宗明《语言逻辑引论》、黄华新《逻辑与自然语言理解》等学者论著的相关学说，在事实上着意于较能体现汉语实际的上述经典叙事言语作品。力图全方位、多角度、深层次地探究叙事对话的语用逻辑理据，并从语用逻辑层面实证分析叙事对话的话语实际，以期在实践上有助于语用主体正确思维、得体表达、有效认知（含阅读鉴赏等）、理性对话、成功交际。

附　　录①

《论语》中的语言和谐思想

[摘要]《论语》主张语言表达中言必信、言必慎、言必雅。"信、慎、雅"在语言运用（即"言语"）过程中总体关联，而又各有侧重，但都体现了"和谐"思想。"言必信"是对于语言和谐的"质"的规定，"言必慎"是对于语言和谐的"式"的要求，"言必雅"则是对于语言和谐的"值"的要求。

[关键词] 论语；和谐；语言

"和谐"是儒家思想的一个基本范畴。虽然古往今来，对于"什么是和谐"这个问题见仁见智，并未取得完全一致的看法，但这并不妨碍我们对"和谐"的基本要义的把握，似乎可以说，和谐具有诚信、正道、中正、雅正、得体、优美等含义。作为儒家经典文本，《论语》中的和谐思想值得我们今人重视。语言是人们认识现实世界和人自身的工具，同时也是人们的认识结果，《论语》中同样不乏语言和谐思想。

《论语》主张语言表达中言必信、言必慎、言必雅。"信、慎、雅"

---

① 附录笔者张春泉六篇文章，为与全书体例注释等一致，在大体保持原样的基础上，略有改动。

在语言运用（即"言语"）过程中总体关联，而又各有侧重，但都体现了"和谐"思想，"信、慎、雅"是《论语》对于语言和谐的总体看法，在一定意义上也是儒家思想的合理内核。

一　言必信

《论语》明确提出"言必信"，要求语言表达及会话交际过程中的真实可信。《论语·子路》指出："言必信，行必果，硁硁然小人哉！抑亦可以为次矣。"（《论语·子路篇第十三》）即是说"言语一定要信实"，《论语》里孔子认为这是成为"士"，或曰成为一个高雅的人的基本必要条件。

《论语》还把"言必信"放到具体的人际交往中加以倡导，"言必信"实际上在《论语》里已是话语交际的一条基本原则。《论语》借子夏之口明确说道："贤贤易色；事父母，能竭其力，事君，能致其身；与朋友交，言而有信。虽曰未学，吾必谓之学矣。"（《论语·学而篇第一》）值得注意的是"与朋友交，言而有信"也是"吾必谓之学矣"的事，即在《论语》中，"与朋友交，言而有信"也是人际交往的一个基本必要条件。

"言必信"的一个基本内涵是言行的和谐统一。言行和谐统一的前提是反对巧言令色，反对"佞言"。《论语·公冶长篇第五》指出："雍也仁而不佞。""焉用佞？御人以口给，屡憎于人。不知其仁，焉用佞？"《论语》并不是一般地抽象地反对"佞"，其反对的是不仁不义的花言巧语。"巧言令色，鲜矣仁。"（《论语·阳货篇第十七》）

《论语》反对巧言令色，提倡的是基于真诚的言语交流，是互信基础上的言语交际。可以说，真诚互信是语言和谐的基础。但真诚互信并不是要求对方"全盘"悦纳自己的所有话语。对此，孔子有着十分清醒的认识："回也，非助我者也，于吾言无所不说。"（《论语·先进篇第十一》）意思是，颜回不是对我有所帮助的人，他对我的话没有不喜欢的。颜回的话之所以对孔子没有帮助，恐怕主要是因为前者对后者的话不加分析、不加批判地"无所不说（悦）"。真诚互信基础上的言语交际可以

219

避免误解。《论语》有言:"君子信而后劳其民;未信,则以为厉己也。信而后谏;未信,则以为谤己也。"(《论语·子张篇第十九》)意思是,君子必须得到信任以后才去动员百姓;否则百姓会以为你在折磨他们。必须得到信任以后才去进谏,否则君上会以为你在毁谤他。① 这里,"进谏"无疑是一种言语交流,要有效避免进谏过程中的误解,"信"是必要条件。而真正做到真诚互信的一个必要条件则是:"不逆诈,不亿不信,抑亦先觉者,是贤乎!"(《论语·宪问第十四》)即:不预先怀疑别人的欺诈,也不无根据地猜测别人的不老实,却能及早发觉,这样的人是一位贤者。

在此前提下,《论语》提倡言行的和谐。这从《论语》以下有关叙述可以看出。

《论语·公冶长篇第五》载:"宰予昼寝。子曰:'朽木不可雕也,粪土之墙不可圬也;于予与何诛?'子曰:'始吾于人也,听其言而信其行;今吾于人也,听其言而观其行。于予与改是。'"无论是"听其言而信其行",还是"听其言而观其行",其实强调的都是言行务必统一,言与行不统一、不和谐是君子所不取的。在孔子看来,"君子疾夫舍曰欲之而必为之辞"(《论语·卫灵公篇第十五》)。"君子耻其言而过其行"。(《论语·宪问第十四》)意即"说得多,做得少,君子以为耻"②。之所以如此,主要是因为,"其言之不怍,则为之也难"(《论语·宪问第十四》)。意思是人如果大言不惭,他在行为上践行就不容易。"古者言之不出,耻躬之不逮也。"(《论语·里仁篇第四》)这里,"躬"之"逮"即是身体力行,言行必须统一,否则为人不齿,成为无耻之徒。《论语》还指出,"言忠信,行笃敬,虽蛮貊之邦行矣。言不忠信,行不笃敬,虽州里行乎哉?立,则见其参于前也;在舆,则见其倚于衡也,夫然后行"(《论语·卫灵公篇第十五》)。这里,"言"与"行"等量齐观、互文见义。

"言必信"的另一个内涵是说话要注意效果。《论语·先进篇第十

220

---

① 杨伯峻:《论语译注》,中华书局1980年版,第201页。
② 同上书,第156页。

一》指出，"夫人不言，言必有中"。就是说，一个人要么处于"讷"的
状态，要么他所说的话能切中肯綮。此外，"言必信"还要求不能"食
言"，要勇于兑现自己的承诺。《论语·颜渊篇第十二》指出，"'君子质
而已矣，何以文为？'子贡曰：'惜乎，夫子之说君子也，驷不及舌。文
犹质也，质犹文也。虎豹之鞟犹犬羊之鞟'"。这种"一言既出，驷马难
追"的言语表达效果上的要求对于历时表达仍然有效。《论语·宪问》
指出，"久要不忘平生之言，亦可以为成人矣"。其中的"久要"即主要
是就时间的历时维度而言的。

　　《论语》还进一步谈到，"信近于义，言可复也。恭近于礼，远耻辱
也。因不失其亲，亦可宗也"（《论语·学而篇第一》）。意即："所守的
约言符合义，说的话就能兑现。态度容貌的庄矜合于礼，就不致遭受侮
辱。依靠关系深的人，也就可靠了。"① 这实际上讲的是如何做到"言
必信"的问题。对于我们当下的言语实践不无启迪。

二　言必慎

　　如果说"言必信"是对语言的"质"的规定性，那么"言必慎"则
是对语言和谐的"式"（方式）的要求。

　　《论语》明确指出，"言"必须"无所苟"。《论语·子路篇第十三》
有言："故君子名之必可言也，言之必可行也。君子于其言，无所苟而
已矣。"对于"无所苟"的具体含义，《论语·为政篇第二》有较为明确
的说明："多闻阙疑，慎言其余，则寡尤；多见阙殆，慎行其余，则寡
悔。言寡尤，行寡悔，禄在其中矣。"意即：多听，有怀疑的地方，加
以保留；其余足以自信的部分，谨慎地说出，就能减少错误。多看，有
怀疑的地方，加以保留；其余足以自信的部分，谨慎地实行，就能减少
懊悔。言语的错误少，行动的懊悔少，官职俸禄就在这里面了。② 以上
孔子这番话是子张向孔子请教谋官职得俸禄的方法时孔子说的，显然，

221

---

①　杨伯峻：《论语译注》，中华书局 1980 年版，第 8 页。
②　同上书，第 19 页。

这里孔子是把"言必慎"与人的行为直接联系了起来，并且直接关系到个人的安身立命。"慎言"就能减少个人的错误，亦能在一定程度上减少懊悔。言语的错误少，行动的懊悔少，不仅是"干禄"的一个必要条件，同时也是自身愉悦及与他人和谐相处的必要条件。

之所以"言必慎"，主要是基于对言语活动的重要性的认识。往小了说，一言可以知人。"君子一言以为知，一言以为不知，言不可不慎也！"（《论语·子张篇第十九》）意即：高贵人物由一句话表现他的有知，也由一句话表现他的无知，所以说话不可不谨慎。往大了说，一言可以丧邦。《论语》载："曰：'一言而丧邦，有诸？'孔子对曰：'言不可以若是其几也。人之言曰："予无乐乎为君，唯其言而莫予违也。"'如其善而莫之违也，不亦善乎？如不善而莫之违也，不几乎一言而丧邦乎？'"（《论语·子路篇第十三》）在《论语》看来，如果一言不慎，则可能导致"丧邦"，祸莫大焉，故言不可不慎。

"言必慎"首先要求对于说话的内容要慎重。《论语·子罕篇第九》指出，"子罕言利与命与仁"。《论语·卫灵公篇第十五》也谈到，"吾之于人也，谁毁谁誉。如有所誉者，其有所试矣。斯民也，三代之所以直道而行也"。《论语·八佾篇第三》更是明确具体地指出，"成事不说，遂事不谏，既往不咎"。无疑，"利"、"命"、"成事"、"遂事"、"既往"等都是言谈的内容，"毁"、"誉"也直接与言谈的内容相关，《论语》认为，谈这些问题需要慎重。

说话的内容既已明确，则说话和听话要有分析，要根据情境而不断调整，不能不慎言。《论语·子罕篇第九》指出，"法语之言，能无从乎？改之为贵。巽与之言，能无说乎？绎之为贵。说而不绎，从而不改，吾末如之何也已矣"。这里的"绎"为"分析"之意，整段话意即：严肃而合乎原则的话，能够不接受吗？改正错误才可贵。顺从己意的话，能够不高兴吗？分析一下才可贵。盲目高兴，不加分析；表面接受，实际不改，这种人我是没有办法对付他的了。[①] 这段话难能可贵，它体现了辩证的思想，将语言的运用，尤其是表达与接受的互动提升到

① 杨伯峻：《论语译注》，中华书局1980年版，第94页。

222

了"和谐"的境界。此外,《论语·卫灵公篇第十五》所指出的"君子不以言举人,不以人废言"也十分深刻,它辩证地指出了"人"与"言"之间的和谐。《论语·宪问篇第十四》还指出了语言运用(言)与社会语境之间的互动。即"邦有道,危言危行;邦无道,危行言孙",实际上是说不同的政治语境下应该有不同的言语方式。

既然说话和听话要分析,则在一定意义上需要"讷于言","君子欲讷于言而敏于行"(《论语·里仁篇第四》)。"刚、毅、木、讷近仁。"(《论语·子路篇第十三》)所谓"讷于言"是指言语要谨慎。《论语》提倡"讷于言"的同时认为不可走极端,即不可"无言"。子曰:"予欲无言。"子贡曰:"子如不言,则小子何述焉?"(《论语·阳货篇第十七》)这其实也是一种和谐。

《论语》还进一步指出,言语要得体,与不同的对象应有不同的表达方法,在表达上应"和而不同"。《论语·乡党篇第十》载:"孔子于乡党,恂恂如也,似不能言者。其在宗庙朝廷,便便言,唯谨尔。朝,与下大夫言,侃侃如也;与上大夫言,訚訚如也。君在,踧踖如也,与与如也。"相应的,"入公门,鞠躬如也,如不容。立不中门,行不履阈。过位,色勃如也,足躩如也,其言似不足者。摄齐升堂,鞠躬如也,屏气似不息者。出,降一等,逞颜色,怡怡如也。没阶,趋进,翼如也。复其位,踧踖如也"(《论语·乡党篇第十》)。言必慎,还要求注重表达与接受的互动。这种互动可以体现为对改笔的重视,对言语修辞过程的全过程的不懈怠。《论语·宪问篇第十四》指出,"为命,裨谌草创之,世叔讨论之,行人子羽修饰之,东里子产润色之"。表达与接受的互动,亦体现为对言语表达时机的恰当把握。即要求:不失言,不失人,不躁,不隐,不瞽,不厌。"可与言而不与言,失人;不可与言而与之言,失言。知者不失人,亦不失言。"(《论语·卫灵公篇第十五》)"侍于君子有三愆:言未及之而言谓之躁,言及之而不言谓之隐,未见颜色而言谓之瞽。"(《论语·卫灵公篇第十五》)这其实强调的是言语活动的"不瘟不火"。"以告者过也。夫子时然后言,人不厌其言;乐然后笑,人不厌其笑;义然后取,人不厌其取。"(《论语·宪问篇第十四》)"夫子时然后言"是对言谈时机的把握。

223

"言必信"与"言必慎"是不矛盾的："慎"是为了接受方更"信"表达方，也是为了尽可能准确、充分地传情达意，并尽可能少地减少误解和不愉快，以最大可能地"和谐"；"信"又是"慎"的前提。"言必信"与"言必慎"二者在这个意义上和谐统一了起来。

三 言必雅

如果说"言必信"和"言必慎"主要是对语言表达者及其表达的要求，那么《论语》中的"言必雅"则是对语言和谐的"值"（效果）的要求，"言必雅"需要接受者的评判，如果言语表达"雅"则更有利于人际和谐，此即由语言和谐而带动了人际和谐。

《论语》所谓"雅言"并不仅仅是语言形式上的文雅，它还讲究内容与形式的和谐。《论语》指出，"质胜文则野，文胜质则史，文质彬彬，然后君子"（《论语·雍也第六》）。《论语》还注重语言外的"礼"、"仁"等与"雅言"的和谐统一。或者可以说，有"礼"，符合"仁义"的"言"即可视为一种"雅言"。"子所雅言？诗、书、执礼，皆雅言也。"（《论语·述而篇第七》）这里"诗"、"书"、"礼"在孔子那里在语言运用这个意义上是等量齐观的。《论语·颜渊篇第十二》直接道明了"礼"是"言"的必要条件："非礼勿视，非礼勿听，非礼勿言，非礼勿动。"此外，当"司马牛问仁"时，孔子谆谆教诲："仁者，其言也讱。"（《论语·颜渊篇第十二》）意为，"仁人，他的言语迟钝"。这里，根据司马迁的说法，"孔子的答语是针对问者'多言而躁'的缺点而说的"[①]。这至少表明：其一，《论语》认为"多言而躁"是不值得提倡的应该加以克服的言行举止，而"多言而躁"显然是不雅的。《论语》倡导："君子有三变：望之俨然，即之也温，听其言也厉。"（《论语·子张篇第十九》）意即：君子有三变：远远望着，庄严可畏；向他靠拢，温和可亲；听他的话，严厉不苟，此所谓"温文尔雅"。其二，孔子对学生"言语"方面的修养是十分重视的，他直接把有关言语方面的修养作

①　杨伯峻：《论语译注》，中华书局1980年版，第124页。

为"仁"的首要内涵。其三，孔子对于弟子语言修养方面的教诲也是因人施教的，不是一刀切，在语言修养的形成上体现了《论语》"和而不同"的和谐思想。

《论语》注重"德行"、"言语"、"政事"、"文学"的和谐。"有德者必有言，有言者不必有德。仁者必有勇，勇者不必有仁。"（《论语·宪问篇第十四》）此外，《论语》谈到，德行：颜渊、闵子骞、冉伯牛、仲弓；言语：宰我、子贡；政事：冉有、季路；文学：子游、子夏。（《论语·先进篇第十一》）《论语》把这四者并列等量齐观，体现了这四者的"和而不同"，同时，也表明，在《论语》那里，"言语"是和正统的"德行"、"政事"、"文学"一样雅正的。

进一步说，"名"、"义"与"言"的和谐统一，是雅言的必要条件。"言必雅"强调言语的"正"。所谓"名不正，则言不顺；言不顺，则事不成；事不成，则礼乐不兴；礼乐不兴，则刑罚不中；刑罚不中，则民无所措手足"（《论语·子路篇第十三》）。"名正"是"言顺"的必要条件。在《论语》看来，"道听而途说"是名不正言不顺的事，所以，"道听而途说，德之弃也"（《论语·阳货篇第十七》）。

以上表明，儒家经典文献《论语》所提倡的"言必信"、"言必慎"、"言必雅"，注重语言内外的和谐，重视内容与形式的和谐，表达与接受的和谐。"言必信"是对于语言和谐的"质"的规定，"言必慎"则是对于语言和谐的"式"的要求，"言必雅"则是对于语言和谐的"值"的要求。

（本文由张春泉执笔，曾作为"附录二"附于冯广艺《语言和谐论》书后，人民出版社 2007 年版）

试析《文心雕龙·神思》之修辞认知观

——兼谈《物色》与《神思》在认知观上的统一

［摘要］《神思》与《物色》在认知观上是统一的。刘勰提出了以"学"、"理"、"阅"、"致"、"宝"、"才"、"照"、"辞"为要素的修辞心

理结构观。刘勰重视感知、想象等在修辞认知过程中的存在、特征、功能，注重对修辞认知个性特征的探讨，总结出了诸如"博而能一"之类的修辞认知方式。《文心雕龙》体大虑周、博大精深，其修辞认知观是可信的、难能可贵的。

[关键词] 刘勰；《神思》；《物色》；修辞认知观；统一

认知（cognition）是人类认识世界的一种心理活动，是人对周围事物注意、感知、记忆、产生表象、形成概念并在此基础上进行分析、判断、推理以获取知识的信息处理过程。① 认知的目的有很多，以调整或适用语词适应题旨情境，即以修辞为旨归、着眼于修辞的认知即为修辞认知，修辞认知往往具有一定的情感及审美特质，在这一点上它不同于一般的格物致知式的认知。对这种修辞认知的具体看法即为我们所说的修辞认知观。

问世于公元 5 世纪、6 世纪之交的《文心雕龙》已初步具有了这种修辞认知观，"修辞思想之丰富、修辞范围之广阔、修辞观点之精当，都是空前的"②。其《神思》与《物色》篇所阐明或蕴涵的认知修辞观尤具前瞻性，值得我们今人重视。这里我们考察其修辞认知结构观、认知过程观、认知个性特征观、认知方式观等，兼谈《物色》与《神思》在认知观上的统一。

一　修辞认知结构观

"认知结构是在认识活动中形成的一种心理结构，它由个人过去的知识经验组成，是个人的全部知识（或观念）的内容和组织。"③ 修辞认知结构观就是对修辞所需的个人认知结构的看法。《神思》诸篇不乏对这种修辞认知结构的看法。

---

① 陈汝东：《认知修辞学》，广东教育出版社 2001 年版，第 11 页。

② 易蒲、李金苓：《汉语修辞学史纲》，吉林教育出版社 1989 年版，第 122 页。

③ 施铁如：《对普通心理学概念体系的思考》，《南京师范大学学报》（哲学社会科学版）1999 年第 1 期。

　　《神思》中的"志气"在某种意义上即为我们所说的修辞认知结构的较为笼统的说法。首先，《神思》认为个人认知结构（"志气"）对于修辞来说是十分重要的。即"神居胸臆，而志气统其关键"。这里的"志气"，陆侃如、牟世金解释为"作者主观的情态、气质"①。王元化先生亦认为"'志气'，在这里泛指情志与气质"，"刘勰在这里把'志气'当作指导想象活动的'关键'……这种看法同样值得注意"②。

　　其次，"志气"不是先天就有的，而是后天习得的，刘勰很清楚地认识到了这点。这种后天习得在刘勰看来实为"积"、"酌"、"研"、"驯"的过程。在此过程中，个人认知结构得以形成。即在刘勰看来，修辞认知结构集中表现为："积学以储宝，酌理以富才，研阅以穷照，驯致以怿辞。"（《神思》）刘勰的这一看法，用我们今天的话来说就是，"首先要认真学习来积累自己的知识，其次要辨明事理来丰富自己的才华，再次要参考自己的生活经验来获得对事物的彻底理解，最后要训练自己的情致来恰切地运用文辞"③。

　　这四个方面是相辅相成、具有一定层次性的。"积"、"酌"、"研"、"驯"的"难度"在某种意义上逐层递升，形成修辞认知结构的四个层次；相应的，"学"、"理"、"阅"、"致"、"宝"、"才"、"照"、"辞"构成了刘勰修辞认知结构的八个要素。落脚点为"辞"。显然，在刘勰看来，这种修辞认知结构往往是在修辞过程发生之前即已存在的。诚如黄侃先生所言：此下四语（即指我们以上所引"积学以储宝"等四句——引者注），其事皆立于神思之先，古曰驭文之首术，谋篇之大端。言于此未尝致功，即徒思无益，故后文又曰：秉心养术，无务苦虑，含章司契，不必劳情。言诚能秉心养术，则思虑不至有困；诚能含章司契，则情志无用徒劳也。④ 也就是在这些意义上，刘勰说"神居胸臆，而志气统其关键"。

　　神居胸臆，"统其关键"的"志气"同样居"胸臆"，以认知结

227

---

① 陆侃如、牟世金：《文心雕龙译注》，齐鲁书社1995年版，第360页。
② 王元化：《文心雕龙讲疏》，上海古籍出版社1992年版，第110页。
③ 陆侃如、牟世金：《文心雕龙译注》，齐鲁书社1995年版，第362页。
④ 黄侃：《文心雕龙札记》，上海古籍出版社2000年版，第94页。

构的方式存在于、内化于人的大脑，即刘勰时代之所谓"心"中。进一步看，刘勰之"积学"、"酌理"、"研阅"、"驯致"分别"积"、"酌"、"研"、"驯"的对象外延主要是什么呢？这可以从《物色》里找到结果。

《物色》有言，"物色之动，心亦摇焉"。"心"与"物"有了一定的关系，即存在于心、内化于心的认知结构与"物色"的关系也可由此找到对应理据。《物色》首先告诉我们"物色"是可以认知的。毕竟，"岁有其物，物有其容"，"四时之动物深矣"，且为万物之灵长的人类"若夫璋挺其惠心，英华秀其清气"，在"物色相召"的前提下，"人谁获安"（《物色》）。

此外，"物色"之可认知性还可以从"物"之所指找到根据。据王元化先生的考释，"《文心雕龙》一书，用物字凡四十八处……除极少数外，都具有同一含义。以创作论各篇来说，如：《神思篇》物字三见，皆同本篇（即《物色》——引者注）'神与物游'中物字之训。……《物色篇》物字八见，皆同本篇（即《物色》——引者注）'诗人感物，联类不穷'中物字之训。……这些物字含义相同……亦即《原道篇》所谓郁然有彩的'无识之物'，作为代表外境或自然景物的称谓。《文心雕龙》自有一完整的体系，其中论点往往前后呼应。……《神思篇》'思理为妙，神与物游'，显然都是同申《物色篇》'随物宛转'，'与心徘徊'之旨"①。

显然，"物"之作为认知对象在《神思》与《物色》中有共同的所指：均指代外境或自然景物。然而对这些外境或自然景物的认知又决不是"格物致知"式的认知，而是修辞上的认知。这首先表现为，其认知的动机是为了"为文"，是为"文心"，"夫'文心'者，言为文之用心也"（《文心雕龙·序志》）。其次，其认知模式亦不是纯"格物致知"式的，而是"联类不穷"，"流连万象之际，沈吟视听之区，写气图貌，既随物以宛转；属采附声，亦与心而徘徊"（《物色》）。即"可以联想到各种各样类似的事物；依恋徘徊于宇宙万物之间，而对他所见所闻进行深

228

---

① 王元化：《文心雕龙讲疏》，上海古籍出版社 1992 年版，第 94 页。

思默想。描写景物的神貌，既是随着景物而变化；辞采音节的安排，又必须结合自己的思想情感来细心琢磨"①。其中，"随物以宛转"，即《神思》篇所说的"神与物游"，"与风云而并驱"② 之意。——《神思》与《物色》又在这个意义上统一了起来。在这一前提下，"以少总多，情貌无遗矣"（《物色》）。另外，《神思》《物色》中的认知观是修辞认知观还可以从刘勰所考察的认知主体看出。其中涉及的认知主体多为"诗人"（文人）这一特殊的以极尽修辞为能事的群体，"诗人感物"即为明证。

二　修辞认知过程观

认知过程就是通过感觉、知觉、记忆、思维、想象等心理活动来弄清事物的性质和规律，使个体获得知识的心理过程。③ 修辞认知过程就是着眼于修辞、以修辞为旨归的认知过程，这一过程尤其强调感知、想象，并由情感倾向与审美情趣伴随始终。《神思》有关修辞认知过程的看法至今看来仍不乏真知灼见。

《神思》首先以修辞的方式描述了修辞认知过程的初始阶段。即"夫神思方运，万涂竞萌；规矩虚位，刻镂无形。登山则情满于山，观海则意溢于海；我才之多少，将与风云而并驱矣"（《神思》）。神思的运作之初亦为情绪情感萌生之始，表现为"万涂竞萌"，思绪万千，"百感"交集。随即通过"规矩"和"刻镂"这一认知、致思手段将"虚位"、"无形"具体化。紧接着，刘勰以"登山"、"观海"这两个修辞意象为例，说明"情"、"意"的相伴相生。此外，还"将与风云而并驱"，实乃"物沿耳目"之体现。这里的"物"即《物色》篇多次提及之"物"。"亦即外境或自然景物。"似可认为，"物沿耳目"是修辞认知的初始阶段，表现为"物沿耳目而辞令管其枢机。枢机方通，则物无隐

229

---

①　陆侃如、牟世金：《文心雕龙译注》，齐鲁书社 1995 年版，第 551 页。
②　同上书，第 550 页。
③　李伯约：《论认知系统》，《云南师范大学学报》（哲学社会科学版）2000 年第 4 期。

貌"（《神思》），意即外物接触到作者的耳目，主要是靠优美的语言来表达。如果语言运用得好，那么事物的形貌就可以完全刻画出来。① 这里，刘勰天才地认识到了语言是作为修辞感知的手段而出现的。语言与认知的关系即此表现为修辞感知。引而申之，就语言与认知的关系来说，语言是人们感知世界的一个手段，而且是最主要的手段，它也是人们积累知识的手段，而且是最重要的手段，在认知图示中，也有非语言的手段，但这二者不是对称的。② 看来，《神思》的这一修辞感知观实可视为后人关于语言与认知关系看法之滥觞。显然，以语言的方式，用刘勰的话说就是以"辞令管其枢机"的方式体察省视外物的认知方式需诉诸"辞令"的运用（其实，辞令本身即含有"运用"之意），说到底，这种以语言运用的方式进行的、隐含着修辞动机的感知观即为我们所说的修辞感知观。

有了对外境或自然景物之"物"的认知，即修辞感知之后，修辞想象也就有了可能。刘勰于《神思》中及时指明了修辞认知过程中想象的存在、特点及其功能。

《神思》首先指明了修辞想象存在的可能性与必要性。"独照之匠，窥意象而运斤"（《神思》）。不难理解，这一命题至少蕴涵了：一、意象是存在的。不存在，焉能"窥"？二、"窥意象而运斤"是成为"独照之匠"的必要条件。能自觉地运用意象，是"匠"之"独照"，这里的"意象"须臾离不开后人之所谓"想象"。刘勰以类比的方式谈到了为文需诉诸想象。"文之思也，其神远矣"（《神思》）则描述了想象的基本特征。照黄侃先生的理解，此言思心之用，不限于身观，或感物而造端，或凭心而构象，无有幽深远近，皆思理之所行也。寻心智之象，约有二端，一则缘此知彼，有量之能；一则即异求同，有综合之用。③

无论是缘此知彼，还是即异求同，均为求知的过程，是个体获得知识的心理过程。诚如时光先生所言，"人的认知过程从物质到思想和从

230

---

① 陆侃如、牟世金：《文心雕龙译注》，齐鲁书社1995年版，第361页。

② 胡壮麟：《语言·认知·隐喻》，《现代外语》1997年第4期。

③ 黄侃：《文心雕龙札记》，上海古籍出版社2000年版，第93页。

思想到物质，都离不开想象的辅助作用，没有想象，也就不可能有真正完整意义上的人类认知"①。

　　接着，"寂然凝虑，思接千载；悄焉动容，视通万里"是对修辞想象的上述特征的进一步说明。想象就像思维腾飞的翅膀，其中"千载"、"万里"以修辞的方式状出了想象的超时空性，刘勰能于公元 5 世纪提出这样的看法，实属难能可贵。

　　除了描述想象的主要特征，刘勰还注意到了想象的基本修辞功能。"拙辞或孕于巧义，庸事或萌于新意。视布于麻，虽云未费；杼轴献功，焕然乃珍"（《神思》）。"杼轴献功"是对想象功能的一个十分形象的说法，但这里所谓"杼轴献功"并不一定仅指"文贵修饰润色"，② 王元化先生较为雄辩地辨正了将之理解为"文贵修饰润色"。③ 事实上，若着眼于我们所谓修辞认知观亦不难理解"杼轴献功"非"文贵修饰润色"。

　　首先，今人卓有成效的研究业已表明，"想象不仅能够使人创造各种特定意义的符号，还能使人发明出各种具有特定规则的运用符号的形式，从而使符号的意义产生多种变化，如'诗的语言'就通过这种独特的符号运用形式，从而成为与日常语言的意义大相径庭的一种特殊的符号解释"④。显然，想象的这种"发明"在某种意义上与刘勰"情数诡杂，体变迁贸"略当，而日常语言与诗的语言似可视为"麻"与"布"的关系。既为发明，则不应是简单的"修饰润色"。其次，修辞也并不是单纯的对文辞的修饰润色，它是指对语词的调整或适用，"既不一定是修饰，更一定不是离了意和情的修饰"⑤。而这里刘勰之所谓"杼轴献功"处处离不开意和情。

　　事实上，刘勰《神思》在关于想象的论述中多次提及"情"。比如"若情数诡杂"，"神用象通，情变所孕"，意即"精神靠物象来贯通，是

231

　　① 时光：《思维腾飞的翅膀——论想象的认知功能》，《西南民族学院学报》（哲学社会科学版）1996 年第 3 期。

　　② 黄侃：《文心雕龙札记》，上海古籍出版社 2000 年版，第 95 页。

　　③ 王元化：《文心雕龙讲疏》，上海古籍出版社 1992 年版，第 107 页。

　　④ 时光：《思维腾飞的翅膀——论想象的认知功能》，《西南民族学院学报》（哲学社会科学版）1996 年第 3 期。

　　⑤ 陈望道：《修辞学发凡》，上海教育出版社 1997 年版，第 3 页。

情思变化所孕育的"①，"含章司契，不必劳情也"，等等。我们甚至可以说刘勰关于修辞认知过程的讨论处处结合着"情"，所谓"属采附声，亦与心而徘徊"（《物色》）（意即"运用辞藻和摹状声音，又要联系着自己的心情来斟酌"②），又如刘氏在其《物色·赞》中有言："情往似赠，兴来如答"（意即"用感情来看景物，像投赠；景物引起创作兴会，像酬答"③）。显然，以情接物是修辞认知不同于一般认知格物致知的一个重要方面。《物色》与《神思》在此又统一了起来。

刘勰以情接物的这种修辞认知观与现代哲人的相关看法在某种意义上有其相通之处。海德格尔说："我们对世界的知觉，首先是由情绪和情感揭开的，并不是靠概念，这种情绪和情感的存在方式，要先于一切主体对对象的区别。"④ 或者更明确一点说，"情感总是参与着人的认知选择，并制约着认知的内容"⑤，修辞认知尤然。

三 修辞认知个性特征观

修辞认知个性特征是修辞认知过程与修辞认知结构的具体体现。刘勰《文心雕龙·神思》对修辞认知个性特征的看法同样不乏可取之处。

《神思》首先谈到了修辞认知个性特征存在的原因，即"人之禀才，迟速异分；文之制体，大小殊功"。"异"和"殊"见出个性，显示出差别。人（认知主体）的才能与文章（修辞作品）的体裁、篇幅等不可能完全相同，这是修辞认知个性形成的必要条件。紧接着，《神思》列举了司马相如、扬雄、桓谭、王充、张衡、左思、刘安、枚皋、曹植、王粲、阮瑀等文人修辞认知过程的迟速之不同。并据之归纳出相应的两类修辞认知个性特征：骏发（文思敏捷）型，其特征：心总要术，敏在虑

232

---

① 周振甫：《文心雕龙今译》，中华书局1986年版，第253页。
② 同上书，第415页。
③ 同上书，第419页。
④ 时光：《论认知过程中的情感》，《西南民族学院学报》（哲学社会科学版）1997年第2期。
⑤ 同上。

前，应机立断。覃思（文思迟缓）型，其特征：情饶歧路，鉴在疑后，研虑方定。然后，刘氏着眼于修辞认知结构，考察了这些个性特征形成的原因，"机敏故造次而成功，疑虑故愈久而致绩；难易非殊，并资博练"。这里"并资博练"，即两种类型的修辞认知个性的形成同样依靠多方面的训练，实指从"积学"、"酌理"、"研阅"、"驯致"等认知结构上不断加以完善。

类似的，《物色》指出"然物有恒姿，而思无定检；或率尔造极，或精思愈疏"，是对修辞认知个性特征得以形成的原因的进一步说明。作为认知对象之一的物"有恒姿"，而认知主体"思无定检"。这其间"有"与"无"的矛盾运动是个性特征形成的基本驱力。既然如此，要有效认知，就得有相应的策略。于是，《物色》提出了"据要害"、"善于适要"等看法，即要善于抓住事物的主要特征。① 刘勰的这一认知策略，已经与我们今天认知科学中的特征说"比较接近"。"照特征说看来，特征和特征分析在模式识别中起着关键的作用。它认为外部刺激在人的长时记忆中，是以其各种特征来表征的，在模式识别过程中，首先要对刺激的特征进行分析，也即抽取刺激的有关特征，然后将这些抽取的特征加以合并，再与长时记忆中的各种刺激的特征进行比较，一旦获得最佳的匹配，外部刺激就被识别了。"② 其中的"匹配"即与以上刘勰所谓之"据"与"适"在某种意义上可近似地看待，刘勰之"善于适要"即蕴涵了今之特征说所谓要"比较"及求"最佳的匹配"。当然，我们这里说的是"比较接近"，由于文化背景及时代的局限，刘勰只能定性地提出这一认知策略。我们这里似不可求全责备于古人，亦不可不加分析地将其与今人比附。

233

四　修辞认知方式观

与修辞认知个性特征相适应，《神思》提出了自己的修辞认知方式

① 陆侃如、牟世金：《文心雕龙译注》，齐鲁书社1995年版，第53页。
② 王甦、汪安圣：《认知心理学》，北京大学出版社1992年版，第56页。

观，集中体现为大力倡导"博而能一"。"博而能一"意即"见识广博，博而又有重点"。①为什么要取"博而能一"的认知致思倾向呢？因为"博见为馈贫之粮，贯一为拯乱之药"（《神思》），既为"粮"、"药"则"博而能一"于刘勰看来势必善莫大焉。

"博而能一"观在《文心雕龙》中不是兴之所致，偶尔补缀的，这首先从刘氏"煞有介事"地说"博而能一，亦有助于心力矣"（《神思》）可以看出。另外，从《物色》篇里刘勰所谓"并据要害"、"善于适要"以及"以少总多"亦可看出，《物色》中"以少总多"等在某种意义上是与"博而能一"前后呼应、衔接连贯、逻辑统一的。《物色》之"以少总多"、"据要害"、"善于适要"等可视为"博而能一"的前提与必然要求。《文心雕龙》之体大虑周于此可窥其一斑。

无疑，刘勰所倡之"博而能一"修辞认知方式观是有意义的，诚如黄侃先生所言，"博而能一，四字最要。不博，则苦其空疏；不一，则忧其凌杂。于此致意，庶思学不致偏废，而罔殆之患可以免"②。"博而能一"强调"博"与"一"的对立统一，带有朴素的辩证色彩。"博而能一"的实现途径即为"以少总多"、"并据要害"、"善于适要"，朴素的唯物辩证法之"两点论"与"重点论"于此已现端倪。

刘勰能有这样的修辞认知方式观不是偶然的，这至少可以从《文心雕龙》本身找到理据。《神思》赞曰"结虑司契，垂帷制胜"，刘勰对"契"（法则，不妨在此名之为"修辞认知方式"）的重视还可见于《总术》，"思无定契，理有恒存"。这里"有"、"无"的辩证统一，即显示了刘勰对认知的乐观态度，难怪黄侃不无赞赏地说："'思有定契，理有恒存'八字最要。不知思无定契，则谓文有定格，不知理有恒存，则谓文可妄为。"③

至此，亦有必要指出，刘勰之"博而能一"、"以少总多"、"善于适要"等认知方式观仍然主要是就"为文"而提出的，是其对调整适用语

234

---

① 陆侃如、牟世金：《文心雕龙译注》，齐鲁书社 1995 年版，第 365 页。
② 黄侃：《文心雕龙札记》，上海古籍出版社 2000 年版，第 95 页。
③ 同上书，第 216 页。

辞时如何认知的一些看法，我们也就是在这个意义上名其为"修辞认知方式观"。我们不宜将其任意拔高。

我们以上的讨论似已表明，《神思》与《物色》在认知观上是统一的，二者互为补充，借此亦可管窥整个《文心雕龙》之体大虑周。而刘勰能完成这样体大虑周、博大精深的皇皇巨制，若没有相对科学的认知观作基础是令人难以想象的。足见刘勰已具备了相当的"认知结构"。换言之，刘勰《文心雕龙·神思》等阐明的修辞认知观是有现实基础的、是可信的。

当然，《神思》"修辞认知观"也不可以随意附会、任意拔高。明确这些，似更有利于我们推原《神思》《物色》，甚至整个《文心雕龙》。

（本文原刊于《江苏大学学报》2003 年第 2 期）

陈骙《文则》的修辞研究方法举隅

[摘要] 陈骙《文则》考察修辞现象的方法至今仍有意义。着眼于汉语修辞学史，从"假之以渔"，而不是"假之以鱼"的角度，可发现《文则》中蕴涵着素朴的辩证综合法、直观分析法、有限演绎法，实在难能可贵，值得今人批判地继承。

[关键词] 《文则》；修辞；辩证综合；直观分析；有限演绎

中国第一部修辞学专著陈骙的《文则》于南宋孝宗乾道六年（公元 1170 年）问世，"《文则》已成为我国修辞学史上的珍贵遗产之一"[①]。这在某种意义上得益于其对研究方法的注重。这里，我们拟在前人研究的基础上，着眼于修辞学史，从"假之以渔"而不是"假之以鱼"的角度，探讨其独具特色的辩证综合法、直观分析法、有限演绎法。

235

---

① 宗廷虎、李金苓：《中国修辞学通史：隋唐五代宋金元卷》，吉林教育出版社 1998 年版，第 361 页。

一　素朴的辩证综合法

辩证综合指《文则》常综合运用方言、语法等方面的手段与成果研究"著文之则"，却仍然不失为一部修辞学专著。陈骙《文则》使用的综合法不是简单的糅合，而是"辩证综合"，这在当时是别树一帜、颇具特色的。尽管它在某种意义上仍然是素朴的。

例如在谈到"《商盘》告民，民何以晓"（《文则·戊二》）这一修辞表达与修辞理解的历时性问题时，陈氏已涉及方言训诂：

> 然在当时，用民间之通语，非若后世待训诂而后明。且"颠木之有由蘖"，使晋卫间人读之，则蘖知为餘也。"不能胥匡以生"，使东齐间人读之，则胥知为皆也。"钦念以忱"，使燕代间人读之，则忱知为诚也。由此考之，当时岂不然乎？①

显然，上例看问题的角度与方法契合了汉代扬雄在其《牰轩使者绝代语释别国方言》中首倡的"通古今之异言，释方俗之殊语"，是对方言训诂的自觉运用。

陈骙《文则》对方言训诂与修辞的辩证综合还见于该著"戊三"、"戊四"等部分：

> 诗文待训明者，亦本风土所宜。且"王室如燬"，使齐人读之，则燬为常语。"六日不詹"，使楚人读之，则詹为常语。（《文则·戊三》）
>
> 《仪礼》，周家之制也，事涉威仪，文苦而难读。《乡党》，孔门之纪也，言关训则，文婉而易观，今略摘仪礼之文，证以乡党，昭然辨矣。（《文则·戊四》）

以上"戊三"部分以方言证"诗文待训明者，亦本风土所宜"，这

---

① 陈骙:《文则》，人民文学出版社 1998 年版，第 22 页。

里的"风土"似可视为一种广义语境（社会情景语境），"本风土所宜"实为应适应语境。分析表明，陈骙这里的落脚点仍然为修辞的基本问题，尽管他所谈的看起来是方言训诂问题。

除了方言训诂，《文则》还常以辩证综合语法探究修辞问题，这具体表现在它对助词用法的格外重视等方面。《文则》指出：

> 文有助辞，犹礼之有傧，乐之有相也。礼无傧则不行，乐无相则不谐，文无助则不顺。（《文则·乙一》）

一般说来，助词的用法问题属于语法问题，然而陈氏在这里讨论助词并不是起于助词止于助词，而是起于助词止于修辞，这从其每对助词的用法探究完毕之后的按断可以看出："……凡此一句而三字连助，不嫌其多也。""……而四字为助，亦不嫌其多也。""……凡此四字成句，而助词半之，不如是文不健也。""……此文每句终用助，读之殊无龃龉艰辛之态。"（《文则·乙一》）显然，陈氏探讨助词的目的仍然是如何提高修辞效果（含表达效果、理解效果），尤其是理解效果，譬如"读之殊无龃龉艰辛之态"即是主要针对读者的接受理解情况而言的。

一言以蔽之，陈骙《文则》使用综合法而无杂糅之感，其主旨（探究"著文之则"）十分鲜明，我们主要就是在这个意义上说其为辩证综合。

二　直观分析法

陈骙《文则》中的直观分析法指的是一种基于形式的分析方法，这集中表现在其对比喻的分类等方面。陈骙能够自觉地采用直观分析法对比喻等修辞现象进行分类，实属难能可贵。只不过，我们也应同时看到陈氏的分析、分类还是很朴素、直观的。这里，我们以其对比喻的分类管窥其直观分析法。

首先，陈骙将"取喻之法"分为十类："一曰直喻。或言犹，或言

237

若，或言如，或言似，灼然可见。……二曰隐喻。其文虽晦，义则可寻。……三曰类喻。取其一类，以次喻之。……四曰诘喻。虽为喻文，似成诘难。……五曰对喻。先比后证，上下相符。……六曰博喻。取以为喻，不一而足。……七曰简喻。其文虽略，其意甚明。……八曰详喻。须假多辞，然后义显。……九曰引喻。援取前言，以证其事。……十曰虚喻。既不指物，亦不指事。"其中，对直喻的界定是纯粹基于语言形式的直观，因为它需要"灼然可见"的"犹"、"若"等。对隐喻的界定也是一种直观，"文"、"义"对举，则"文"势必为形式，这样"隐喻"的"隐"或曰"晦"就是缺乏直观的类似于明喻的比喻词了。类似的"博喻"、"简喻"、"详喻"、"引喻"等均为基于形式的分析。至于其中的"虚喻"得特别指出，不妨将之视为陈氏直观分析的极端，这从其引例可以看出："《论语》曰：'其言似不足者。'《老子》曰：'飂兮似无所止'"（《文则·丙一》）。不难看出，陈氏引以为证的例子只是句中有"似"这一字样，然而这里的"似"决不是比喻词，其实陈氏已多多少少意识到了这点，否则，他会把"虚喻"并入同样有着"似"这一言语形式（"或言似"）的直喻中去。至于其所谓"诘喻"与"对喻"似可视为今天我们所说的反诘与对比。

其次，从方法论的角度来说，分类是建立模型和理论所必要的第一步。从交际的角度来说，分类使我们更接受"交际意图"的识别。[①] 也就是说，分类在理论体系的建构中有着举足轻重的地位，与"交际意图"密切相关的修辞学尤然。陈骙《文则》中的分类思想无疑是其系统分析"其则著矣"（《文则·序》）的"古之文"的一必要条件，这在某种意义上使《文则》成为我国第一部修辞学专著有了可能。然而，我们仍然不可忽略的是，陈氏由于时代与文化的局限，未能从更严格的意义上使用分析法，就对比喻的分类而言，其分出的十类显然不在同一个层面上，即一次分类的依据不统一。事实上，"直喻"与"隐喻"作为比喻的子类，二者的外延不兼容，二者放在一起正好构成比喻的全部，作此划分的依据应是有无比喻词。同样，简喻与详喻亦正好相应相对，可

---

① 刘正光：《评关联理论对言语行为理论的批判》，《外国语》2000 年第 6 期。

看作对比喻依文字的繁简作出的分类。而其他子类则外延多有交叉，失之于直观杂糅。我们也就是在这些意义上称陈氏的分析法为直观分析法。

三　有限演绎法

一般说来，演绎法是从一般到个别，陈骙《文则》即常使用这种方法，只是陈氏的演绎法还未能构成一个严格意义上的演绎系统，我们就是在这个意义上称其为有限演绎法。考察表明，《文则》中的有限演绎法有的使用一些语言标志，借此较为清晰地标明其所阐述的是一般到个别，有时只是意义上的一般到个别，没有明显的语言标志。我们把前者称为有标有限演绎法，后者称为无标有限演绎法。

1. 有标有限演绎法

《文则》使用演绎法时常用的语言形式有"略条于后"，以及用数目字标明一般与个别等。例如：

> 大抵经传之文，有相类者，非固出于蹈袭，实理之所在，不约而同也。略条于后，则可推矣。（《文则·庚二》）

上例即用了"略条于后，则可推矣"的提示语。再如：

> 《考工记》之文，榷而论之，盖有三类：一曰雄健而雅，二曰宛曲而峻，三曰整齐而醇。略条于后。（《文则·巳四》）

此例从总体上讲是对"《考工记》之文"的归纳，但对归纳的结果的表述则使用的是演绎法："榷而论之，盖有三类"相对于"一曰……二曰……三曰……"来说是一般，是一种抽象，后者则是相对具体的、个别的，或者可以说前者是对后者的概括。此外，这里的"略条于后"亦提示人们紧跟其后的文字将是对"雄健而雅"等的具体阐述，讨论的亦必为个别情况。

239

2. 无标有限演绎法

这种情形没有明显的语言形式对其演绎推理作出提示、说明。例如：

> 夫文有病辞，有疑辞。病辞者，读其辞则病，究其意则安。如《曲礼》曰："猩猩能言，不离禽兽。"《系辞》曰："润之以风雨。"盖禽字于猩猩为病，润字于风为病也。疑辞者，读其辞则疑，究其意则断。如《何彼秾矣》曰："平王之孙。"《檀弓》曰："容居，鲁人也。"盖平王疑为东迁之平王，鲁人疑为鲁国之人也。凡观此文，可不深考？（《文则·乙四》）

上例分列并承，渐趋具体：首先提出"文有病辞，有疑辞"，接着分别讨论"病辞"与"疑辞"的"辞"与"意"，然后分别以例证的方式将"病辞"、"疑辞"具体化，落实到个别。

有限演绎法的使用无疑有助于陈骙对修辞现象的系统考察。似可认为这是陈骙较刘勰等前人在方法论上的超越。

以上我们粗略考察了陈骙《文则》中的几种在当时较有特色至今仍有一定意义的研究方法，这些方法于陈氏修辞观的建立"善莫大焉"。此外，蔚为大观的《文则》还使用了归纳法、比较法等亦不乏独到之处的研究方法，只是对于后者，前人、时贤已述备矣，故我们于此举其一隅，不及其余。

（本文原刊于《沈阳师范学院学报》2002 年第 4 期）

陈望道《因明学概略》之语用逻辑观

[摘要] 因明是一种言语博弈理论，是一种语用逻辑，语用逻辑和言语博弈统一于对语言的使用，集中体现人类的言辩智慧。陈望道《因

明学概略》对因明所做的深入浅出的语用逻辑上的阐发值得当下学界重视。因明意义上的言语博弈是一种游戏式对话，对话过程中注重"悟他"，"悟他"过程中孜孜以求"赢得"。

　　［关键词］因明；言语博弈；陈望道；语用逻辑；对话；悟他；赢得

　　"因明"是梵语"hetuvidyā"的意译。在概念表述上是"因"（He-tu）与"明"（Vidyā）的合成。"'因'梵语为'醯都'（Hetu），含有理由、原因、知识之因的意思。'明'梵语称为'费陀'（Vidyā），含义略当于汉语的'学'字。"① "因"有广狭二义："狭义的因，是相对于宗而言的，它的地位大体上与小前提相同；广义的因是从立敌两方面来分别的，在立论者一方来说称生因，在敌论者一方来说称了因。"② 我们这里主要考察广义的因。广义的因以言生因为主。更为简明地说，之于因明，"只要将因解作立言的'所据'或'理由'；而以因明两字做探究阐明立言的所据或理由的意思解，就够了（参见胡茂如译《论理学》第二编）"③。显然，这里强调的是立言理据。"立言"实则言语运用过程。

　　作为立言理据的因明体现了多个（两个或两个以上）言语主体之间的以言辩的方式展开的交互作用。诚如陈望道先生所指出的，"因明实是一种探究主客往复论辩的法则的学术"④。陈望道先生是在全面考辨因明与逻辑的关系、阐发因明的要义之后于《因明学概略》的《余论》中提出的这种看法。

　　在我们看来，"探究主客往复论辩的法则的学术"在一定意义上探究的是言语博弈。因明即是一种言语博弈理论。什么叫博弈？这里所说的博弈的英文形式为 game，我们有时将它翻译成"游戏"。而在西方，

241

---

① 虞愚：《玄奘对因明的贡献》，《中国社会科学》1981 年第 1 期。
② 沈剑英：《因明学研究》修订本，东方出版中心 2002 年版，第 61 页。
③ 陈望道：《因明学概略》，复旦大学语言研究室编《陈望道文集》第二卷，上海人民出版社 1980 年版，第 93 页。
④ 同上书，第 159 页。

game 的意义不同于汉语日常用语中的游戏（在汉语日常用语中，游戏有"儿戏"的味道）。在英语中，game 即是人们遵循一定规则下的活动，进行游戏的人的目的是使自己"赢"。①

一言以蔽之，"博弈是对两个或两个以上决策者参与的局势的一种处置，这种处置可以用对策模型来描述"②。这里的"对策模型"说到底即是一种策略，用以获取一种赢得。"赢得"简单地说，就是获胜，包括说服等。言语博弈就是在一定规则和策略支配下以"赢得"为目的由两个或两个以上言语主体（决策者）参与的一种往复论辩。不妨认为，一个完整的言语博弈往往由博弈（对话）规则、局中人（言语主体）、话语、赢得等要件构成。

陈望道《因明学概略》即对因明做了这种言语博弈上的阐发，虽然《因明学概略》未及明确提出因明是一种言语博弈理论。《因明学概略》是陈望道先生"读完了文字艰深晦涩的主要因明学著作和一些文字简明平易的因明学讲义和论文"③于 1930 年 12 月写成的，它"吸取了日本学者村上专精、大西祝等的研究成果，用现代逻辑工具来分析因明义理，附有八幅欧氏图和图表二十余幅，在 20 世纪 30 年代是很有影响的一本因明通俗读物"④。是我国较早的"文字平易说解简明"的因明学专著。

我们认为，作为言语博弈理论的因明实乃一种语用逻辑。语用逻辑简单地说，就是以逻辑作为工具研究特定语境中以语言为媒介的有关认知和交际的理论。陈望道《因明学概略》等论著中对因明的研究所体现的语用逻辑观值得我们重视。着眼于言语博弈，在语用逻辑观观照下的因明约略可从以下数端得到描述和阐发。

---

① 潘天群：《中华读书报》2002 年 8 月 29 日。

② ［英］L. C. 托马斯：《对策论及其应用》，靳敏、王辉青译，解放军出版社 1988 年版，第 304 页。

③ 陈望道：《因明学概略》，复旦大学语言研究室编《陈望道文集》第二卷，上海人民出版社 1980 年版，第 91 页。

④ 姚南强：《百年来的中国因明学研究》，《中国社会科学》1994 年第 5 期。

一　"游戏"式对话

对话的方式或许可以有很多种，比如有诉诸文学语言的审美式对话，有诉诸日常语言的游戏式对话等。在我们看来，因明应该是一种关于"游戏"式对话的理论。

游戏式对话的典型形式是论辩。"而论辩不会没有问答，也不会没有应当注意的事项。所以佛书所说关于问答的方法和论争应当注意的事项也颇与因明有点关系。"① 以上陈望道特别指出佛书的问答与因明的关系，值得我们注意。佛书把问分为五种，把答分为四种，即所谓五问四答式。所谓五问，就是：（一）不解故问；（二）疑惑故问；（三）试验故问；（四）轻触故问；（五）为欲利乐有情故问。以上是从问的目的上分。所谓四答，就是《涅槃经》所述：（一）一向记；（二）分别记；（三）反问记；（四）舍置记。以上是从答问的方式上分。如前所述，因明是探究主客往复论辩的法则的学术，既然是"往复论辩"，则这一过程势必是多种形式的和可能持续的，这就蕴涵了这种"对话"的存在及其游戏性。

"对话"是以语言为中介展开的。作为中介的语言势必处于被使用状态，而"言语"即是语言的使用。语言的使用是语用学或语用逻辑的基本研究对象，看来，因明与语用逻辑均格外关注"言语"问题。不妨说，二者在这个意义上可以等量齐观。

陈望道格外注意凸显因明的言语性。譬如《因明学概略》从"谬误"的角度指出，"所以新因明的谬误，都是指形为言语的而言"（《陈望道文集》，第 156 页）。我们知道，"谬误"是逻辑研究的一个重要领域，而这里陈望道直接将"谬误"与"言语"联系起来，实乃言语与逻辑的结合。与谬误密切相关、相似的是有关"过失"的问题，"过失"是因明的一个十分重要的概念，陈望道阐述了"喻过"

① 陈望道：《因明学概略》，复旦大学语言研究室编《陈望道文集》第二卷，上海人民出版社 1980 年版，第 159 页。

与"因过"的性质的不同。"原本在少相阙中，阙后二相者，在喻也必不免有过失。所以凡是有少相阙的，可以说是必定也有义少阙的。从这一点说，既经检点了少相阙，似乎不必再检点义少阙。但有义少阙的，却不一定都有少相阙。因为也许义理本全，而言语上却有缺点的"（《陈望道文集》，第150—151页）。"喻过"中"言语"的过失（缺点）不容忽视。此外，"法差别相违者，正如前说，法是宗依的后陈，差别是指它的意里藏蓄的意义，即指所谓'意许'而言；所以所谓法差别相违，简单明了地说，就是所用的因和宗后陈的意许相违的一种过失"（《陈望道文集》，第145页）。陈望道先生对这种过失做了解释："所以有这过失，大抵由于论者想在法（宗后陈）上调弄方术，由于论者遇到用露在表面的语言直说出来有些困难的时候，特意在宗后陈上用了含蓄的文字，想要使宗成立，不知不觉间陷入了这一种谬误的。"（《陈望道文集》，第145页）陈望道同时指出，"法差别相违过在因明上算是最难了解的一处"（《陈望道文集》，第146页）。之所以"算是最难了解"，恐怕主要是因为"论者"使用了"含蓄的文字"。而对"含蓄的文字"的使用与其说是因明问题，倒不如说是语用问题。看来，因明中最难了解的东西至少在理论上是可以借助于语用学加以解决的。陈望道敏锐地洞察到了这点，这为其语用逻辑观的形成提供了某种动因。

显然，这里仍然强调的是"言语"之于因明的重要意义。这表明，在陈望道看来，因明在某种意义上是言语与逻辑的结合，即不妨认为，因明是一种"语用逻辑"。

因明的言语性还表现在具体的言语形式上。陈望道描述了因明在言语形式、言语分量、言语意义等方面的区分。首先，就言语形式而言，言语形式上的区分，即表诠和遮诠。言语形式上有表示前后两端相合的，也有表示前后两端相离的。表示相合的，因明上叫作表诠，即逻辑上的肯定命题；表示相离的，因明上叫作遮诠，即逻辑上的否定命题。不过逻辑上论命题的肯定和否定，不限于断案，因明上说的表诠和遮诠，平常都是指宗而言。（《陈望道文集》，第113页）"表诠"与"遮诠"直接诉诸言语形式前后两端的"合"与"离"，似比逻辑更注重言语形式本身的构成。

其次，就言语分量而言，"言语分量上，有表示后端遍通于前端的全分的，也有表示后端遍通于前端的一分的。……全分就是逻辑上的所谓全称，一分就是逻辑上的所谓特称。不过也是逻辑上的所谓全称特称，不限于断案，而因明上的所谓全分一分，主就宗而言的"（《陈望道文集》，第 114 页）。不难看出，这里所说的"言语分量"与普通逻辑所谓"量项"略当。

最后，就言语意义上的区分而言，因明在言语意义上区分为有体与无体两端。陈望道指出在论法的区别种类上，论法的形式和言语的意义为因明所特有。而言语的形式和言语的分量是逻辑与因明所共有的。"这有体无体是一种内容上意义的区分，与形式上的肯定否定无关。凡是内容上意义上为肯定的，不问形式上是肯定（表诠）是否定（遮诠），都是有体；凡是内容上意义上为否定的，不问形式上是肯定（表诠）是否定（遮诠），都是无体。"（《陈望道文集》，第 115 页）"意义"问题其实也是语用学一直关注的问题，对话也是语用学的一个重要研究对象。[1] "而进行对话就像游戏，意义的理解就存在于一个起作用的语言游戏框架内，它总是以参与语言游戏为前提的。因此，任何一种对话的进行方式都可以用游戏概念来加以描述和表征。"因明即是在语言游戏框架（规则）内以参与语言游戏为前提、以赢得为目的的游戏式对话。

以上有关言语形式、言语分量、言语意义等的区分，均是对"言语"的某种刻画，均与言语的使用密切相关。陈望道明确提出，因明是言语上的法式，"固然，思维和言语的关系很密切。逻辑虽被说是着眼在思维的形式，当然也不是与言语无关系；因明虽被说是言语上的法式，也不是与思维无关系"（《陈望道文集》，第 109 页）。我们以为，"言语上的法式"与思维的关系集中体现于特定语境中的语言使用，而这种语言的使用本身即带有一定的博弈性。著名作家老舍曾根据自己的创作实践指出："我要求自己用字造句都眼观六路，耳听八方，不单纯

245

---

[1] 何卫平：《通向解释学辩证法之途》，上海三联书店 2001 年版，第 285 页。

地孤立地去用一字造一句，而力求前呼后应，血脉流通，字与字，句与句全挂上钩，如下棋之布子。"① 另据我们对 1030 位在校大学生的问卷调查，当问及"您会玩扑克牌或下象棋、围棋吗？如果您会其中的若干种，您觉得它和交谈（比如辩论）是否有些相似?"在我们给出的两个备选项"（A）是；（B）否"中，选择"是"的有 710 人次，占 72.45％，选"否"的有 270 人次，占 27.55％。②

如果说老舍以及我们的问卷调查主要是从言语实践的角度对语言使用的博弈性所做的描述和确证，那么索绪尔、伽达默尔等则主要从思辨的维度解释了作为一种语言使用方式的"对话"与"游戏（一定意义上的'博弈'）"之间的关系。"下棋的状态与语言的状态相当。棋子的各自价值是由它们在棋盘上的位置决定的，同样，在语言里，每项要素都由于它同其他各项要素对立才能有它的价值。"③ 语言价值的实现最终得诉诸使用，而语言的使用势必形成相应的言语。不难看出，这里强调的是语言使用的规则及语言使用的对抗性、对立性，即游戏性（或曰博弈性）。"在伽达默尔眼里，游戏与对话是异质同构的，对话无疑包含着游戏，人们之间的对话在许多方面都暗示出和游戏的共通性，而我们的一切理解和解释都发生在语言的游戏之中。因此，伽达默尔所推崇的对话从本质方面着眼可以用'游戏'来加以表象。"④ 伽达默尔所说的"对话"和"游戏"无疑是就一般情形而言的，而我们所说的"游戏式对话"在某种意义上可以说是因明的特质。

二 "对话"过程中的"悟他"

作为一种言语博弈理论的"因明"与一般逻辑的一个很重要的区别

---

① 舒济：《老舍演讲集·戏剧语言》，生活·读书·新知三联书店 1999 年版，第 160、161 页。

② 张春泉：《论接受心理与修辞表达》，博士学位论文，复旦大学，2003 年。

③ ［瑞士］费尔迪南·德·索绪尔：《普通语言学教程》，高名凯译，商务印书馆 1980 年版，第 128 页。

④ 何卫平：《通向解释学辩证法之途》，上海三联书店 2001 年版，第 285 页。

在于，因明着意于"对话"过程中的"悟他"，而一般逻辑则主要强调推理过程，着意于推理过程中的"自明"。此外，尤为重要的是二者的形式和用处也不尽相同。诚如陈望道先生所言，"因明和逻辑或论理学的形式颇不同，用处也不全相一致，颇有另行讲述的必要"（《陈望道文集》，第 93 页）。显然，陈望道先生认为"因明"不同于"逻辑"，二者是两个相关但又并不相同的概念。

简单地说，因明与逻辑的不同其实也体现在语言的使用上，包括语言使用的"法式"、过程、效果和目的等方面。

陈望道先生明确指出了"因明和逻辑的不同"。"因明和逻辑的不同，比较重要的有下列几点：（1）三段论法是思维的法式，三支作法是辩论的法式；（2）三段论法是在演绎断案，三支作法是在证明断案；（3）三段论法是以思维正当为目的，三支作法是以辩论胜利为目的；（4）三段论法不像三支作法留心过失论；（5）三段论法不像三支作法混合归纳法；（6）三支作法的因，不像三段论法备列命题的全形。"（《陈望道文集》，第 106 页）显然，以上主要是就分属逻辑和因明的两个基本概念"三段论"和"三支作法"所做的比较。简单地说，在陈望道先生看来，三段论法，"其着眼点，在思维的运用。实际是一种推理的思维的法式。但三支作法，却注重在口头辩论，不像逻辑注重在心里运思。所以三支作法，实际可以说是一种辩论的法式"（《陈望道文集》，第 106 页）。显然，这里仍然强调的是因明作为一种探究主客往复论辩的法则的学术。

尽管因明和逻辑均指涉效果问题，均需要做有效性分析。但逻辑有效与否的断定一般不需要主体之间的交互作用，而因明则需要诉诸主体之间的交互作用而主要在对方那里产生或不产生效果。"逻辑关心的是论证本身的有效性，即不考虑论证的题材——如赖尔（Ryle）明确指出的，逻辑是'对论题中立的'——这种传统的观念可被认为是提供了一条划定逻辑范围的原则。"[①] 而因明则不尽相同。"因明学的目的，在探究我们主张一个论旨的时候，'因'着什么而有那样的主张，以及那因

247

---

① ［英］苏珊·哈克：《逻辑哲学》，罗毅译，张家龙校，商务印书馆 2003 年版，第 13 页。

是否可靠，应当具有什么条件等问题。"（《陈望道文集》，第93页）即因明的效果始终与"论旨"和"主张"密切相关，而"论旨"、"主张"与"题材"以及言语接受者（与表达者相对而言的言语博弈主体）之间的密切关系自不待言。

更明确地说，从逻辑和因明的主要的着眼点而论，"实际正如上说，可以分作两路：逻辑所研究的是思维的法式，重在所谓自悟；因明所注意的是辩论上的获得胜利，重在所谓悟他，实际是不相同的"（《陈望道文集》，第106页）。什么是"悟他"？"悟他是排列论阵，传达所得的知识于他人或辩驳他人与自己意见相反的言论的。"（《陈望道文集》，第109页）显然，"悟他"是"主客往复论辩"的必要条件，而因明是"探究主客往复论辩的法则的学术"。即因明始终强调言语和言语使用者之间的关系，作为言语使用者的主客双方不必忽视任何一方的存在，因明充分体现"己"与"他"之间的主体交互性。

陈望道先生还对因明与逻辑的关系问题做了一个总结式的表述，即因明和逻辑"在目的上，都求人的言语没有错处，是一样的；在方式上，如本书所述，是不一样的"（《陈望道文集》，第160页）。这种看法是十分精辟的。

这里得强调指出，因明不是逻辑，但因明可以属于逻辑学，因为"逻辑"并不就是"逻辑学"。尽管"逻辑"和"逻辑学"均可以由"logic"译出，但是在汉语语境中，"逻辑学"与"逻辑"可以具有属种关系，前者可以包含后者，即逻辑学可以包括数理逻辑、模态逻辑、语用逻辑等。因明与逻辑的区别并不妨碍我们认为因明是一种语用逻辑，况且，诚如陈望道先生所言，因明与逻辑"在目的上，都求人的言语没有错处，是一样的"。事实上，正如陈望道先生以举例的方式所指出的，因明是一种逻辑学。"从答问的方式上分。第一——向记是于问者的话，没有什么意见不同之点，一向应他说'是的'一种答法。如：（问）因明是一种逻辑学吗？（答）是的。"（《陈望道文集》，第159页）需要强调的是，这里"因明"与"逻辑学"二者具有种属关系，其中，"因明"是种概念，"逻辑学"是属概念。有鉴于此，可以认为，因明与逻辑的不同并不妨碍将因明看作一种语用逻辑。

三　"悟他"过程中的"赢得"

如果说以上有关"对话过程中的悟他"主要关注的是因明与逻辑的关系，则这里所讨论的"'悟他'过程中的'赢得'"主要关注的则是因明的某种意义上的语用效果问题。"悟他"过程中的"赢得"显然是一种说服，是言语博弈的目的与结果。

因明作为一种言语博弈理论，一种语用逻辑，一种探究主客往复论辩的法则的学术，十分重视说服过程中的"赢得"。据虞愚的《玄奘对因明的贡献》载，玄奘在印度研习因明时，运用因明所辩无敌，盛况空前。"玄奘反驳正量部相当深刻，因而引起戒日王的重视，特地为玄奘在曲女城召开了一无遮大会，与会者有十八个国王，各国大小乘僧三千余人，那烂陀寺僧千余人，婆罗门及尼乾学派二千余人，设一宝床，玄奘坐为论主，遣那烂陀沙门明贤读示大众，别令写一本悬会场外一切人，若其间有一字无理能难破者请斩首相谢，经十八天无一人能难，这样便将正量部反对说折服了。"①"经十八天无一人能难"无疑是一种彻底的"赢得"，玄奘之所以能如此所向无敌，"因为他考虑周到，避免了逻辑上各种谬误，所以经十八天没有人能驳倒他，创造了运用因明攀登高峰的一个光辉记录"②。不难理解，既"考虑周到"，则势必需要考虑到言语接受者的理解及其效果问题，而这亦正是语用逻辑（语用学）所需关注的。

论辩过程中的博弈性和对"赢得"的孜孜以求，陈望道先生亦已注意到了。陈望道曾指出："我们说话便是一种战斗。因为人间信念欲望、意志等，都还不能完全吻合，这人以为重大的未必旁人也以为重大，这人以为轻微的未必旁人也以为轻微，因此每有两人接触，便不能不开始所谓言辞的战斗，动用所谓言辞的战术。有时辛辣，有时纡婉，有时激越，有时和平，有时谦恭、怒诉，简直带有伪善的气息。必须如此，才

249

---

① 虞愚：《玄奘对因明的贡献》，《中国社会科学》1981 年第 1 期。
② 同上。

能攻倒对方壁垒的森严，传达自己的意志到对方，引起对方的行动。而所以说话的目的，方才可以如愿达到。"① 值得注意的是，陈望道此段精辟的论述并不是出自《因明学概略》，而是出自其《修辞论集》，这至少可以表明，陈先生有关言语博弈的语用逻辑思想是连贯的，是与其深邃的修辞学思想、系统的修辞学理论有渊源关系的。事实上，作为一种言辞智慧，因明与修辞学有其"天然"的联系，这从修辞的经典定义不难看出。"修辞术的定义可以这样下：一种能在任何一个问题上找出可能说服方式的功能。"② 亚里士多德这里所说的"修辞术"的原文是"tekhne rhetorike"，陈望道所说的"修辞"即主要导源于此。陈望道《修辞学发凡》指出："像这样的修辞学，我们可以说是一种语言文字的可能性的过去试验成绩的一个总报告。最大的功用是在他人对于语言文字有灵活正确的了解。这同读和听的关系最大。"③ 修辞学讲究的是极尽语言文字的一切可能性，之所以需要极尽语言文字的一切可能性，主要是为了赢得听读者。所以陈望道先生认为修辞学的功用与听读者的听和读的关系最大。

不难发现，陈望道有关因明的看法所形成的语用逻辑观是与其修辞学思想密切相关的。事实上，《因明学概略》与《修辞学发凡》正好前后相继或同时问世。前者"曾在 1930 年交给一家书店印行过一次"（《陈望道文集》，第 91 页）。而后者则是 1932 年由大江书铺首次正式出版。

对话过程中的"赢得"其实就是取胜，由此也可看出因明与逻辑的不同，陈望道指出："因明是辩论的方式，必须辩论获得实际上的胜利。所以常常假定有敌论者在眼前，而以说服敌论者为目的。我们可以说：逻辑是注意在思维的是非；因明是注意在辩论的胜败。"（《陈望道文集》，第 107 页）

此外，"赢得"还可看作一定博弈策略的结果。我们这里所说的"博弈策略"与因明的"论式"、"论法"等略当。陈望道指出："用同喻

---

① 陈望道：《陈望道修辞论集》，安徽教育出版社 1985 年版，第 150 页。
② 亚里士多德：《修辞学》，罗念生译，生活·读书·新知三联书店 1991 年版，第 24 页。
③ 陈望道：《修辞学发凡》，上海教育出版社 1997 年版，第 17 页。

的论式，名叫合作法。除了合作法之外，在因明的论式中，还有一种用异喻的离作法。合作法好像是从表面攻，离作法好像是从里面袭。表里夹击，敌者才无可逃，而论式也才完备。"（《陈望道文集》，第 127 页）"敌者"之"无可逃"无疑是一种"赢得"。

　　言语博弈的过程肇始于言语，又终止于言语，整个过程须"知己知彼"。即如陈望道先生所言："凡两造争论的时候，所谓因总有这生因和了因的分别。简明地说，就是总有从立者说，和从敌者说的两方面的。"（《陈望道文集》，第 125 页）这就是说，在言语博弈过程中，在"知己知彼"的前提下，可以攻破对方的薄弱环节。"因为因明重在胜败，期在胜利，故又非常注意于找寻敌者的过失。在因明中，关于过失谬误，并不像逻辑那样期于无误而说，乃是几乎把它当作和正当的组织一样的重要。"（《陈望道文集》，第 108 页）

　　进一步考察，我们发现，就因明而言，如若不再追求论辩的胜败，则与逻辑更具可比性。即"因明组织论法，在形势、形式、分量、意义上，颇有种种的区别。这些区别，有的与论辩的胜败有关系，有的虽与胜败无关系，却可和逻辑相比较"（《陈望道文集》，第111 页）。"因明在论辩的形势上，共分自比量、他比量、共比量等三种。就是常言所谓自守的论法、进攻的论法、对净的论法等三种。"（《陈望道文集》，第 111 页）这其实凸显的是"赢得"之于因明和逻辑的分水岭意义。

　　对"赢得"的追求使因明与逻辑划清了"界限"。而这又恰恰使之与语用修辞发生了密切的联系。或者可以说因明可以作为修辞功用发挥的某种理据，因明与语用修辞之间的关联建立在对"赢得"理据（理由根据）的诉求方面。如陈望道先生所言，"三支作法是言语上的辩论，要使敌者信服，不但需要提出喻体，还应提出所以提出那样的喻体来的事实上的根据"（《陈望道文集》，第 108 页）。在这个意义上，我们也可以说因明是一种语用逻辑。

　　因明是一种言语博弈理论，是一种语用逻辑，语用逻辑和言语博弈统一于对语言的使用，集中体现人类的言辩智慧。因明意义上的言语博弈是一种游戏式对话，对话过程中注重"悟他"，"悟他"过程中孜孜以

251

求"赢得"。

陈望道《因明学概略》对因明所做的语用逻辑上的阐发值得当下学界重视。作为学贯中西的修辞学大家的陈望道,其高屋建瓴的语用逻辑观,其言语博弈思想和对因明与逻辑的深入浅出的考辨等均不乏真知灼见,如上所述,可资当下学界镜鉴。

(原刊于《华东师范大学学报》2008 年第 5 期,署名张春泉、陈光磊)

朱光潜《诗论》的语言学思想

[摘要] 朱光潜语言学思想散见于其美学、诗学等论著中,朱氏已给出了素朴的语言学框架。其基本语言观:思想感情与语言文字平行一致;语言文字有"死"、"活"之别;音义协调暗示。其语言学思想与伦敦弗斯学派比较接近。

[关键词] 朱光潜;语言学思想

美学大家朱光潜先生对语言文字的看法亦不乏真知灼见。虽然朱光潜未曾像另一美学大师克罗齐那样在《作为表现的科学和一般语言学的美学》这一克氏重要代表作中直接提出艺术与语言统一说,但朱氏在《诗论》等重要代表作中给出的语言学框架,其经过扬弃的思想感情与语言文字平行一致说、活语言文字说、音义协调暗示说等同样值得重视,在某种意义上可视为中国语言美学的滥觞。

一 素朴的语言学框架

朱光潜语言学思想的形成与其对艺术(尤指文学)作品的传达媒介的重视是分不开的。朱氏认为,"艺术创造决不能离开传达媒介"[1],

---

① 朱光潜:《诗论》,生活·读书·新知三联书店 1984 年版,第 103 页。

"各种艺术都有它的特殊的学问，其中最基本的是关于媒介的知识"①，"作诗文所用的媒介或符号是语言文字，作诗文的人们很少有（也许绝对没有）离开语言文字而运思的。创造与传达所用的媒介物常相依为命"②，"不必远说，我们只看用文言作诗文和用白话作诗文的分别，就可以知道传达所用的媒介往往可以支配未传达以前的'意匠经营'"③。朱氏对语言文字的重视于此可窥见一斑。

既然语言文字如此重要，那么对语言文字的研究也就不无意义了。朱氏已经指出了语言学的研究范围，初步建立了一个素朴的语言学框架："要明白一国的语言文字，第一要知道它的音（音韵学），第二要知道它的义（训诂学），第三要知道它的音的组合原则（音律学），第四要知道它的意的组合原则（文法学），第五要知道它的音和义的组合对于读者或听者所生的影响（修辞学及美学）。这些都是专门学问。"④ 朱氏于20世纪二三十年代能有这样的看法实属难能可贵。其时，虽有黎锦熙《新著国语文法》（1924）、《比较文法》（1933），杨树达《高等国文法》（1930），吕叔湘《中国文法要略》（1941），王力《中国语法理论》（1944），陈望道《修辞学发凡》（1932）⑤ 等较系统的论著问世，但它们或者偏于语法、或者偏于修辞，无暇或无意旁及其他，因而真正意义上的较为全面的理论语言学体系还未出现。当然，我们也要注意到朱氏的语言学框架从根本意义上讲还未彻底摆脱传统语文学的影响，他亦还未来得及做系统的阐述，我们也就是在这些意义上说朱氏语言学框架是素朴的。

尤其值得注意的是朱氏对于"修辞学"及"美学"的研究对象或研究范围的界定。首先从朱氏这段论述的上下文语境可知括号内成分与紧接其前的言语成分是领属与被领属的关系，也是解释与被解释的关系，也即朱氏这里的括号（"（）"）里言语成分是对其相应的括号外成分的内

253

① 朱光潜：《朱光潜美学文集》，上海文艺出版社1982年版，第214页。
② 同上书，第169页。
③ 同上。
④ 同上书，第216页。
⑤ 濮之珍：《中国语言学史》，上海古籍出版社1987年版。

涵的揭示。朱氏这种表示法于其另一处论述中已有明确交代："'（）'则借用符号名学中的'内涵'号。"（《诗论》，第 105 页）这样，"修辞学及美学"与"它（指语言文字学——引者注）的音和义的组合于读者或听者所生的影响"就是内涵与外延的关系，也就是说后者为前者的"范围"或"对象"。"音和义的组合对于读者或听者所生的影响"在某种意义上是对接受效果的重视，另外，既然"听者"与"读者"是"或"（即"析取"）的关系，则说明朱氏已将语音修辞或口语修辞（即"语辞"）与文法修辞或书面语修辞（即"文辞"）等量齐观。这些见解都具有一定的前瞻性，对我们今天仍有借鉴意义，仍不失启发性。此外，朱氏明确将"美学"与"修辞学"并置，至少可体现出他对修辞学学科性质的认识：他已认为修辞学与美学不可截然分开，具有一定的边缘学科性质，尽管修辞学仍然属于语言文字学。

二　基本语言观

朱氏对语言的认识有着深厚的美学、心理学、哲学等方面的学术背景，朱氏还注重古今中外的综合对比。这些都对其思想感情与语言平行一致、语言文字有"死""活"之别、音义协调暗示等语言观的形成不无影响。

1. 思想感情与语言平行一致

朱光潜力倡思想感情与语言平行一致说。"我们先要明白情感思想和语言的关系，心感于物（刺激）而动（反应）。情感思想和语言都是这'动'的片面。'动'蔓延于脑及神经系统而生意识，意识流动便是通常所谓'思想'。'动'蔓延于全体筋肉和内脏，引起呼吸、循环、分泌运动各器官的生理变化，于是有'情感'。'动'蔓延于喉、舌、齿诸发音器官，于是有'语言'。这是一个应付环境变化的完整反应。"（《诗论》，第 96—97 页）显然，朱氏的这一思想起于心理学而又不囿于心理学，他同时明确地指出："心理学家为便利说明起见，才把它分析开来，说某者为情感，某者为思想，某者为语言，其实这三种活动是互相连贯的，不能彼此独立的。"

254

　　朱氏的思想感情与语言平行一致说可以说是滥觞于上古的"言意之辩"的继续，他认为"意何时发生，言就何时发生"[①]，所不同的是有了心理学等方面的理论准备，朱氏的见解显然"后出转精"。此外，朱氏的这一思想与美国以布龙菲尔德为代表的行为主义语言观的刺激反应理论有同有异。大致说来，二者基本上同时问世。(《文艺心理学》初版于 1936 年，初稿脱稿于 1932 年，有朱自清的《序》为佐证。布龙菲尔德《语言论》初版于 1933 年[②]) 二者都较为注重语言发生及言语行为的心理生理机制，都注重语言的动态研究。所不同的是，朱光潜更注重语言发生与言语行为的美学效果，朱氏除了考察日常语言以外，似更注重文学语言。

　　朱氏思想感情与语言平行一致说在逻辑上是颇为缜密的，在某种意义上又是辩证的。即虽然思想感情与语言平行一致，却决不意味着二者可以互相替代。毕竟二者因"范围大小却不能完全叠合"，"我们把情感思想和语言的关系看成全体与部分的关系，这一点须特别着重"(《诗论》，第 101 页)。也就是说，"凡语言都必伴有情感或思想(我们说'或'因为诗的语言和哲学科学的语言有所侧重)，但是情感思想之一部分有不伴着语言的可能"(《诗论》，第 101 页)。

　　进一步考察不难发现，朱氏的思想感情与语言平行一致说与索绪尔首倡的能指与所指对立统一的理论在某种意义上有一定的契合之处，但二者的区别更不容忽视。朱氏在讨论语言问题时，似须臾没有离开语言与心理、文化、审美等方面的联系，这从他对"语言是什么"的解释似可看出。"语言是什么呢？……它是心感于物时，喉舌及其他语言器官的活动。"(《诗论》，第 255 页) 相应的，索绪尔是这样看的："语言还可以比做一张纸：思想是正面，声音是反面。我们不能切开正面而不同时切开反面，同样，在语言里，我们不能使声音离开思想，也不能使思想离开声音。这一点只有经过一种抽象工作能做到，其结果就成了纯粹

255

---

　　① 　朱光潜：《朱光潜美学文集》，上海文艺出版社 1982 年版，第 161 页。

　　② 　赵世开：《国外语言学概述》，北京语言学院出版社 1990 年版，第 128 页。

心理学或纯粹音位学。"① 如果说索绪尔在这一问题上更多的是着眼于语言学内部，则朱氏更看重语言学与其他学科的横向联系。或者可以简言之，索绪尔对语言重在微观研究，朱光潜对语言重在宏观考察。正因为这样，他们的一些重要结论有所不同，比如朱氏认为："思想和语言既是同时进展，平行一致，不能分离独立，它们的关系就不是先后内外的关系，也不是实质与形式的关系。"（《诗论》，第98页）"语言的实质是它与思想共有的意义，它的形式是与逻辑相当的文法组织。"（《诗论》，第98页）而索绪尔则认为"所以语言学是在这两类要素相结合的边缘地区进行工作的，这种结合产生的是形式（forme），而不是实质（substance）"②。

最后，不妨认为，朱光潜是研究语言的"主观性"和"主观化"的先行者，这从其上述"思想感情与语言文字平行一致说"与当下学界有关语言的"主观性"和"主观化"的较有代表性的看法的惊人的契合可以看出："语言必须带有自我表现的印记"③，"说话人在说出一段话同时表明自己对这段话的立场、态度和感情"④。"对一段话（utterance）而言，很难将它的表述命题内容的部分跟它的表述情感的部分明确区分开来，语言系统几乎每个方面都能表达情感。"⑤ 不难发现，后者是对前者的某种阐释与扬弃。

2. 语言文字有"死"、"活"之别

由语言与思想感情平行一致说，朱光潜进而区分"活的语言"、"写的语言"、"说的语言"与"死的语言"以及"活文字"与"死文字"。其实质是对语用的高度重视，其某些观点似可看作系统功能语法的雏形。

朱氏语言文字的"死"、"活"之别以语言与文字的区分为前提。

---

① ［瑞士］费尔迪南·德·索绪尔：《普通语言学教程》，高名凯译，商务印书馆1980年版，第158页。

② 同上。

③ 沈家煊：《语言的"主观性"和"主观化"》，《外语教学与研究》2001年第4期。

④ 同上。

⑤ 同上。

"文字可独立，一般人便以为语言也可以离开情感思想而独立。其实语言虽用文字记载，却不就是文字。在进化阶段上，语言先起，文字后起。原始民族以及文盲都只有语言而无文字。文字是语言的'符号'（symbol），符号和所指的事物是两件事，彼此可以分离独立……从此可知语言和文字的关系是人为的，习惯的，而不是自然的。"（《诗论》，第106页）"……语言所用的文字，就其为文字而言，虽是人意制定，习惯造就的，而语言本身则为自然的，创造的，随情感思想而起伏生灭的。语言虽离不开文字，而文字却可离开语言。"（《诗论》，第107页）"情思过去了，语言的声响消散了，文字还可以独立存在。"（《诗论》，第256页）以此为基础，朱氏提出"无论哪一国，'说的语言'和'写的语言'都有很大的分别"（《诗论》，第113页）。表现为"说话时信口开河，思想和语言比较粗疏，写诗文时有斟酌的余暇，思想和语言也都比较缜密"（《诗论》，第113页）。因为"说话时通常不必句句谨遵文法的纪律，作诗文时文法的讲究则比较谨严"（《诗论》，第113页）。"说话所用的字在任何国家都很有限，通常不过数千字，写诗文时则字典中的字大半可采用。"（《诗论》，第103页）显然，朱氏区分开了日常语言（说的语言）和文学语言（写的语言）。只是，朱氏凭说话用的字通常不比写诗文所用的字多就断定"写的语言"比"说的语言"丰富未免有失偏颇了。

　　不过，朱氏对"写的语言"与"说的语言"的进一步比较则令人耳目一新。"'写的语言'比'说的语言'也比较守旧，因为说的是流动的，写的就成为固定的。"（《诗论》，第103页）由此牵涉到"活的语言"，朱氏认为"活的语言不一定就是'说的语言'，'写的语言'也还是活的"（《诗论》，第114页）。显然，在这里"语言"与"言语"的区别已现端倪。

　　由"活语言"又涉及对于"活文字"的讨论。"语言是由情感和思想给予意义和生命的文字组织。"（《诗论》，第102页）"语言的生命全在情感思想，通常散在字典中的单字都已失去它们在具体情境中所伴着的情感思想，所以没有生命。文字可以借语言而得生命，语言也可以因僵化为文字而失其生命。活文字都嵌在活语言里，死文字是从活语言所宰割下来的破碎残缺的肢体，字典好比一个陈列动植物标本的博物馆。"（《诗论》，第107页）这里，朱氏明确提出"情境"这一概念并对它与文字的"死"、"活"的关系做了一定的说明，有趣的是，朱氏"情境"概念的提出与波兰籍的人类学家马林诺夫斯基（Malinowski）几乎同时，"马林诺夫斯基从本世纪20年代开始，写了几篇文章，阐明他的语言理论，其中在1923年发表的《原始语言中的意义问题》（The Problem of Meaning in Primitive Languages）最值得注意，正是在这篇文章中他第一次提出'情境'这一概念"①。而伦敦弗思学派直接受惠于马林诺夫斯基的"情境"概念。由此可见朱氏语言观在这个意义上与伦敦弗思学派有异曲同工之妙。

既然语言有"死"、"活"之别，那么语言就有变迁演化的可能。即"语言生生不息却亦非无中生有，语言的文法常在变迁，任何语言的文法史都可以证明，但是每种变迁都从一个固定的基础出发，而且它向来只是演化不是革命"（《诗论》，第131页）。明确指出语言是渐变的，而不是突变的，这亦是朱氏的高明之处。此外，朱氏还明确指出语言的社会性。"每时代的文学风格都与当时社会背景有关，我们只稍研究文学史就可以知道。人是社会的动物，到能看出自我和社会的分别和关联时，总想把自我的活动扩张为社会的活动，使社会与自我同情。同情心最原始的表现是语言。艺术本来也是语言的一种。没有社会也就没有语言……"②，即"区区一字往往能见出时代的风格"（《诗论》，第234页），这一观点与系统功能语法的代表人物韩礼德（M. A. K. Halliday）关于社会语境的看法亦有一定的相似之处。

258

由语言的渐变规律及语言的社会性自然联系到语言的习得问题，而这朱氏恰好有所涉及。"这种变迁在语言自身就可以见出。语言在原始时期虽没有文法学而却有文法。……原始人民虽不必学文法而说话，但是自从后人注意到这种文法把它归纳为条例之后，学语言者便

---

① 赵世开：《国外语言学概述》，北京语言学院出版社1990年版，第58页。

② 朱光潜：《朱光潜美学文集》，上海文艺出版社1982年版，第170页。

不能不注意它。"① 朱氏已从种系发生学的角度对语言习得提出了自己的看法。

3. 音义协调暗示

清代著名学者王筠有言：声为造字之本，声为用字之极。(《说文释例》卷一) 朱光潜对语音的重视可以说是对王筠《六书总论》有关观点的继承与发展。如果说王氏关于语音的看法与《说文解字》密切相关的话，则朱氏对语音的见解则更具普通语音学意义。

首先，朱氏对"中国旧诗用韵法提出了批评，中国旧诗用韵法的最大毛病在拘泥韵书，不顾到各字的发音随时代与区域而变化……这就是说，我们现在用韵以假定大半部分字的发音还和一千多年前一样，稍知语音史的人都知道这种假定是很荒谬的。许多在古代为同韵的字在现在已不同韵了"(《诗论》，第216页)。显然，朱氏认识到了语音的历时变化，这可看作对明陈第"时有古今，音有转移"说的继承和发展。

由语音史自然联系到语音学史，朱氏对语音学史亦有自己的看法，"梵音的输入是促进中国学者研究字音的最大原动力。中国人从知道梵文起，才第一次与拼音文字见面，才意识到一个字音原来由声母(子音) 和韵母(母音) 拼合成的"(《诗论》，第243页)。朱氏这一论断无疑是经得起学术史检验的。朱氏还对语音学史上的"公案"作出了自己的断定，比如，"陈澧《切韵考》以为反切起于汉而三十六字母起于唐，便断定《通志》错误，实在没有明白反切虽因三十六字母而有系统条理，却不必和字母同时起来"(《诗论》，第244页)。

朱氏还特别强调了语音学史上外来理论与研究方法对汉语语音研究的影响，格外关注这种影响的方式和途径。"反切是梵音影响中国字音研究的最早实例，不过梵音对于中国字音研究的影响还不仅限于反切，梵音的研究给中国研究字音学者一个重大的刺激和一个有系统的方法。"(《诗论》，第244页) 显然，朱氏从"假之以渔"而不是"假之以鱼"的角度认识到了外来理论与方法的意义。"从梵音输入起，中国学者才

259

---

① 朱光潜：《朱光潜美学文集》，上海文艺出版社1982年版，第216页。

意识到子母复合的原则，才大规模地研究声音上种种问题。从东汉到隋唐的时期，字音研究的情形极类似我们现在的情形。清朝许多小学家虽极注意音韵，但是他们费了许多工夫的结果反不如现代学者略加涉猎所得精密准确，就因为他们没有，而我们有西方语言学做榜样。对于字音之研究，六朝人比汉人进一层，也就因为汉人没有，而汉以后人有梵音做比较的资料。齐梁时代研究音韵的专书都多少是受梵音研究刺激而成的。比如就四声分明，它决不是沈约的发明而是反切研究的当然的结果。"（《诗论》，第 244 页）朱氏对汉语语音学史做了一个简略的回顾。

有了如上所述的语音史、语音学史方面的准备，朱氏对四声及调质的论析就格外驾轻就熟、游刃有余了。朱光潜指出："所谓平上去入究竟是长短，是高低还是轻重的分别呢？……每声在时间上都是绵延的，同是一声或是先高后低，先轻后重，或高低轻重成不规则的波纹，我们不能很单纯地拿高低轻重来形容它。"（《诗论》，第 179 页）"四声虽似为长短的分别实不尽是长短的分别，因为四声的长短并无定量。"（《诗论》，第 180 页）"我们不能概括地说某声高或某声低，只能说某声在某一个阶段高，某一个阶段低。"（《诗论》，第 182 页）

朱氏由四声进而落实到音义协调问题，提出音义调协暗示说。"音义调协不必尽在谐声字上见出。有时一个字音与它的意义虽无直接关系，也可以因调质暗示意义。就声纽说，发音部位与方法不同，则所生影响随之而异；就韵纽说，开齐合撮以及长短的分别也各有特殊的象征性。"（《诗论》，第 190 页）朱氏还就此给出了例证，"姑举例为证，'委婉'比'直率'、'清越'比'铿锵'、'柔懦'比'刚强'、'局促'比'豪放'、'沉落'比'飞扬'、'和蔼'比'暴躁'、'舒徐'比'迅速'，不但意义相反，即在声音上亦可约略见出差异"（《诗论》，第 191 页）。其主要原因是，"四声的'调质'的差别比长短、高低、轻重诸分别较为明显，它对于节奏的影响虽甚微，对于造成和谐则功用甚大"（《诗论》，第 193 页）。朱氏还由此特别提到"音律的技巧"问题，"音律的技巧就在选择富于暗示性或象征性的调质"。尽管朱氏的这一说法亦有以偏概全之嫌，但就语音的运用而言略备一说似也未为不可。

　　朱氏对情境与韵律分析的重视很容易使人联想到伦敦弗思学派
（The London school）。"语言学中有两个发展，跟弗思的名字总是连在
一起的，即情境（Context of situation）理论，以及音系学中的韵律分
析（Prosodic analysis）。"①

　　以上我们粗略分析了朱光潜的语言学思想，显然，朱光潜以上思想
是有意义的。朱光潜语言学思想，正如朱光潜在其译介《美学原理·美
学纲要》时盛赞克罗齐的有关学说时所说的，"对于语言学与美学都有
深刻的意义"②。

（原刊于《学术研究》2002 年第 12 期）

康德《判断力批判》的修辞学思想

——兼谈康德与亚里士多德修辞观之通变

　　康德（Kunt）是德国古典美学的奠基人。③ 严格地说，康德不是修
辞学专门家，但这并不妨碍其在探讨美学、哲学问题时涉及修辞学，就
像另一同样能代表一个时代的伟大学者亚里士多德（Aristotle）那样。
事实上，康德《判断力批判》关于语言艺术的论述在某种意义上集中体
现了其修辞学思想。毕竟，"修辞学正是研究语言艺术的科学"④。

一　语言的诸艺术是雄辩术和诗的艺术

261

　　康德明确提出"语言的诸艺术是雄辩术和诗的艺术……"⑤。虽然

---

① 赵世开：《国外语言学概述》，北京语言学院出版社 1990 年版，第 58 页。
② ［意］克罗齐：《美学原理·美学纲要》，朱光潜译，外国文学出版社 1983 年版，第 4 页。
③ 蒋孔阳：《德国古典美学》，商务印书馆 1980 年版，第 55 页。
④ 王希杰：《修辞学导论》，浙江教育出版社 2000 年版，第 86 页。
⑤ ［德］康德：《判断力批判》（上），商务印书馆 1964 年版，第 167 页。以下引用该著，
仅注明作者和页码。

康德经典著作中"修辞"并不常见，但不难发现，其所谓"雄辩术"、"诗的艺术"在某种意义上即为修辞术，其所指范围与亚里士多德"修辞学"、"诗学"略当。

不妨认为，康德的"雄辩术"主要关注的是日常口头语言的调整或适用。"……雄辩术是悟性的事作为想象力的自由活动来进行；……"，（康德，第 167—168 页）看得出来，康德对"雄辩术"的界定用的是描述性语言，"雄辩术"首先与"悟性"密切相关。此前，康德已对"悟性"这一重要术语作出了阐述。"悟性对于作为诸感官的客体的自然是先验地立法着的……"（康德，第 34 页），"悟性的诸普遍规律同时是自然的诸规律，虽然源出于自发性……"（康德，第 25 页），"悟性固然先验地据有自然的诸普遍规律，没有它，自然就不能成为经验的对象：除此以外，它需要自然在其诸特殊法则里的某一秩序，这些特殊法则只能经验地认知，并且从它的角度看来它们是偶然的"（康德，第 22 页）。需指出的是，这里讨论的"悟性（Verstand）"，贺麟又译为"知性"。简而言之，悟性是与理性相对的，介于二者之间的是判断力；悟性是判断力获得经验对象的必要条件。诚如王元化先生所言："知性在一定限度的范围之内也有其一定的功用，成为认识历程中的一个不可缺少的环节。"①

正因为如此，康德认为"人们传达他的思想的技能也要求着一种想象力和悟性的关联，以便把直观伴合于概念，又把概念伴合于直观，把它们共流入一知识；……"（康德，第 140 页）。显然，这里所说的"传达他的思想的技能"即是一种修辞术，"主要为着意和情，修辞不过是调整语辞使达意传情能够适切的一种努力"。② 想象力和悟性有机结合起来的一个必然的结果是格外关注演说者与听者的密切联系。"所以演说家揭示的是一事务，而施行出来却好像只是观念的游戏。使听者乐而不倦。"（康德，第 168 页）"演说家固然给予了某些预诺范围以外的东西，即令人乐听不倦的观念的游戏，但他也损害了一点他所预诺的东西

262

---

① 王元化：《思辨随笔》，上海文艺出版社 1994 年版，第 123 页。
② 陈望道：《修辞学发凡》，上海教育出版社 1997 年版，第 3 页。

和他所预告的事务，这就是：合目的地鼓动悟性的工作。"（康德，第168 页）这些论述似可看作对亚里士多德有关看法的进一步概括："当听众的情感被演说打动的时候，演说者可以利用听众的心理来产生说服的效力……"①，"演说者须显示他具有某种品质，须使听众认为他是在用某种态度对待他们，还须使听用某种态度对待他……"（亚里士多德，第 69 页），"既然人人都想听合乎他们的性格、反映他们的性格的演说，那就很容易看出，我们应当采用什么样的言语才能使我们本人和我们的演说表现这种性格"（亚里士多德，第 101 页），"因此演说者应当先猜想听众原有的意见是怎样形成的，这些意见是什么意见，然后把它们化成一般的说法"（亚里士多德，第 115 页）。这同时印证了陈望道"而我们听到'演说的修辞'云云，也早已没有人以为不辞了"②。

与雄辩术同属语言的艺术，"诗的艺术是想象力的自由活动作为悟性的事来执行"（康德，第 168 页）。康德往往将雄辩术与诗的艺术对举，以对照的方式阐述语言艺术的这两个部类。作为哲学家的康德在谈论语言的艺术时显然不是主要着眼于"怎么样使语言具有艺术性"，而是着眼于"语言为什么有、为什么要成为艺术"。这样，康德在语言艺术的讨论中势必十分关注人的因素（相对于艺术作品本身而言）。"诗人许诺的少，且预告他那里是只单纯的观念的自由活动，但贡献出来的却配得上称为那样一种工作，即游戏似的对悟性提供了营养料并且通过想象力给悟性的诸概念以生命。"（康德，第 168 页）毕竟，"诗本是趣味性情中事，谈到究竟，只能凭灵心妙悟……"③，"诗是最精妙的观感表现于最精妙的语言……"④。显然，"悟"与"观感"能且只能是人的。

康德有关诗的艺术的论述可看作其对于文学语言的修辞的基本看法。综上，康德所谓"艺术语言"的范围与当下修辞学的考察范围已经十分接近了（含日常口头语言与文学语言）。修辞学不应仅仅研究怎样

263

---

①　亚里士多德：《修辞学》，生活·读书·新知三联书店 1991 年版，第 25 页。以下引用该著仅注明作者和页码。

②　陈望道：《修辞学发凡》，上海教育出版社 1997 年版，第 2 页。

③　朱光潜：《诗论》，生活·读书·新知三联书店 1984 年版，第 262 页。

④　同上书，第 308 页。

修辞（即单纯的修辞技巧问题），还要研究"为什么要修辞（即修辞动机问题）"。康德的上述修辞学思想于当今学界不无启发意义。

抚今追昔，以上已略微提及康德之"语言的诸艺术是雄辩术和诗的艺术"的看法似为两千年前古希腊百科全书式的学者亚里士多德某些观点的"通变"。

亚里士多德关于语言的艺术的看法集中反映在其《修辞学》与《诗学》两部论著中。亚里士多德将修辞术与论辩术并列在一起，其用意在于批评柏拉图否定修辞术是一种艺术。"修辞术是论辩术的对应物。"（亚里士多德，第21页）"人人都使用这两种艺术……人人都承认这种研究（即研究'为什么有些人是凭熟练技巧而成功的，有些是碰运气而成功的'——引者注）是艺术的功能。"（亚里士多德，第21—22页）显然，康德与亚里士多德均将雄辩术（或曰演讲术）与诗的艺术视为艺术。如果我们将以上视为两人的"通"的话，那么其在这个意义上的"变"就主要体现为亚里士多德未及明确地将"修辞术"与"诗艺"概括为"语言的艺术"，也未及对"语言艺术"这个范畴进行思辨。而这些，如上所述康德做了。

二 语言的艺术（修辞术）是天才的艺术

康德虽然没有直接将"语言的艺术是天才的艺术"表述出来，但按照康德的原意，不难推导出这一论断。

首先，康德所谓"语言的艺术"是"美的艺术"的一个种概念，这从其对关于美的艺术的分类可以看出："……只有三种美术：语言的艺术、造型的艺术和艺术作为诸感觉（作为外界感官印象）的自由游戏。"（康德，第167页）这样，"语言的艺术"与"美的艺术"就在某种意义上为种属关系，即可表述为：语言的艺术是一种美的艺术，我们这里将其记为A。其次，康德明确提出"美的艺术是天才的艺术"（康德，第152页），我们将其记为B。我们分别将"B"、"A"作为大小前提，即得出结论：语言的艺术是一种天才的艺术。

康德还特别提醒人们，虽然"美的艺术在它的全部的完满性里包含

264

着不少科学，例如：对古代文字的知识"，但美的艺术终究不是"美的科学"，因为一方面关于古代文字的知识等构成了美的艺术的必要的准备和根基；另一方面，"……对美术的作品的知识（演说学与诗艺）也包含在这里面，由于名词的误用，自己也就称做美的科学了"（康德，第150页）。这说明，在康德看来，"关于古代文字的知识"以及对演说学与诗艺的知识是美的艺术（这里尤指"语言的艺术"）的必要的准备和根基。由此，修辞以"极尽语言文字的可能性"[①] 为前提的修辞学思想已滥觞。由这里可看出康德在探讨关于语言的艺术时并没有完全撇开语言文字本体。

康德所谓"天才"是指"一种天赋的才能，对于它产生出的东西不提供任何特定的法规，它不是一种能够照任何法规来学习的才能；因而独创性必须是它的第一特性；……"（康德，第153页）。把独创性放到第一位对于积极修辞来说不无意义，积极修辞往往是个体的、体验的、具体的，但是我们也要看到，康德的语言艺术天才说对于消极修辞的指导就有些捉襟见肘了。

进一步考察不难发现，康德关于语言艺术是天才的艺术是对亚里士多德有关思想的通变。首先，亚里士多德与康德均强调人（尤指作品的创作者）的天性。"作为一个整体，诗艺的产生似乎有两个原因，都与人的天性有关。"[②] 亚里士多德作如是观，类似的，康德认为"这作品有赖于作者的天才，作者自己并不知晓诸观念是怎样在他内心里成立的……"（康德，第153—154页）然而，二人的"天才"修辞观仍然"通"中有"变"：康德否定"模仿"，"它（天才的诸作品——引者注）自身不是由摹仿产生，而它对于别人却须能成为评判或法则的准绳"。与此相对，亚里士多德却力倡模仿说："从孩提时候起人就有摹仿的本能。人和动物的一个区别就在于人最善摹仿，并通过摹仿获得了最初的知识。"[③]

265

[①]　陈望道：《修辞学发凡》，上海教育出版社1997年版，第11页。

[②]　亚里士多德：《诗学》，商务印书馆1996年版，第47页。

[③]　同上。

值得注意的是，康德对"模仿"的否定带有一定的辩证色彩。康德一方面反对"法规"的存在，原因就在于在康德看来作品的创制是先验的、不可知的。他说："既不是荷马，也不是魏兰能够指示出他们的幻想丰满而同时思想富饶的观念是怎样从他们的头脑里生出来并且集合到一起的，因为他们自己也不知道，因而也不能教给别人。"（康德，第154—155页）所以"人不能巧妙地学会做好诗，尽管对于诗艺有许多详尽的诗法著作和优秀的典范"（康德，第154页）。另一方面，康德认为艺术家之外的"他者"是可以观摩模仿的，法规的存在是相对于"他者"、相对于"学徒"而言的。"而这法规必须是从实践，即从成果，抽象出来的，在这成果（作品）上别人可以考验他自己的才能，以便使那个范本不是服务于照样重做而是令人观摩摹仿……"（康德，第155页）"所以美术的诸范本是唯一的导引工具，来把美术传递给予后继的人；而这不是单纯通过描述所能做到的（尤其是不能在言语的艺术里），而且在这些里面也只能是那古代的，死的，现在只作为学者的言语保存下来的，得成为典范。"（康德，第155—156页）康德还进一步谈到了"天才"的局限性，即只作为"素质"的天才，"天才仅能为美术的成品提供丰富的素质，这些素质的加工和它的形式要求着一位经过学校陶冶过的才能，以便使用这素质，能够在批判力面前获得通过"（康德，第156页）。似可认为，康德意义上的"天才"说与现代语言学中的乔姆斯基革命[1]有一定的相通之处，前者在某种意义上可看作后者的理据之一。

一言以蔽之，康德与亚里士多德之于修辞"天才"的观点有着不同的立足点。康德否定"法规"、"模仿"是针对艺术家（修辞者）自身而言的，肯定"法规"、"模仿"是针对"他者"、"学徒"（非艺术家本身）而言的，而亚里士多德的模仿则是相对于艺术家（修辞者）本身而言的。康德的"天才"说终其究竟强调的是艺术创作者的素质，是内隐的、内在的，亚里士多德的"天才"说强调的是艺术创作的方式，在某种意义上是外化的、外在的。

---

① 冯志伟：《现代语言学流派》，陕西人民出版社1999年版，第292—306页。

三　语言的艺术（修辞术）是愉快的普遍传达性艺术

康德首先强调人性中的社交性。他说："在经验里，美只在社会里产生着兴趣，并且假使人们承认人们的社会倾向是天然的，而对此的适应能力和执着，这就是社交性……"（康德，第 141 页）"通过它，人们甚至于能够把它的情感传达给别人，因而对每个人的天然倾向性里所要求的成为促进手段。"（康德，第 141 页）"并且每个人也期待着和要求着照顾那从每个人来的普遍的传达，恰似出自一个人类自己所指定的原本的契约那样；……"（康德，第 141 页）

接着，康德特别指出文雅的人（文明的人）善于传达自己的情和意，或者说"善于传达情感"是作为一个"文雅的人"的一个必要条件，"因为作为一个文雅的人就是人们评赞一个这样的人，这人倾向于并且善于把他的情感传达于别人，他不满足于独自的欣赏而未能在社会里和别人共同感受"（康德，第 141 页）。此外，康德在讨论人们传达思想的技能要求时指出："人们传达他的思想的技能也要求着一种想象力和悟性的关联，以便把直观伴合于概念，又把概念伴合于直观，把它们共流入一知识。"（康德，第 140 页）从这里可以看出：第一，康德的技能要求实质上是对语言的艺术的要求，这从康德对语言的艺术的两个组成部分（雄辩术与诗的艺术）的界定可以看出，"语言的诸艺术是雄辩术和诗的艺术，雄辩术是悟性的事作为想象力的自由活动来进行，诗的艺术是想象力的自由活动作为悟性的事来执行"（康德，第 167—168 页）。这也就是说，想象力与悟性的关联在语言的艺术那里尤为典型。这似已表明，在康德看来，"语言的艺术"与"传达思想的技能"之间存在着一定的对应关系。一般说来，传达思想的技能是修辞学关注、研究的主要对象之一，"修辞"与康德所谓"语言的艺术"在康德那里似可等量齐观了。第二，康德的感性直观并不是虚脱的，它依凭于特定的"概念"，并以此显示出思辨色彩。

再有，康德还直接把艺术与人类在语言里所使用的那种表现方式进行类比。"所以我们如果要把美的艺术来分类，我们所能为此选择的最

267

便利的原理，至少就试验来说，莫过于把艺术类比人类在语言里所使用的那种表现方式，以便人们自己尽可能圆满地相互传达它们的诸感觉，不仅是传达他们的概念而已。这种表现建立于文字、表情和音调（发音、姿态、抑扬）。这三种表现形式的联合构成表白者的完满的传达。因思想，直观和感觉将由此结合着，并同时传达给别人。"（康德，第167 页）不难发现，这种类比在突出强调语言的"传达"、"表现"功能的同时，亦在某种意义上体现了康德素朴的语言哲学、语用学、修辞学思想。

尽管鲍桑葵对康德的上述看法不以为然，认为其对美的艺术的分类是个"不幸的分类法"①，但是，若着眼于语言的艺术，即对语言传达的技能要求，而不是着眼于美的艺术的分类，康德的说法仍然对我们今天以研究语言传达为己任的修辞学不无启示。鲍桑葵与康德均主张美是表现，而"最卓越的表现是言语"，而言语能同时传达思想、知觉和感情。② 显然，鲍桑葵是同意康德有关"言语"的讨论的。在我们今天看来，修辞学是以修辞为研究对象的，"修辞原是达意传情的手段。主要为着意和情，修辞不过是调整语辞使达意传情能够适切的一种努力"③。似可认为，这里的"适切"之于康德上述修辞学思想对应的就是"美"。

由康德的有关语言的传达的技能要求不难想到亚里士多德对于"演说的语言的美"的看法。"如果讲话人运用得好（指对'隐喻字'、'本义字'和'普通字'的运用——引者注），既可以使风格带上异乡情调，又可以把手法遮掩起来，同时意思又很明晰。这就是演说的语言的美。"（亚里士多德，第 151 页）显然，康德与亚里士多德均关注"语言的美"，这可看作康德之于亚里士多德的"通"，而康德似乎更看重语言的美的效果问题，更注重表现（含传达）及把言语表现出来的人（含表达者与接受者），而亚里士多德在此问题上似更注重语言文字本身，是为

---

① 鲍桑葵：《美学史》，商务印书馆 1985 年版，第 364 页。
② 同上书，第 363 页。
③ 陈望道：《修辞学发凡》，上海教育出版社 1997 年版，第 3 页。

康德对亚里士多德关于语言传达问题之看法的"变"。

以上分析表明，康德的修辞学思想重在结合言语使用者对修辞进行思辨性的解释，而不太注重对语言文字本身的观察与描写。从历时的角度看，正如"他在社会、文学和民族性问题上提出的尖锐而果断的见解都具有亚里士多德的特色"①，康德的修辞学思想于亚里士多德修辞观亦有"通"、"变"。这种情形不是偶然的，首先，"修辞学的发展与邻近学科（美学、哲学、心理学、文艺理论、逻辑等——引者注）的关系十分密切"②。这说明主要以在哲学上的建树名世的亚里士多德、康德在某种程度上致力于修辞学是可能的，二者修辞学思想上的"通"也就在某种意义上有了可能。其次，"社会大变革导致了修辞思想的变化"③。从亚里士多德时代到康德时代，社会历经变革，这样，康德修辞学思想之于亚里士多德修辞观的"变"又有了必然性。

一言以蔽之，着眼于修辞学史、语言哲学史乃至人文学术史，康德的修辞学思想值得注意。

（本文原刊于《宁夏大学学报》2003 年第 2 期）

269

---

① 鲍桑葵：《美学史》，商务印书馆 1985 年版，第 366 页。
② 易蒲、李金苓：《汉语修辞学史纲》，吉林教育出版社 1989 年版，第 25 页。
③ 同上书，第 23 页。

主要参考文献

［美］J. D. 麦考莱：《语言逻辑分析》，王维贤、徐颂列等译，王维贤
　　校，杭州大学出版社 1998 年版。

［美］John B. Best：《认知心理学》，黄希庭主译，中国轻工业出版社
　　2000 年版。

［美］大卫·宁等：《当代西方修辞学：批评模式与方法》，常昌富等译，
　　中国社会科学出版社 1998 年版。

［美］肯尼斯·博克等：《当代西方修辞学：演讲与话语批评》，常昌富
　　等译，中国社会科学出版社 1998 年版。

［瑞士］费尔迪南·德·索绪尔：《普通语言学教程》，高名凯译，商务
　　印书馆 1980 年版。

昂扬：《数理逻辑的思想和方法》，复旦大学出版社 1991 年版。

蔡曙山：《逻辑学与现代科学的发展——兼论金岳霖先生的道路》，《中
　　国社会科学》2000 年第 4 期。

蔡曙山：《言语行为和语用逻辑》，中国社会科学出版社 1998 年版。

曹雪芹、高鹗：《红楼梦》，中华书局 2005 年版。

陈光磊：《修辞论稿》，北京语言文化大学出版社 2001 年版。

陈金钊：《法律解释的哲理》，山东人民出版社 1999 年版。

陈骙：《文则》，人民文学出版社 1960 年版。

陈望道：《修辞学发凡》，上海教育出版社 1997 年版。

［法］德里达：《德里达访谈录》，上海人民出版社 1987 年版。

冯象：《法律与文学》，《北大法律评论》（第 2 卷，第 2 辑），法律出版
　　社 2000 年版。

高名凯、石安石主编：《语言学概论》，中华书局 1963 年版。

［德］尤尔根·哈贝马斯：《认识与兴趣》，郭官义、李黎译，学林出版社 1999 年版。

［德］尤尔根·哈贝马斯：《交往与社会进化》，张博树译，重庆出版社 1989 年版。

何兆熊：《新编语用学概要》，上海外语教育出版社 2000 年版。

何自然：《语用学概论》，湖南教育出版社 1988 年版。

何自然：《认知语用学——言语交际的认知研究》，上海外语教育出版社 2006 年版。

胡裕树、张斌、林祥楣：《汉语语法修辞词典》，安徽教育出版社 1988 年版。

胡壮麟：《当代语言理论与应用》，北京大学出版社 1995 年版。

黄伯荣、廖序东：《现代汉语》增订四版，高等教育出版社 2007 年版。

黄华新：《逻辑与自然语言理解》，吉林人民出版社 2000 年版。

孔昭琪：《〈红楼梦〉的谐音双关》，《泰山学院学报》2004 年第 5 期。

李运富、林定川：《二十世纪汉语修辞学综观》，香港新世纪出版社 1992 年版。

李忠：《宪法监督论》，社会科学文献出版社 1999 年版。

刘培育、周云之、董志铁：《因明论文集》，甘肃人民出版社 1982 年版。

刘培育：《20 世纪名辩与逻辑、因明的比较研究》，《社会科学辑刊》2001 年第 3 期。

刘兴策、刘坚、盛银花：《湖北安陆方言词汇》（二），《方言》1995 年第 1 期。

刘星：《法律是什么》，中国政法大学出版社 1998 年版。

鲁苓：《语言·言语·交往——哈贝马斯语用学理论的几个问题》，《外语学刊》2000 年第 1 期。

《鲁迅全集》第二卷，人民文学出版社 1981 年版。

陆稼祥：《论修辞现象的内外关系》，中国修辞学会编《修辞和修辞教学》，上海教育出版社 1985 年版。

吕叔湘：《近代汉语指代词·序》，学林出版社 1985 年版。

罗贯中:《三国演义》,人民文学出版社 1998 年版。

孟昭兰:《普通心理学》,北京大学出版社 1994 年版。

倪宝元:《大学修辞》,上海教育出版社 1994 年版。

彭增安:《语用·修辞·文化》,学林出版社 1998 年版。

濮侃:《修辞方法纵横谈》,《修辞学习》1989 年第 1 期。

普通逻辑编写组:《普通逻辑》,上海人民出版社 1993 年版。

戚雨村:《修辞学和语用学》,复旦大学语言研究室《〈修辞学发凡〉与中国修辞学》,复旦大学出版社 1983 年版。

戚雨村等:《语言学百科词典》,上海辞书出版社 1993 年版。

钱理群、温儒敏、吴福辉:《中国现代文学三十年》,北京大学出版社 1998 年版。

钱学森:《关于思维科学》,上海人民出版社 1986 年版。

钱锺书:《围城》,人民文学出版社 1980 年版。

秦甫:《律师实用口才》,法律出版社 1996 年版。

全国人大常委会办公厅研究室政治组:《中国宪法精释》,中国民主法制出版社 1996 年版。

全国人大法工委研究室编:《宪法修正案学习辅导读本》,中国青年出版社 1999 年版。

尚正中:《语言逻辑研究的对象及方法》,中国逻辑与语言研究会编《逻辑与语言研究》,语文出版社 1989 年版。

邵敬敏:《现代汉语通论》,上海教育出版社 2001 年版。

沈家煊:《不对称和标记论》,江西教育出版社 1999 年版。

沈剑英:《因明的语用学》,《哲学研究》1998 年第 1 期。

施耐庵:《水浒传》,中华书局 2005 年版。

石村:《因明述要》,中华书局 1981 年版。

孙爱玲:《〈红楼梦〉对话研究》,北京大学出版社 1997 年版。

王德春:《修辞学词典》,浙江教育出版社 1987 年版。

王富仁:《中国反封建思想革命的一面镜子:〈呐喊〉、〈彷徨〉综论》,北京师范大学出版社 2000 年版。

王力等:《古汉语常用字字典》(第 4 版),商务印书馆 2005 年版。

272

王叔文：《宪政建设的科学指南》，马俊驹《清华法律评论》，清华大学出版社 1998 年版。

王维贤、李先焜、陈宗明：《语言逻辑引论》，湖北教育出版社 1989年版。

吴承恩：《西游记》，黄永年、黄寿成点校，中华书局 2005 年版。

吴义发、吴斌卡：《〈红楼梦〉：谐音法的巧用、妙用与作用》，《甘肃社会科学》2000 年第 4 期。

夏中华：《中国当代流行语全览》，学林出版社 2007 年版。

阎真：《因为女人》，人民文学出版社 2007 年版。

杨伯峻：《论语译注》，中华书局 1980 年版。

杨伯峻：《孟子译注》，中华书局 1960 年版。

杨绛：《杨绛作品集》卷一，中国社会科学出版社 1993 年版。

杨联芬：《叙述的修辞性与鲁迅的女性观——以〈伤逝〉为例》，《鲁迅研究月刊》2005 年第 3 期。

杨柳：《读阎真新作〈因为女人〉》，见阎真《因为女人》，人民文学出版社 2007 年版。

姚建宗：《法治与公共话语》，《吉林大学社会科学学报》2001 年第 1 期。

叶蜚声、徐通锵：《语言学纲要》，北京大学出版社 1997 年版。

叶奕乾、祝蓓里主编：《心理学》，华东师范大学出版社 1988 年版。

虞愚、杨化群、黄明信：《中国逻辑史资料选》因明卷，甘肃人民出版社 1991 年版。

张斌峰：《国内语用逻辑研究回顾与展望》（上），《哲学动态》2001 年第 11 期。

张春泉：《略论言语与思维》，《湖北师范学院学报》（研究生专辑）1999 年。

张春泉：《人际和谐与交往理性——鲁迅〈伤逝〉的文本意义新解》，《广西社会科学》2006 年第 8 期。

张弓：《现代汉语修辞学》，河北教育出版社 1993 年版。

张会森：《修辞学与语用学》，《修辞学习》2000 年第 4 期。

张晓芒：《先秦辩学法则史论》，中国人民大学出版社 1996 年版。

张炼强：《修辞理据探索》，首都师范大学出版社 1994 年版。

赵敦华：《现代西方哲学新编》，北京大学出版社 2001 年版。

赵世举：《从语言与言语的区别看词的多形态和词义分析的多样化》，《词汇学理论与应用》（二），商务印书馆 2004 年版。

赵世举：《〈孟子〉定中结构三平面研究》，中国青年出版社 2000 年版。

郑伟宏：《因明概论》，《复旦学报》1990 年第 3 期。

郑远汉：《言语风格学》修订本，湖北教育出版社 1998 年版。

郑远汉：《语体研究中的几个问题》，《修辞风格研究》，商务印书馆 2004 年版。

周礼全：《逻辑——正确思维与成功交际的工具》，人民出版社 1994 年版。

周旺生、张建华：《立法技术手册》，中国法制出版社 1999 年版。

朱水林：《现代逻辑引论》，上海人民出版社 1989 年版。

卓泽渊：《法学导论》，法律出版社 1998 年版。

宗先鸿：《论〈伤逝〉的创作意图与人物原型》，《鲁迅研究月刊》2005 年第 11 期。

邹崇理：《逻辑、语言和信息——逻辑语法研究》，人民出版社 2002 年版。

邹崇理：《自然语言逻辑研究》，北京大学出版社 2000 年版。

中国逻辑史研究会资料选编组：《中国逻辑史资料选·先秦卷》，甘肃人民出版社 1991 年版。

后　　记

严格地说，拙著不是一部"专著"，它是在我第一站（浙江大学中国语言文学博士后流动站）博士后出站报告的基础上缀合其他单篇论文修改扩展而成的。

感谢我做第一站博士后时的导师黄华新教授及师母。在老师身边学习的两年，除非黄老师出差，我几乎天天均能得到老师的耳提面命，我深切地感知到了老师的渊博、睿智与谦和。我目前正有幸在武汉大学中国语言文学博士后流动站师从赵世举教授从事第二站博士后研究，感谢世举师给了我继续深造的大好机会，感谢恩师给了我学业和事业持续发展的广阔空间。

感谢我在复旦大学读博士时的导师宗廷虎教授、李金苓教授、陈光磊教授，感谢三位老师给了我最好的博士研究生教育。

感谢引领我步入学术殿堂的诸位启蒙老师多年的教导：不能忘怀，我第一篇学术论文《集合与语义场初探》写完后（其时我上大学本科二年级）给予我热情奖掖和指导的冯广艺教授、蔡伯铭教授，在我读硕士研究生时硕士学位论文更是得到了冯老师的直接指导；不能忘怀，我本科毕业论文指导老师张开焱教授和业师万世雄老师、石麟老师一直以来的悉心栽培和扶植，本书的出版还得到了张老师的鼎力支持。

感谢给予我无私帮助和爱护的各位老师及好友同窗。感谢给予我支持和动力的家人。

本书中的一些内容曾以单篇论文的形式发表于《语文研究》《黄冈师范学院学报》《修辞学习》《楚雄师范学院学报》《南京师范大学文学

院学报》《湖南大学学报》《毕节师专学报》《北方论丛》《湖北社会科学》《浙江社会科学》《光明日报》《学术交流》《思想战线》《华东师范大学学报》《宁夏大学学报》《学术研究》《江苏大学学报》《沈阳师范学院学报》《湖北师范学院学报》《哈尔滨工业大学学报》《广西社会科学》等刊物。谨此向这些刊物及编辑、审稿专家致谢。

本书蒙中国社会科学出版社不弃，感谢责任编辑郭晓鸿老师的辛勤付出。

本书的出版得到了汉语言文字学省级重点学科的支持，得到了中国博士后科学基金项目、湖北省社科基金项目、湖北省教育厅项目及湖北师范学院出版基金支持，谨此一并致谢。

本书肯定还存在着这样或那样的疏漏与错误，概由笔者自己负责。也恳请读者诸君批评指正。

最后需要说明的是，本书的主体以专书（话语语篇）言语作品为主要着眼点，以专书中的言语事实（叙事对话）为主要研究对象，以期符合"叙事"的内涵。《附录》收录笔者的六篇文章，其研究对象仍然主要是"专书"，是专书作者关于语言（尤指语言运用）的学术思想，收入本书，以期实现一定程度的"事实"与"理论"的"召唤—应答"，在一定意义上也是笔者与专书作者的某种"对话"。

再版后记

《叙事对话与语用逻辑》本次再版，未及做大的调整修改，主体框架一仍其旧。所做的工作主要是：整理和改动了书中部分标题的表述形式；修订增删了个别字句段落；删除了第 1 版第二章的第六节和第三章的第一节，以节省篇幅；此外，进一步核实了现代文学名著《伤逝》《雷雨》等相应语料的初版原文。

《叙事对话与语用逻辑》第 1 版出版后，经过学界一段时间的检阅，复旦大学宗廷虎教授、复旦大学陈光磊教授、武汉大学赫琳教授、哈尔滨师范大学唐海艳博士分别发表了专门的书评论文,[①] 从不同角度审阅拙著，并向学界热情推荐，多有褒奖和鼓励。谨此一并致谢。

2015 年 1 月，我调至西南大学文学院工作，感谢文学院的领导和同事给予我多方关照支持，并容我有较为宽裕的时间对此前已出版的两本专著（本书和《论接受心理与修辞表达》）做一定的检视和反思。

"叙事对话"是我尝试建构的"广义对话修辞论"的重要表现形式之一。"语用逻辑"与我此前关注的"接受心理"都是我在各位师友指导下所致力探究的"修辞理据"的重要方面。我们以为，修辞理据除了

---

① 宗廷虎：《修辞理据研究的一部力作——张春泉〈叙事对话与语用逻辑〉评介》，《楚雄师范学院学报》2014 年第 4 期；陈光磊：《修辞实证研究的新突破——评介张春泉〈叙事对话与语用逻辑〉》，《湖北理工学院学报》2014 年第 3 期；赫琳：《法典语言的跨学科协同研究——张春泉〈叙事对话与语用逻辑〉简评》，《湖北师范学院学报》2014 年第 3 期；唐海艳：《先秦诸子对话的现代诠释——以张春泉〈叙事对话与语用逻辑〉为例》，《哈尔滨师范大学社会科学学报》2014 年第 3 期。

接受心理和语用逻辑之外，还有审美等要素，下一步，我们将勉力探讨之。①

或者可以说，此次再版，是此时四十岁的我与第1版时三十六岁的我之间的某种对话。只是这一对话仍显稚嫩粗浅。在诸位师友和广大读者诸君的一如既往地关爱、奖掖、扶持下，春泉一定会继续努力不断进步。

---

① 张春泉《修辞价值的审美实现》(《学术论坛》2005年第2期)、张春泉《语言，美学家的诗意栖居之所》(《华中科技大学学报》2003年第2期)等论文可看作是我们在修辞的审美理据方面的初步探究。